小さな演劇の大きさについて

佐々木敦

ele-king books

目次——小さな演劇の大きさについて

2　アングラ・不条理・笑い

3　新しい演劇はどこにあるか？　161

0　小さな演劇の小ささについて

何度か書いたり話したりしたことがあるが、私は一九八〇年代の後半ぐらいから二〇〇〇年代＝ゼロ年代の半ば過ぎまで、演劇をほとんど観ていなかった。かなり長いブランクである。

したがって私はいわゆる「九〇年代演劇」、たとえば「静かな演劇」と呼ばれたムーヴメントをリアルタイムでは体験していない。本書には「静かな演劇」の代表的な演劇作家だった平田オリザや松田正隆を論じた文章が収録されているが、私が彼らの作品を観るようになったのはここ十数年のことであり、完全な後追いである。

私は大人計画をいまだに一度も観たことがない。近年の松尾スズキが手掛けた舞台は幾つか観ているが、私がふたたび劇場に通うようになったとき、大人計画はすでに非常にチケットが取りにくい超人気劇団になっており、それでも頑張れば観れることはわかっているのだが、いまだその機会は訪れていない。

さて、ではどうしてゼロ年代半ば以降から、また演劇を観るように、それも大量に観るようになったのかといえば、これも何度となく公言してきたことだが、チェルフィッチュの『三月の5日間』を観たのがきっかけである。これはもうはっきりと明確かつ具体的にそうであって、もしも『三月の5日間』と出会っていなかったら、私は今、この文章を綴っていないだろう。それほどに『三月の5日間』は私にとって衝撃だった。だがそのことについて書く前に、いったん時間を遡って、「八〇年代の後半ぐらい」から演劇を観なくなったということは、それまでは多少は観ていたということであり、まずはそのことについて少々述べておきたいと思う。

私は十代の頃、他のさまざまなジャンルの「前衛芸術」のビッグネームとともに、寺山修司という存在を知った。寺山は一九八三年五月四日に没したが、私が彼の著作に夢中になった時はまだ存命だった。当時、寺山の著作は今以上に文庫がたくさん出ていたし、やや大きめの本屋に行けば戯曲集も何種類か並んでいた。私は実際の公演を観るよりも前に寺山の演劇論や戯曲を貪り読んだ。もちろん映画作家としての寺山にも——演劇以上に

――強く惹き付けられた。私は寺山の、芸術文化のジャンルや形式や個々の作品を一種のフレームとして捉えて、その境界画定や限界突破やフレーム自体の破壊を志向する思考法に、かなり影響を受けていると思う。

その流れで唐十郎のことも知り、やはりまずは戯曲や小説を読んだ（こちらは寺山に較べて文庫の数は少なかったが、図書館で単行本を借りることが出来た）。私の実家は名古屋なのだが、後から思えばその頃すでに地元で活躍するすぐれた演劇作家や劇団――北村想のT・P・O師☆団や竹内銃一郎の秘法零番館など――がいたはずだが、高校生だった私はそのことを知らなかった。

ともあれ、寺山や唐の本を読んで大層面白かったので、私は他の日本の同時代の著名な劇作家たち、別役実やつかこうへい、清水邦夫などの戯曲も読むようになった。たぶん一度も書いたことはないが、つかこうへいには一時期かなりハマり、当時十数冊は出ていた角川文庫はすべて読破したと思う。つまり私は「演劇」というジャンルと完全に「戯曲＝書物＝言葉」を通して遭遇したのだった。これは地方で公演を観るのが困難だったことや未成年だったこともあるが、むしろ私という人間の性格や気質と関係があったのだと今では思う。そしてこの点は演劇を一時期観なくなったことにもかかわってくる。

一九八三年の春に上京した私は、かろうじて天井桟敷の最終公演『レミング　壁抜け男』を観ることが出来た。寺山が亡くなった直後の、結果的に追悼公演になってしまった作品だった。記録に当たると会場は横浜教育文化センターホールだったようだが、もうあまりに昔のことでよく覚えていない。ただ寺山の死へのショックよりも、なんとか天井桟敷の本公演にぎりぎり間に合ったという思いの方が強かったのと、目の前で展開される芝居が、自分が寺山の書物を読んで勝手に思い描いていたイメージの確認の作業みたいに思えてしまったような記憶がある。

唐十郎の状況劇場も、これも記憶が不確かだが、たぶん名古屋の白川公園に設置された赤テントで、唐の本をけっこう読んでから、やっと観れたのだと思う。これも調べてみたら、演目は『新・二都物語』だったようである。だが劇の内容よりも、ラストで舞台の後方が突然開かれ、吹き抜けになった向こう側に広がる夜の屋外に俳優がどこまでも走り去っていく光景の非現実的なカッコ良さに少年の私は興奮した（それが赤テントのいつものパターンであることを私は知らなかった）。

東京に来てから観劇環境が劇的に改善されたので、私はその後の何年か、ほうぼうに演劇を観に行っていた。これもたぶん書いたことはないが、山崎哲の転位・21がお気に入りだった。これは名古屋でだったような気もするが、『うお伝説』を観たときのショックは忘れられない。太田省吾の転形劇場『水の駅』の再演も観に行った。まだインターネットのない時代、どうやって観るべき芝居の情報を得ていたのかさっぱり思い出せないが、大学の友人か先輩にでも教わったのだろうか。それから、これはこの機会に告白（？）しておこうと思うのだが、私は現在は小説家の前川麻子が率いていた劇団、品行方正児童会のファンだった。これまた記憶が朧げではあるが、彼女が主演した斉藤信幸監督のにっかつロマンポルノの名作『母娘監禁　牝』を観るより前から品行方正児童会の公演には通っていたと思う。なのにいつのまにか観なくなっていた。だから前川が小説家デビューしたときは驚いたし、懐かしい思いがした。

では、どうして演劇を観なくなったのか。理由は複合的で、まず私は一九八七年から九〇年までシネヴィヴァン六本木というミニシアターで働いていて、週六日勤務の夜番（レイトショーが終わる夜十一時くらいまで）だったので物理的に劇場に行くことが困難になったということがあったような気がする。更に映画館を辞めてフリーランスのライターになってからは急激に多忙となり、一九九五年に自分の事務所ＨＥＡＤＺを立ち上げて以後はますます多忙を極めていったので、仕事と繋がっていない観劇という趣味は自然消滅するしかなかった。
だが、こういった具体的な理由以上に、これはその頃の感覚として覚えているのだが、私はなぜか、だんだん演劇の、それもいわゆる「小劇場演劇」と呼ばれる（この本のテーマでもあるところの）小規模の演劇公演の、ぎゅうぎゅう詰めの狭苦しい客席で、目の前の舞台上に役者の肉体が生々しく存在しているという感じが、身も蓋もなく言うと急激に気色悪くなってしまったのだ。これは生理的な嫌悪のようだが、ある意味では観念的な感覚でもあったのかもしれない。心の病的なものではないのだが、とにかく私はある時から作品の内容や演技の良し悪しとは無関係に、これはちょっとどうにも耐え難い、もうこういうところには自分は来れないな、と思うようになったのだ。

もともとそういう傾向はあって、たとえば私は今でも（自分でも無数に企画制作してきたくせに）音楽ライブの臨場感がちょっと苦手であったりする。これは明らかに私自身の生理的かつ観念的な、ある種の身体性への違和感（のような何か）とかかわっているのだと思う。そう思って顧みてみると、もともと自分は戯曲を読むほうが実際の舞台を観るよりも好きだったのだ。こうして私はだんだん演劇を観に行かなくなった。というか、そのときの自分の感覚により近い言い方をすると、演劇を観なくても特に困らなくなっていった。こうしてあっという間に十数年の歳月が流れた。

そして二〇〇五年、私はチェルフィッチュの『三月の5日間』と出会った。しかも最初に観たのは初演を記録したＤＶＤだった。

この年の九月、私はその後、現在に至るまでさまざまな形でかかわっていくことになる「ＴＰＡＭ（当時の名称は東京芸術見本市）」のプログラムのひとつを観に行った会場で、当時、チェルフィッチュの制作事務所プリコグの代表だった小沢康夫氏（現・日本パフォーマンス／アート研究所代表）を紹介された。小沢さんは私に、岡田利規という若き演劇作家が主宰する演劇ユニット、チェルフィッチュの『三月の5日間』という作品があること、岡田はこの戯曲で岸田國士戯曲賞を受賞したこと、受賞記念の再演を来年（二〇〇六年）三月に行う予定であること、その公演期間内に私のレーベル、ＷＥＡＴＨＥＲ所属のバンド、サンガツにライヴをして欲しいこと、なぜなら岡田がサンガツのアルバムを愛聴しており、『三月の5日間』にはサンガツの「5日間」（ファースト・アルバム収録曲）という意味が暗に込められていること、そのようなわけで是非ともＨＥＡＤＺの協力を得たいこと、などを伝えつつ、一枚のＤＶＤ（Ｒ）を手渡した。前述の通り、そこには『三月の5日間』初演の記録映像が収められていた。

私は岡田利規もチェルフィッチュも『三月の5日間』も、まったく知らなかった。ずっと演劇から離れていたのだから当然だろう（それに岸田賞を獲るまで岡田利規は演劇界でもほぼ無名だったらしい）。だから軽い気持ちでＤＶＤを再生してみて、驚愕した。とんでもなく面白い。私は演劇を観なくなって久しかったので、他の演劇と較べて『三月の5日間』のどこがどうというようなことはもちろん全然わからなかった。わかったのは、それがとにかく非常にユニークかつ刺激的であること、他のジャンルで私が好きなさまざまな表現や作品と同等の個性と斬新さを備えている、ということだった。

私はすぐに小沢氏に連絡し、協力をＯＫし、サンガツをブッキングした。二〇〇六年三月に今はなき六本木のスーパーデラックスで上演された『三月の5日間』再演を収録した市販のＤＶＤには、ボーナス映像として公演の中日に行われたサンガツのライヴの模様が収録されている。その後、サンガツ、およびバンド・リーダーの小泉篤宏は、チェルフィッチュの幾つかの公演で音楽を担当することになる。

私にとって『三月の5日間』は、大袈裟でなく一種の「天啓」だった。最初に観たのが公演そのものでなくＤＶＤだったことも大きかったと思う。映像で観てもじゅうぶんに面白かったし、オリジナリティが感じられた。私に演劇を敬遠させるに至った身体に対する違和感は、ＤＶＤなので当然感じずに済んだわけだが、再演時に生で観ても、気色悪さは発動することはなかった。そして私は、ごく自然にこう考えた。こんな作品があるのなら、ひょっとしたら今、演劇って面白いことになってるのではあるまいか？

　こうして私はチェルフィッチュ以外の劇団も観に行ってみることにした。ネットで調べたり、演劇通の知人友人のサジェスチョンなども参考にしながら、基本は手当たり次第に未知の劇団を渉猟していった。そんな個人的な現代日本演劇の強化学習のプロセスのなかで、私は当時ＨＥＡＤＺで編集発行していた雑誌「エクス・ポ」の第二期創刊号（二〇一〇年一月刊行）で、大々的に演劇特集を組んだ。そこでインタビューや記事に登場していただいたのは、以下の人々だった。前田司郎（五反田団）、松井周（サンプル）、岩井秀人（ハイバイ）、平田オリザ（青年団）、中野成樹（中野成樹＋フランケンズ）、多田淳之介（東京デスロック）、タニノクロウ（庭劇団ペニノ）、飴屋法水、下西啓正（乞局／二〇一三年解散）、柴幸男（ままごと）、篠田千明（快快／現在は個人で活動）、中屋敷法仁（柿喰う客）、杉原邦生（ＫＵＮＩＯ）、白神ももこ（モモンガ・コンプレックス）、神里雄大（岡崎藝術座）。宮沢章夫（遊園地再生事業団）、岡田利規、ｅｔｃ…こうしてあらためて並べてみると、十年が経った現在も最前線で活躍中の人ばかりで（下西氏のみ演劇活動を引退）、自分の慧眼に感心するが（笑）、これは取りも直さず「小劇場演劇」の世界が文字通りとても「小」さく、注目株や重要人物が見えやすい、ということがあったのだと思う。

　ともあれ、こうして十数年ぶりに、それも以前とは比較にならないほどの嵌まり具合で演劇に嵌まった私は、以来十数年、年間三桁を超える数の演劇公演をいそいそと観に行き、誰に請われたわけでもないのにTwitterに感想を連続ツイートし、そうこうしていると段々と仕事の依頼なんかも来るようになり、気づいてみれば演劇にかんして書いたり喋ったり，時には教えたりするようになっていたわけである。あちこちに書いてきた文章や論考を集めてみたら、一冊の本になるくらいの分量になっていた。それが本書である。

本書の題名の一部である「小さな演劇」とは、第一義的には「小劇場演劇」を意味している。とはいえ「小劇場」の明確な定義があるわけではなく、ネットでWikipedia等を参照すると色々なことが書かれてあるが、どこまでが「小」でどこからが「中」みたいなことではない（と思う）。劇場のキャパシティだけを取れば数十人から百人ぐらいまでが「小」ということになるのだろうが、誰もが最初は「小」から出発して段々と集客を伸ばしていって劇場も大きくなっていく（少なくともそれを目指す）のであって、もちろんそうはならず（なれず）に一定の「小」のキャパに留まっている劇団もいるし、それが一概に「成功出来なかった」ということでもない。

私が演劇をふたたび観るようになった頃にはまだ「小劇場すごろく」という言葉が存在しており、これはまさに最小規模の劇場で旗揚げをして、たとえば、こまばアゴラ劇場→ザ・スズナリ→シアタートラム→ＰＡＲＣＯ劇場、みたいな「すごろく」を上がっていく（下北沢で本多劇場グループが運営する複数の劇場だけで「すごろく」をすることも可能）のがサクセス・ストーリーということであり、今でもそうした道を歩んでいく演劇人、劇団はもちろん居るが、これは良くも悪くもということになるが、そのような成功モデルは現在はあくまでも「採り得る選択肢のひとつ」でしかない。

すごろくを上がりたくても（かつてならどうにかなったかもしれないのに）どうにもならないという厳しい現実もあれば、すごろくとは無関係に演劇界にとって必要かつ重要な存在になっていく者だっている。「小劇場すごろく」の崩壊／消滅は日本の演劇シーンの将来への悲観材料として語られることも多いが、私は必ずしもそうは思っていない。そしてそう思っていないということが「小さな演劇」という言葉と関係している。

『三月の5日間』でチェルフィッチュ＝岡田利規が俄に注目されたとき、劇場のキャパや集客数とはまた別に「小さな演劇」と呼べるような要素が幾つかあった。まず、チェルフィッチュは実は従来の意味での「劇団」ではない。岡田自身は「演劇ユニット」と呼んでいる。俳優やスタッフを「劇団員」として抱え、主宰や作演出を中心とした一種の運命共同体として存続していくのではなく、公演やプロジェクトごとに外部から人を集めてきて、一回ごとのチームとして活動をしていくということである。

これはもちろん「劇団」を維持していくことが、以前よりもずっと難しく――見方によってはほとんど不可能に――なってしまったという状況の変化が大きい。とはいえ結果として、主宰／制作側も俳優や技術スタッフも過剰な負担をせずに済むようになったことは確かである。二〇一〇年代の後半あたりから若手の演劇作家が「劇団化」を選ぶケースが増えているが、それとて昔の「劇団」とは多くの意味で異なっている。主宰が劇団員に一定の給料を払うこともなければ（もちろん公演ごとの報酬は別）、その反対に劇団員への公演チケットの販売ノルマなども（おそらく）ない。実際にはチェルフィッチュと同様の「演劇ユニット」に近く、ただ「劇団」を名乗ることで集団性をポジティヴに身に纏おうということだと思われる。どうしても「主宰」を「父」とする家父長的な関係性に陥りがちであり、ことによると一種のカルトにもなりかねない旧弊な「劇団」とはまったく違う。細かく見れば、そのような新しいタイプの「劇団」にもさまざまなヴァリエーションがあったりするのだが、いちいち断わるのも大変なので、本書では「（いわゆる）劇団」「（チェルフィッチュ的な）演劇ユニット」「劇団を名乗っているが実質的には演劇ユニット」なども区別なく「劇団」と表記している場合があることをお断りしておく。

もうひとつの「小ささ」は、これも「小劇場すごろく」と関係があるが、やはりゼロ年代から顕著になってきた傾向として「脱・劇場」ということがある。商業／公共を問わず、従来の劇場の数が都市部では飽和状態となり、特にまだ無名の若手の劇団が公演を打つことがむつかしくなっていった結果、劇場とは違うフリースペースやライヴハウス、ギャラリー、カフェなどを公演場所とするケースが増えていった。そのような場所で公演を行おうとすると、しばしば舞台装置や美術の簡素化が必要になる。もちろんそれでもかなり作り込む劇団もあるが、私が『三月の5日間』を観たときに驚いたのは、ある程度の広さ（というか二、三人が立っていられるぐらい）のスペースさえあれば上演が可能な作品になっているということだった。知名度が増し、公演規模が大きくなるにつれてチェルフィッチュも美術に凝るようになっていったが（近年はアーティストとのコラボレーションも多い）、『三月の5日間』の時点では、舞台美術と呼べるのはミニマル（だがアブストラクト）な照明のみであり、それも無しで上演することがたぶん可能である。

極端に言えば、どこでも公演をやることが出来るというフットワークの軽さ、臨機応変さは、チェルフィッチュと相前後して出てきた、そしてチェルフィッチュ以後に出てきた劇団のかなりの部分に共有されている。そして私見では、のちにチェルフィッチュが海外で成功を収めることが出来たのも、このことと無関係ではないと思われる。舞台美術のミニマライズは、当然ながら公演費用の圧縮に繋がるからである。

更にもうひとつの「小ささ」を挙げておこう。全部が全部というわけではないが、大がかりな物語や壮大なテーマよりも、日常性や個人性に材を取った作品が、やはりチェルフィッチュの登場と前後して、次々と出てきた、もしくは以前から居たそのような作風の演劇作家が注目されるようになった。これも『三月の5日間』が典型的で、周知のように、あの作品は二〇一三年の三月、米軍によるイラクへの空爆が行われている最中に、六本木のライヴハウスでたまたま出会った若い男女が渋谷のラブホテルに連泊し、名前も連絡先も互いに知らぬまま別れる、という物語である。海の向こうで今まさに起こっている戦争と、ラブホでひたすらセックスに励むニッポンの若者、という非常にわかりやすい遠近法の交叉点として、渋谷センター街のサウンドデモのエピソードが置かれている。

　こう書いてしまうと図式的に思えるかもしれないが、小さなものを通して大きなものを描くというスタンスは、その後の岡田利規の作品でも完全に一貫している。岡田以上に物語や主題の「小ささ」にこだわっていると思えるのが五反田団の前田司郎だろう。岸田賞受賞作の『生きてるものはいないのか』は「世界の終わり」を物語るが、あくまでもそれは個人と個人の小さな関係性によって描かれる。しかも『生きてるものはいないのか』は前田としてはやや例外的と言ってよい作品であり、五反田団の他の作品ではダラダラした日常性から一歩も出ないまま、日常の裏側に潜む異界や、ひとの心の奥深さを覗き見させる。

　岡田や前田よりも若い演劇人になると、この傾向はより強まり、二〇一〇年代＝テン年代を通して多種多様なヴァリエーションを生んでいった。むろん、このことへの批判もある。「小さな演劇」は結局のところ「大きな演劇」への挑戦を回避した保守的な構えであり、理論的にも実践的にも後退であるとする厳しい見方にも一理なくはない（もっともこのような批判は、かつて「静かな演劇」に対して向けられたものと同型だが）。だが、私はやはりそうは思わない。むしろそのような演劇の「小ささ」にこそ、切実で真摯な――時として無意識で無自覚な――アクチュアリティが隠されていると思うからだ。逆に言えば、今や「大きな演劇」では、それが色々な意味で大き過ぎるからこそリーチし得ない、重要な主題が幾つもあるのである。

「小さな演劇」の「小ささ」は、確かに小さいかもしれないが、それは理由のある、敢えて言えば必然性と役割を持った「小ささ」なのである。もちろん「大きな演劇」は私が演劇をたくさん観るようになってからも存在するし、その中にもすぐれた作品、愛すべき作品、重要な作品は当然ある。私だって「大きな演劇」を観ないわけではない。だがしかし気づいてみれば、私は圧倒的に「小さな演劇」を観ていたのだった。いや、意識はしていなかったが、自分が観てきた／観ているのは、さまざまな点で「小さな演劇」なのだということに、ある時気づいたのである。

それは過去に私が演劇とは別の幾つかのジャンルに対して発動してきた関心のありようと同じなのだと言われれば、そうなのかもしれない。お前は生まれつきの、無類のマイナー好き、マージナル好きなのだと。しかし私は何であれ、小さな芸術文化は小さいことにのみ意味があると考えているわけではない。そうではなく、私が面白いと思う表現や作品、私が思考を刺激され、他人に奨めたくなるような芸術文化は、多くの場合、どういうわけか小さいことが多いのだ。

どういうわけか、とは書いたが、私はそれがなぜ小さいのか、小さくあるしかないのか、小さいままなのか、その理由や原因を、ある程度わかっているつもりだ。だから、これも演劇に限らないが、私は少なくとも二つのことを言っておきたい。

ひとつは、小さな芸術文化、小さな演劇にだって、れっきとした存在意義がある。それを無視していたら、その芸術文化は、演劇は、遠からず衰退に向かうだろう。

もうひとつは、その幾つもの意味での「小ささ」には、大きなものをも含む、さまざまなことを考えさせてくれる、たくさんのヒントが潜んでいる。

小さな演劇は、大小を超えた演劇の未来を透視するための、小さな、だが貴重な窓なのだ。

1　「現代口語演劇」のアップデート

岡田利規へのファースト・インタヴュー

現在の小劇場シーンについてはほぼ無知な僕が観ても、チェルフィッチュの『三月の5日間』は非常に面白かった。米国によるイラク戦争が始まった二〇〇三年の三月に、六本木のライヴハウスで知り合った男女が渋谷のラブホテルに五連泊する、言ってみればただそれだけの話を、作・演出の岡田利規は、僕らの普段のダラダラした喋りそのままであるかのような極端な口語と、登場人物たちが役柄を「演じる」のではなくて誰それのエピソードを「物語る」という意識的な話法、そしてごく日常的な無意識の身体の動きをカリカチュアライズした独特のコレオグラフィによって、極めて斬新な作品に仕立て上げた。

この作品は岸田戯曲賞を受賞したが、僕には岡田氏のユニークなアプローチは、「演劇」という範疇に留まることのない射程を持っていると思える。実際、彼はすでに『三月の5日間』の小説版も発表している。同作の再演が決まったことを受けて、初めてのロング・インタヴューを試みた……のだが、テープ起こしされた二時間半にも及ぶ会話の文字量を、ページ数に合わせて十分の一以下にまで縮めなくてはならないのは、どう考えてもチェルフィッチュ的ではないので、以下のようなスタイルでお届けすることにした。

「演劇を始めて。もう十三、四年かな、ぐらいにはなるんですね。はい。僕のを見て、演劇のイヤな、何かこれはなあーって思ってるようなところは、僕のにはなかったみたいなことを、そういう意見をもらうのは初めてじゃないんですよね。で、それが何なのかっていうのは、はっきりとは言うのはとても難しいんですけど、ただ、言えるのは、それが何となく僕にもあるっていうことなんですよね。その感覚っていうのが。というのが、そういう演劇を作っているっていうことの半分ぐらいの答えになっちゃうと思うんですけど、これは自分のスタイル、自分が気持ちいいと思う演劇のスタイルだなっていうのを見つけ出せたのは、もうこのスタイルからで、それ以前は、たとえば、好きな演劇作家とか当然いるわけで、そういう人の影響を受けるとか、その程度のことでしかなかったと思うんですね。こういう言葉、未整理な、人間の、言葉をそのままテキストレベルで書いたものを、台詞として上演するっていうことと、それを喋る人間の身体が、落ち着かないとか、僕はノイジーであるとかって言うんですけど、というようなことは、身体の方は稽古場で、自ずとそうなってきたんですよね。たぶん、一回それをやってみようっていう程度のことだったと思うんです、最初は。試してみようとか。それが結局、一回の実験にはならずに、ずっと続いた。その一番核の部分は、こういうダラダラした言葉で、整理されてなくて、要領を得てなくてっていう言葉を書く、それをそのまま、すごい役者は大変だけれども、覚えさせて、喋るっていうことにしたのは、何か、だから最初はちょっとした思いつきのようなものだったので、それを思いついたときに、ものすごい発見だとか、自分で興奮しちゃうとか、そういったことが起きたとか、そういうことは特になかったです。で、一回書いてみて、そこで、ノイズっていうものを、これはわからないだろうとか、これはちょっとわからな過ぎるんじゃないかとか、まあ、わからな過ぎるっていうのも、別にわからな過ぎるから駄目なわけじゃなくて、わからな過ぎてもいい場合もあるんだけど、だから、判定の基準がひとつなわけではないんだけど、そのときに、何となく自分の判断基準でどのくらいノイジーかって度合いを、付け加えたり、整えていったりみたいなことを後からやっていくんですけど。いやいや、もうね、間違いまくってますよ。あのね、無理です、それはたぶん。僕はそこを後ですごく楽屋で怒鳴りつけるとか、そういうことは全然しないです。テキストと一言一句みたいなことはしないです。ただし、テキストよりノイズを下げちゃって、綺麗にしちゃって覚えてるとか、そのほうが覚えやすかったりもするんで、そういうのはやめてくれって言いますね。それはちゃんと覚えてって。ここはそんな綺麗になってないからっていう。そういうことは言いますね。ただしたとえば、文法をわざと間違ってたりするような書き方をすると、ほぼ百パーセント、そこはちゃんと覚えますね。わりと正しい、別にひどくない所とかは、飛ばされちゃったりするんですよね。でも、ひどいことばっかり書いてると、本当に馬鹿だと思われちゃうんで、いや、キャラクターが馬鹿な人なんだっていう感じになっちゃうから、それはやらないようにしようと思って。僕は別に、頭が悪いからこういう喋り方をしてるんだ、この人、っていうことを表現したいわけではなくて、普通だからっていうことを言いたいので、あんまり、何て言うのかな、そういうの何て言うんでしたっけ、脈絡がないじゃないな、しっちゃかめっちゃか過ぎる、支離滅裂ですね。支離滅裂な方にどんどん突っ走っていくっていうことは、いまのところはしてない。僕がやってる上演を、僕が、本当に自然のままやっているとか、いや、やっぱりフィクションだから、ちょっとはそれを誇張しているとか、っていう辺をクールに答えることは出来ないんですよね。ひとつは、本当の現実の、日常の現実って言う世界と、あと、舞台の上に上がるっていうことの差、それは、見る人の問題もあるし、俳優の問題もあるし、まあ、ものすごく単純なことを言えば、たとえば舞台に上がるってことは、緊張するわけです。たとえば、俳優っつうか、パフォーマーの自意識の問題っていうのが出てきて、それをどう処理するかっていうことは、どうしても出てくる問題になってくるんです。そのことは、たとえば僕がいまの身体の方法作るために、考えるための、ヒントと言うか、問題意識を僕に与えてくれたもののひとつだったりもするんですけど、本当に自然のまま舞台に上げるとか、それを少し加工しているとか、あるいは、つまり、舞台に上げるってときに絶対に必要な、ある種の作業、人為的な作業を、費やした結果として自然さとまったく同じように揃えてるとか、いろんな言い方が出来ると思うけど、それは僕がいま、確信を持って喋ることができなくて、僕はこれを一回、ハッと自分で思ったのは、エスカレーターが止まっているときに、終電直前とかの時間に、そこを階段として上ったり下りたりしようとすると、気持ち悪くなったりするじゃないですか。そういうような感覚っていうのかな。ただの階段なんですけど、クールに言えば、止まってるエスカレーターっていうのは。でも、そう思わないから、そうやって認識してないから、止まってるエスカレーターを上ったり下りたりすると、気持ち悪くなるんで。だからそれは階段と違う何かがあって、っていうようなことが、その、舞台に上がるってときに行なわれてるような気がするっていう譬え話なんですけどね。つまり、見る人も変わるし、これは舞台の上でしょっていう。だから、こっちが仮に変わってなかったとして、もっと前提自体に意味があるかどうかもわからないけど、やってる側が、もし、本当に、仮に、まったく自然のままにそこでやったとしても、見る人はどう考えるか、そういう問題もあるので、そこに関しては、わからないとしか言えないんですよ。ただし、わからないとしか言えないって上で、僕が思っているのは、自然に見えるかどうかって言うことは、そうなってくると、あまり重要じゃないっていう風に、いまは僕は考えていて、まあ、前から割と考えてたんですけど、だから、ある上演を、稽古で見ていて、それをもっと、これだと自然さが足りないっていうような観点で、もっと自然にするためには、こうしよう、みたいなことは、僕にとってはあまりいま重要ではなくて、そこそこは重要なんですけど、最後の最後で、それってどうでもいいことだと思って、何か、捨てちゃってるような感じで、いま作ってるっていうのがあります。動きに関して言うと、それが、これって自然だよなって見えるっていうときと、こんな動きはしないだろうっていうときの、境界線みたいなところをプレゼンテーションしたいような意識はあって、それは何か、見てる人の軸っていうのが、本当にちょっとしたことで変わったときに、何か俺、これさっきまですごい自然だと思ってたけど、これ自然でも何でもない、こんな奴いないって思ったり、あるいは逆だったり、こんな変な奴いねえよって思ってたけど、いるかも、とか、そういう見てる人のちょっとした心のブレみたいな軸で、それが変わって見えちゃうような、所をやりたいなと思っていて、だから、自然な身体の動きを作るっていうのは、たぶんそんなに難しいことではないんですよ。『三月の5日間』で、あのラストシーンを思いついて、演劇として上演したときに、ほとんどそれだけの理由なんですけど、小説にしたいと思ったんです。どうしても、これは小説の方がラストシーンに関しては、何か気が済まなかったというか。たとえば、こういう例を出してもいいのかな、『細雪』の最後がすごく汚らしく終わる、というようなことなんですけれどね。それで、新人賞みたいなところに応募しようかなとか思ってたんだけど、戯曲賞をいただいて、その関係で、小説を書いてるってことを、白水社の方に言ってたら、「新潮」の方にその話が行って、それで、かなり書き直したりしましたけど、載せてもらえることになったんですけど。一応心がけたのは、奇を衒わないで、いわゆる普通の結構を持った、普通のっていうかな、小説を書こうと、割と思ったかなっていうのがあって、それはいま、変なことをまだ出来る状態じゃないかなっていう自覚がそれなりに僕にあったからで、やっぱり演劇と比べて、あまりにも小説のことをわかっていないので、ある独自な形式みたいなものを、いずれ小説でも獲得できればいいなと思うけど、いまは、普通に書こうと思って、普通に書いたっていうのが、あったかな。戯曲を書くけど、それは結局俳優のために書いてるようなところがあって、小説は、その、僕が演出家として、俳優とやってるっていう作業を全部自分でやる、みたいな感じっていうのがあって。だから、その書かれた文章が、ひとつのダンスのような感じなんです。僕の感じで言うと。『三月の5日間』は、戦争について何かを言おうっていうのはありましたね。で、それをどう言うかっていうことが問題で、まあ、もう少し言うと、僕の、距離感も含めて書く、そのときに、何か、戦争と関係ないみたいな、平和ボケした日本の若者みたいな、ことでもなくて、僕はそういうつもりではないんですけど、この作品が、でも、ないけれど、もっとコミットしなければいけないとしたら、もし、もっとコミットしたところで戦争を語るって言うのでなければ、戦争を語ったこととは言えないみたいなのが、そういうような言われ方をしてしまうと、僕たちも戦争を経験して、そりゃ、たとえばメディアを見てみたいなことかもしれないけど、戦争から何かを感じたのに、コミットしなければ語れないってことだったら、そしたら何も語れなくなってしまう、そんなことはないだろう、という、ことは思っていて、だから、もしそうやって、一定以上にコミットするってことが社会派ってことなんだとすれば、社会派じゃなくて、戦争を、距離感込みで扱うというか。たぶん、すごい個人的なことだけで作品を完結させることが、何かいまは、そういうことが出来なくなっちゃったみたいな感じが、自分の中でしてるんですね。それは、自分がってことなんだけど、世の中がみたいなものも含めて。ただそれは、やっぱり一定の距離感があって、たとえばそういう、社会にコミットするっていうことが、演劇の歴史から言うと、それがある時期、熱かったわけで、ただ、そんなのはつまらんって時代を一度、演劇は経ていて、まあ、演劇だけじゃないのかもしれないですけど、経ているんですよね。子どものときにやっぱりそういう時代だったから、で、そのことに反発を覚えていたわけじゃないです。そうだと思ってたんです。だけど、それを更新しないと、たとえば政治とか、そういったものに対する、子どものときから培ってきた態度っていうのを、変えないとヤバいんじゃないかっていう、変えないと、してはいけないことをしてしまうんじゃないかっていうような不安だったりとか、人として、そういうような不安っていうのが、言葉をすると大仰だけど、でもやっぱりあるんですよね。あって、何となく、変更してるっていう作業をやっているんだと思うんです。僕自身が。それは演劇でとかじゃなくて、生きて、日々、生を営む中で。なので、何て言えばいいのかな、無難さに留まらないっていうのかな、やっぱりタッチすべきではないと思うんです。もし、無難さってことを大事にするんであれば。そんなことは僕もわかってるんですけど、でも、それは多分、色んな意味で出来ないっていうか、単純に無難なのはつまらないと思うし。何か、そういう風に、何となく考えてるんだと思います。いま、喋ったようなこと、言葉にするのが初めてなので、うまく喋れてないと思うんですけど。その、イラクに、まあ、自衛隊も含めて、米軍も含めて、まだ駐在している、と。どうやら、その駐留も延長されるらしいみたいな、そういう、全然状況として、これを上演するのはちょっと古いよね、みたいな状況には、ひとつもなってないっていうことが、不幸にもと言うか、何だかわかんないですけどそういう状態だっていうことが、やっぱり一番大きくて、だから本当に全然、不幸なことに古びていないっていうことを、明らかに出来たらいいんでしょうね。っていま喋りながら思ったんですけど。これは、二年前の話、二年前って別に古くもなんともないんですけど、でも少なくとも終わってればね、このときはこういう問題意識だったよねみたいに、イラク戦争とか限って言えば、ああ、こんな状態だったよねって思えるけど、そういうのじゃないっていうのが、何か突きつけられるというのかな、突きつけられる、身につまされる、見ている人が。それはやりたい。それが出来る、出来たらいいな、とは思ってますね。たぶん、戦争がすぐ終わると思っていたということが、僕の中で重要なんです。ということは、僕がそう思っていたんですよ。台詞にも書きましたけど、湾岸戦争がすぐ終わったので、これもすぐ終わるだろう、と思ってたんですよ。思ったんです。で、それは間違いだったわけです。だけど、そう思ったのは、絶対に僕だけじゃないって、どっかで思ってて、だから、それを残しておこうと思ったんですよ」

チェルフィッチュ『ホットペッパー、クーラー、そしてお別れの挨拶』

去年（二〇〇九年）の十月、僕はチェルフィッチュの『ホットペッパー、クーラー、そしてお別れの挨拶』世界初演をベルリンの劇場で観た。この奇妙なタイトルは三つのエピソードから成るものであることを示しているのだが、そのうち「クーラー」は二〇〇四年に初演された、あの『三月の5日間』と並ぶチェルフィッチュの出世作のひとつであり、尚かつ「ホットペッパー」もドイツに先立って昨年九月の「吾妻橋ダンスクロッシング」で披露されていた。だから本作は、前から在った二本の短篇にエピローグに当たる「お別れの挨拶」を新たに付け加えることで一本の長編として完成された、ということになる。だが、結果として、別々に観ていた時とは相当に印象の異なる、実質的に新作と呼んで何ら差し支えないものに仕上がっている。

チェルフィッチュの独自性が語られる際に、あのきわめて特徴的な（だが前作『わたしたちは無傷な別人であるのか?』では野心的に放棄されていた）ダラダラとした「超口語」とともに常に出てくるのが、いわば「超挙動」ともいうべき身振りである。我々が普段、無意識にしてしまっているなにげない手足（やその他の身体）の動きを「振り付け」として抽出し、過剰にしたり繰り返させたりすることでカリカチュアライズしてみせるという方法は、まさに「クーラー」で開花したものだった。

この作品は会社のオフィスでクーラーの設定温度が低いことを延々と訴え続ける女性社員と、それにひたすら相づちを打ちながら次第にセクハラ的空気を醸し出していく男性社員とのやりとり、ただそれだけを切り取った寸劇＝パフォーマンスだが、そのミニマルかつパラドキシカルな挙動が「ダンス」として評価されたのだ。

本作はまず第一に、その発展形として在る。身振りは厳密にコントロールされて、グニャグニャダラダラノタノタした、魅惑的に脱力した「現在形のからだ」を提示する。その気持ち悪さに思わず笑ってしまうのだが、だが妙にエロチックでもあり、不思議な吸引力がある。加えて、三つのエピソードでは既成の音楽が何曲か流れるのだが、「現代音楽」「ポストロック」「フリージャズ」と綺麗にジャンル分けされていて、尚かつどの曲も最初から最後まで完奏される。しかも役者の身振りは、そのメロディやグルーヴに絶妙にシンクロ（したりしなかったり）しているのだ。つまりこれは一種のミュージカルなのである。だがこんなミュージカルなんて、チェルフィッチュ以外にはありえまい。

本作が描いているのは、或る「派遣」の女性社員が退社する／させられることになって、残る「派遣社員」たちが「ホットペッパー」で送別会の店を探し、二人の「正社員」が「クーラー」についてグダグダやった後、当の「派遣社員」が皆の前で「お別れの挨拶」を述べるという、おそらく現在のニッポンのあちこちの会社で見られるだろう、ごく平凡な光景である。だがこの三つ目のエピソードの追加により、この作品は一挙にアクチュアルな問題性を帯びることになった。ここでダラダラグタグタと蠢く「からだ」は、確かにわれわれが生きている「社会」や「国家」、つまり「ニッポン」の隠喩なのだ。

岡田利規著『遡行　変形していくための演劇論』

本書はチェルフィッチュを率いて国内外で活躍する劇作家、演出家、そして小説家でもある岡田利規が、初めて刊行した演劇論である。ただ書き方がちょっと変わっている。題名に端的に示されているように、執筆時点の二〇一二年から作品ごとに時間を遡ってゆくという独特な構成が採用されているのだ。

その理由は冒頭で述べられている。始まりから順番に記してゆこうとすると、その時々の自分は当然ながらその先に起こることをまだ知らないわけだが、それをいま書いている自分はこれまでのことをもう知ってしまっているので、書いてる自分と書かれる自分との間に或る種の齟齬が生じる。そのことに気づかぬ振りして書くのは厭だし欺瞞だとも感じる、という意味のことを岡田は「はじめに」で述べている。この「過去の自分」と「現在の自分」の距離／差異という問題は、先ごろ日本でも上演された、岡田がアメリカのピッグアイアン・シアター・カンパニーに書き下ろした戯曲『ZERO COST HOUSE』にも導入されていた。というか、それ以前に、これは岡田利規の重要なテーマのひとつだろう。

ともあれ、二〇一二年春に上演されたチェルフィッチュの現時点での最新作『現在地』からスタートして、時間を「遡行」してゆくわけだが、読んでみるとこの趣向は特にややこしくはなく、むしろしっくり来る。言っておかなくてはならないのは、こういう形式になっているからといって、「初心に帰る」的な展開にはまったくなってはいないということである。先のタイトルをもじれば、常にその時々の「現在地」を（たとえ一見そうは見えなかったり、相当な迂回を経ていたとしても）何とかして肯定することを最重要課題にしてきた岡田氏であるから、これまでの道程は極めてロジカルな進みゆきであるとともに、不可逆的な変化のプロセスでもある。つまり過去のすべては現在がかくのごとくあるということを証明するために召喚されている。だからその証明に役立たない過去については語られないこともある。だがそれでいいのだ。なぜならば、これは回想録ではなく演劇論であるからである。

演劇とは、舞台上でリアルタイムに演じられるフィクションである。演技／演出においても説話／叙述においても、特定の時空間と役者の身体の現前という条件が、物語と虚構のありようを拘束している。単純な話、観客は誰もが目の前のハムレットが日本人の誰某という俳優であるということを知っているし、未来の宇宙ステーションを舞台にしていたとしても、いまここがいまこの劇場でしかないことは当然承知している。にもかかわらずわれわれ観客がそこで展開される芝居に夢中になるのだとしたら、そこには何らかの魔法が働いていることになる。従来の演劇はこの魔法をまさに魔法として、一種の秘技のように考えたり、或いはナゾの精神論（役に成り切る！）として処理しようとしてきた。それはおおむね、舞台上の虚構の本物らしさ、自然さ、といった次元で成される。

だが岡田はこのような、嘘でしかないものを嘘ではないフリをするという演劇の作り手と観客との曖昧な共犯関係を徹底的に疑う。だが、かといって無論、嘘や虚構をただ受け入れればそれでいい、ということでもない（というか、そうすると結局はさっきと同じことになってしまう）。そうではなくて、誰にとっても自明の「演劇＝虚構」と「演劇＝現実」のダブルバインドを、それ自体として突き詰めていくことは出来ないか。

このことを岡田は「具体」と「具象」の違いとして説明している。演劇を学ぶ大学生たちと作った『ゴーストユース』という作品にかんするパートで、彼は「作中人物とそれを演じる役者は、どこまでいっても完全に一致することがない」と述べる。「役者が人物の具象を完全にやってのけるということが、演劇ではできない。なぜならば、役者とはそれ自体がどうしたってひとつの強烈に具体的な存在であるからだ。このことは演劇における真理だ」「役者の具体物としての存在感は、役者が具象を完全にやってのけようとすることを致命的に妨げる要因として働く。役者がそこに立っているということは、それだけで相当に強烈な何かになってしまうし、また、そうあるべきなのだ」「登場人物という具象物と、役者という具体物の両方が存在することをポジティヴに捉える手立てを持てれば、演劇に対して演劇的に——いい意味で演劇的に——取り組むことが可能になるだろう」。

　ならば、どうするか？　「僕は学生たちに、役になろうとしなくてもよい、と伝えた。そして、役というのをプロジェクターから打ち出される映像のようなものだとみなしてほしい、そして演じることを、その映像が映し出される投影先となること、スクリーンの機能を果たすことだと捉えてほしい、と要求した」。ごつごつした具体物であると同時に、映像を映し出すスクリーンのようなものとしてあること。岡田はこのことを、別の言葉でこうも言っている。「役とは、幽霊なのだ」。この認識こそ、岡田利規という演劇人の決定的な独自性、独創性の核心である。

　『ゴーストユース』は「二〇〇七年一一月」の日付を持っており、本書の遡行の果ては「一九九九年」だから、ほぼ中間地点に当たっている。そして岡田は、この「幽霊」を如何にして舞台上に現前、いや、観客の脳裡に発生させるか、という試行に、そもそもの最初から、そして現在に至るまで、果敢に取り組み続けてきた。『三月の5日間』や『フリータイム』や『わたしたちは無傷な別人である』のような傑作は、そうして生まれたのだ。本書を読むことによって、読者は岡田の思考＝試行の軌跡をトレースすることが出来る。それは確信に満ちているとともに、試行錯誤の連続でもある。

演劇論として、この本が後進に役立つものであるのかどうか、私にはよくわからない。私は演劇をやろうとしている者ではないからだ。だが本書の「おわりに」にはこうある。「最近の僕には、演劇というとてつもなく古い表現形式の持つ根源的な本質というか大きな幹みたいなものとつながっていきたいという欲求がある」。

この「大きな幹」は、更に大きな「芸術」と呼ばれる幹に繋がっている。だから本書は、極端に言えば演劇論として読まれなくてもよく、たとえば小説のことを考えるためにも役に立つ。

『地面と床』の上と下

0．はじめに

『地面と床』（“Ground and Floor”）は、岡田利規が率いる演劇ユニット、チェルフィッチュの最新作である。この作品はまずブリュッセルの「クンステン・フェスティバル・デザール」で世界初演された。その後、ジュネーブとロッテルダムを回ってから、二〇一三年九月の二十八日と二十九日に「京都国際舞台芸術祭 KYOTO EXPERIMENT」で日本初演された後、ダブリン、パリ、ベルリン、アテネ、トゥールーズとヨーロッパをツアーして、十二月の中旬から神奈川芸術劇場（ＫＡＡＴ）で上演されることになっている。

　私はこの舞台を京都の初日に観た。それ以前にＫＡＡＴで行なわれた公開リハーサルにも足を運んだし、更にその前にＤＯＭＭＵＮＥで放送された岡田利規著『遡行　変形していくための演劇論』の出版記念番組には岡田の対談相手として出演し、その中で行なわれた女優の安藤真理への生演出にも立ち会うことが出来た。だがもちろん事前に抱いていた予想や印象と本番は、かなり違っていた。私は、この『地面と床』という作品は、岡田利規とチェルフィッチュにとって、過去の多くの作品のそれぞれの「続編」というべき仕上がりになっているという意味で、紛れもない一個の里程標であり、と同時に、今後彼らが歩んでゆくだろう複数のベクトルをも指し示していると思う。

あらかじめ述べてしまうなら、『地面と床』は、岡田利規の、日本論であり、日本人論であり、日本語論である。このような作品を彼が造り上げるに至ったのは、自然な成り行きでもあり、また多分に意識的な試行でもあっただろう。本稿では、幾つかのポイントに絞って、このことを論じてゆく。その際の足掛かりとなるのは、タイトルである。「地面」と「床」。これは次の英語に抽象化される。「Ａ ａｎｄ ａ」。「Ａ ａｎｄ Ｂ」ではない理由はもちろん、「地面」と「床」が、私たちの足裏に接し、私たちがその上に立つ平面＝足下という意味で同じカテゴリに属しているからである。そして私が思うに、『地面と床』という演劇作品は、この「Ａ／ａｎｄ／ａ」をめぐって展開している。すなわち「地面（足下Ａ）／と／床（足下ａ）」である。

1．『地面と床』の前とその前

『地面と床』は、約一年前に発表された『現在地』と、密接なかかわりを持っている。岡田利規によって「ＳＦ」であり「フィクション」であると明確に宣言された上で世に問われたこの作品は、それまでのチェルフィッチュとは異なり、登場人物に役名が存在し、俳優と役柄が固定されており、ほぼ単線的に辿ることの出来る物語が存在していた（これらは通常の演劇ではごく普通のことだが、周知のようにチェルフィッチュではことごとく破られていた。詳しくは『即興の解体／懐胎』を参照）。そして『地面と床』でも名前のつけられた登場人物を俳優たちが一対一対応で演じている。物語にかんしては些か微妙だが、少なくともその中味にかんしては『現在地』とほぼそのまま繋がっていると言える。

ではまず『現在地』とはどのような物語だったのか。上演時間二時間の、それも非常に台詞の多い舞台をかいつまむのは容易ではないが、枝葉を省いてざっと記すなら、ある村に、まもなく何かが起こり、それがきっかけで世界が破滅するという不吉な予言がなされる。登場人物のひとりは、その「何か」が、ある日ドライヴに行ったときに目にした「青く光る巨大な雲」ではないかと思う。予言をめぐって村は二分される。どうもこの村は、祖父母の世代が、内戦が続いて衰亡に瀕していた「日本」という国から脱出して作ったものらしい。やがて村の湖の水位が下がり始める。村人は恐怖するが、湖が干上がると、その下から巨大な乗物が現れる。それはどうやら宇宙船のようなものらしい。人々は選択を迫られる。船に乗って村を出て遠い土地を目指すか、それとも、ここに留まるか。そもそも船に村人全員は乗れない。そして予言が真実なのかどうかもわからない……

誰にもわかるように、この物語は明らかに、東日本大震災と福島第一原発事故の後、主に関東地方を中心に起こった幾つかの騒動、トラブル、問題を発想源にしている。つまり「ＳＦ」であり「フィクション」であると言いながらも、岡田利規はむしろ極めて現実的なテーマを設定していたのだった。それは、この劇が『現在地』と題されていたことにも端的に示されている。『地面と床』の物語については追って述べるが、まず何よりも「現在地」という言葉が、「地面と床」と、ほぼイコールであるという点を見逃すわけにはいかない。「現在地」とは、われわれの「足下」の謂に他ならないからである。

ところで、チェルフィッチュとしての『地面と床』の長編の前作が『現在地』なのであるが（その間に両作にも出演している佐々木幸子による一人芝居の中編『女優の魂』がある）、岡田利規は二作の間に、もう一本、戯曲を書いている。アメリカの劇団ピッグアイアン・シアター・カンパニーに提供した『ZERO COST HOUSE』である。英訳された台本を用いて、岡田の立ち会いの下でリハーサルを重ね（演出は同劇団のダン・ローゼンバーグ）、二〇一二年の九月にピッグアイアンが拠点とするフィラデルフィアで初演された後、二〇一三年二月にやはりK

ＡＡＴで日本公演が行なわれた。この戯曲の日本語オリジナル版は文芸誌「群像」の二月号に掲載されたが、そこに岡田は「この日本語テキストを用いた上演を、私は想定していませんし、望んでもおりません」と記している。つまりこれは、もともとは日本語で書かれた英語劇という、些か特殊な成立の舞台なのである。

チェルフィッチュの作品ではないが、この『ZERO COST HOUSE』は、ある意味では『現在地』よりも従来のチェル的と言えるかもしれない。タイトルからもわかるように、これは坂口恭平の著作と言動にインスパイアされた作品である。坂口の書きものにはいずれも自伝的ニュアンスが濃厚に含まれているが、この戯曲も岡田利規のリアルタイムの「自伝」を装っている。すなわちそこには「岡田利規」と「過去の岡田」と呼ばれる人物（いずれもアメリカ人俳優が演じている）が登場し、更に「坂口恭平」（と名乗るアメリカ人俳優）と、そして「ヘンリー・デイヴィッド・ソロー」が登場する。

三幕から成る複雑な物語を要約するのは不可能に近いが、なるべく簡略に記してみる。演劇人として注目を浴びる以前、まだアルバイトをしていた「過去の岡田」は、ソローの『ウォールデン』を愛読していたが、いざ現在の「岡田利規」の前に「ソロー」が現れてみると、もはやほとんど感激することが出来ない。いまの「岡田」からすると、ソローの思想は「arrogant（＝傲慢）」に映るのだった。そこに「坂口恭平」が現れて『ウォールデン』を熱烈に擁護し、自分と「岡田」の馴れ初めを語る。それはほぼ現実の二人の交流をなぞっている。「岡田」の芝居を観て感激した「坂口」が「岡田さんの作る芝居くらいヤバい本です」と言って自著を手渡したのが出会いだった。それは「都市の中でゼロ円で家を作って、ゼロ円で暮らしていくための本」「この世界に存在する別のレイヤーをとらえることを読む人にそそのかす本」である。

だが二人の関係がより強固なものになったのは、震災と原発事故以後のことだった。地震と事故から二週間後、

「岡田」は長く住んだ横浜から九州に転居することを決意する。「坂口」は地震の五日後、原発事故の影響から逃れるべく家族と共に東京から避難、三月には出身地である熊本に戻って、ツイッターで放射能の危険性を繰り返し訴え、多くの知人友人に遠方への避難を呼びかけた。それに応えて「岡田」は妻子を連れて熊本に移住したのだった。「坂口」は今後ますます、彼の「ゼロ円ハウス」「ゼロ円生活」の思想が重要度を増していくだろうと語り、自ら「新しい政府」を樹立して「初代内閣総理大臣」に就任すると宣言する（これらは坂口の一連の著作――特に『ゼロから始める都市型狩猟採集生活』『独立国家のつくりかた』――にそのまま即している）。

ところで、この舞台には、これまで触れた者以外にも何名かの人物（？）が登場する。「岡田」が戯曲に書いているらしき「ウサギの夫妻」と、彼の「マネージャー」である。「ウサギの夫妻」は最初は「ソロー」の信奉者なのだが、彼らもまた原発事故によって放射能への恐怖に直面させられる。「マネージャー」は「岡田」の変貌に若干の疑問を抱いている。かつては避けていた、アーティストとしての社会的発言を積極的に行なうようになった「岡田」は「マネージャー」に「自分がarrogantになってるかもしれないってことを恐れちゃだめだ」などと言う。「岡田」は本気で「坂口」に共感しているらしい。なにしろ「坂口総理大臣」のスピーチライターになってしまったのだから。この舞台は「ウサギ夫妻」が「新政府首相」の「坂口」に亡命の申請をしている場面で終わる。

このように書くと、あたかも『ZERO COST HOUSE』は、実際の「岡田利規」と「坂口恭平」を物語っているかのように思われるだろう。だが、当然のことながら、これはあくまでも「自伝」を装った「フィクション＝演劇」なのであって、事実そのままのドキュメントではない。そのことは、少なくとも次の二点によって証明される。劇の最後に「マネージャー」はこんな台詞を言う。「みなさん、これで岡田利規の自伝的内容の、このお芝居は終わりです。でもみなさん、ここでお話ししたことの全部が実際に起こったことではなくてですね、たとえば実際の岡田さんは坂口さんのスピーチライターなんてやってないですから。岡田さんは劇作家です」。

岡田が「劇作家」であるという、言わずもがなの最後の一言は、しかしなんとも一筋縄でいかないものである。この台詞によって、ここまで物語られてきた、あからさまに現実を模した芝居は、一挙に宙吊りにされてしまう。

それからもう一点は、言うまでもなく、これがアメリカ人によって英語で演じられているということである。もっと言うなら、これがそもそも日本での上演を第一に想定されたものではない、ということである。この舞台を、日本で日本人が日本語字幕付きで観るという体験は、きわめてパラドキシカルな回路を孕んでいる。

『現在地』と『ZERO COST HOUSE』は、多くの点で、直接的／直線的に、続く『地面と床』を予告している。三つの舞台は、ほとんど「三部作」と称してもいいのではないかとさえ思われる。では『地面と床』とは、いかなる物語なのか。

2．『地面と床』の前と後

『地面と床』の公演パンフレットおよび特設サイトに記載されている「あらすじ」には、こう記されている。「舞台は、そう遠くない未来の日本。その国は衰退に向かっている。戦争が始まる気配につつまれている。女の幽霊が舞台上に現れる。生前二人の息子の母親であった彼女は、自分の墓を足繁く訪れる次男をいとおしく思う一方、彼女を意に介さない長男とその嫁のことが恨めしい。胎内に新しい生命を宿す長男の妻・遥は、子どもの未来のため日本に見切りをつけ、この国を出ようと画策している。そして、自らを社会から切り離し内的亡命者のようになった女が現れ、もはや誰にも伝わらない言葉となってしまっている日本語を、舞台上であてどなくまくしたてる。この地面の下で安らかに眠っていたいというなけなしの望みを抱く死者と、生まれいづる者の命を守ろうとする生者との利害が、近未来の不穏な日本を背景に、対立する」。劇の進行とは別に物語を還元すると、以上のようなことである。『現在地』『ZERO COST HOUSE』との連続性は、これだけでも明らかだろう。

では、もう少し詳しく述べてみよう。この舞台には五人の登場人物が登場する。母親の幽霊の美智子、長男の由多加、その妻の遥、次男の由起夫、そして長男夫妻の友人（?）のさとみ。美智子は他の登場人物には見えないが（ひとり例外がいるのだが、ここでは触れないでおく）、彼女は歴然と舞台上にいる。美智子を演じる安藤真理は、童顔のまだ若い女優である。つまり母親が何歳で亡くなったにせよ、その姿は役柄のイメージと一致しない。彼女は登場すると、こう語り出す。「わたしはこの地面のことをいつも考えていて、そうです、地面のことがわたしのあたまから離れることはわたしには片時もなくて、というのも、というのも、わたしはいつもはこの地面のしたにいるからです、土の中で、小さな骨の寄せ集まりになって、容れ物の中で、白磁の容れ物に、詰め込まれて、時間が流れるのを過ごして……」。美智子の墓参りにやってきた由起夫は、二年半もの間、仕事にあぶれていたが（その理由は「勤め先の工場が閉鎖されてよその国に移って行った」からである）、やっと働き口が決まったと墓前に報告する。どうやらその仕事は復興事業の肉体労働であるらしい。由起夫はチェルフィッチュの花形役者である山縣太一が演じているが、そのキャラクターは、彼が扮した『わたしたちは無傷な別人である』（二〇一〇年）の訪問者を思い出させる。そこでは勝ち組夫妻の高層マンションのドアベル越しに、強いルサンチマンを宿した男が不気味な言葉を語りかけていた。

由起夫は兄夫妻から借金をしているが、内心では反撥している。しかし母の美智子にとって彼は優しい息子である。由起夫とは違って、兄夫妻は死んだ母親に冷淡である。由多加が遥に話す悪夢の内容によって、いまにも始まる気配に包まれた「戦争」の相手国が、おそらく「中国」であるらしいことが匂わされる。遥はリアリストであり、義理の母親である美智子のことも、夫の弟である由起夫のことも、ほとんど気にかけていない。彼女にとって最も大切なのは、生まれてくる子どもである。遥はこんなことを言う。「わたしはきっと、そう遠くない将来、この国ではないところにいく。この子とふたりだけでいくのかもしれない。よいところだと思えたら、そこに家を建てる。わたしは、よいと思えるところを見つけられるかしら」。この芝居は美智子が由起夫に語りかける台詞で終わるが、なんとも複雑かつ繊細なニュアンスを有したその言葉を、ここに書き写すことは慎んでおく。

「足下Ａ」と「足下ａ」、すなわち「地面」と「床」とは、つまり「家＝すみか」の外と内のことでもある。それが、いつ、どこであったとしても、私たちがいま、立っている、この「足下」が常に「現在地」であるのだが、それが「床」なのか「地面」なのかの違いは、「すみか」の、生活の、いや、生存のありさまを示していると言える。「路上」と「住居」。「アウトサイド」と「スイートホーム」。「非正規雇用」と「正社員」。「低所得者」と「富裕層」等々、このように「足下Ａ」と「足下ａ」は、幾らでも換言され得る。

　この露骨なまでの明暗＝コントラストと、絶対的な「と」という障壁。この意味で『地面と床』は、前二作から更に遡って、フリーター問題を取り上げた『エンジョイ』（二〇〇六年）、自由で不自由な「今日の労働」をテーマにした『フリータイム』（二〇〇八年）、派遣社員を描いた『ホットペッパー、クーラー、そしてお別れの挨拶』（二〇〇九年）、二〇一〇年夏の総選挙の投票日前日を舞台とする『わたしたちは無傷な別人である』、「ここから脱出すること」にかんする思弁が語られる『ゾウガメのソニックライフ』（二〇一一年）といった岡田利規の過去の作品のほとんど全部を包括するようなものになっていると言っていい。

しかもそれは、たとえば『フリータイム』と『地面と床』、『わたしたちは無傷な別人である』と『地面と床』というように、活動歴の集大成というよりも、個々の作品ごとに「と」で結ばれるものになっている。過去の作品の「それぞれの続編」と述べておいたのは、この意味においてである。今後『地面と床』以前の作品が再演される機会があった場合、それは（たとえ何も変わっていなかったとしても）非常に強い意味で『地面と床』以後の作品にならざるを得ないだろう、そう思えるのだ。

3.「日本／語」が滅びるとき？

ところで『地面と床』には、家族以外にもうひとり登場人物が居る。それは佐々木幸子が演じているさとみである。彼女は、この作品の、もうひとつのテーマを体現する存在である。彼女は舞台に登場するなり、極めて饒舌に、こう語り出す。「ところで、わたしの、わたしだけじゃないですけど、わたしたちみんながここでしゃべってる言葉は、日本語なんですけど、でも、わたしたちは全員それをすごくよくわかってるんですけど、わかってるというか、意識してるんですけど、この言葉、日本語は、いまやほとんどの人にはわかられない言葉じゃないですか、だから、いまもそうですけど、わたしがこうしてしゃべってるのを聞くだけでわたしが言ってることが意味がわかるひとは、ほとんどいないじゃないですか、もしいたとしてもそれはただ単にものすごい偶然というか、え、すごいですね日本語おわかりになるんですね、ていうそれはもうほとんど奇蹟だな、ていうだけなんですよ」。この舞台は、英語と中国語の字幕が映し出されることが作品自体に取り込まれているのだが、彼女の猛烈な早口と長口上に、やがて字幕が追いつかなくなってしまう。そしてさとみはそれにツッコミを入れるのだ。それはなかば楽屋落ち的なギャグのようだが、同時に切実なアイロニーを孕んでいる。

『地面と床』の上演歴に端的に表れているように、近年のチェルフィッチュは海外公演を精力的に行なっている。というよりも、現在の活動の基盤はヨーロッパにあると言ってもいい。しかし当然のことながら、そこには「日本語」という特殊条件が確固として存在している。岡田利規の芝居は、翻訳字幕抜きでは外国人には理解されない。もちろんそれは英語以外のすべての言語に言えることだが、明らかに「日本語」は、その中でも一際マイナーな言語である。岡田とチェルフィッチュが、海外での上演を重ねるごとに、この「壁」を直視せざるを得なくなってきただろうことは想像に難くない。あの『ZERO COST HOUSE』は、いわばこの「壁」を裏返す試みだったとも考えられる。

「足下Ａ」と「足下ａ」は、次のようにも言い換えられる。「母国語」と「使用言語」。それは私たちにとっては「日本語」と「外国語」のことである。岡田利規は、福永信を聞き手として行なわれたインタビューの中で、「言葉には世の中を変える力がある筈なのに、日本語にはもうそれができないなって思ってるんです。そしてこれからも期待できない。そういう思いあっての、日本語が滅びるっていう設定なんですよね」と語っている。そしてこの発言は、『地面と床』の美智子による最後の台詞の、ここに書くわけにはいかない最後の一言とも響き合っている。

　私たちはいつだって、ここから出て行くことが出来る。出て行った先が「現在地」であり「地面」であり「床」であり「足下」である。それはどこだってそうなのだから。だがしかし、私たちはそこで、ただ立って歩くだけではない。生きてゆくことには、生活には、生存には、たとえば「言語」という項目があったりするのだ。

ではそれは、ただ単に乗り換えればいいのか。乗り換えられれば？

そうするしかない場合もあるだろうし、それが可能な場合もあるだろう。それもまた、いまいるここが「足下」であるということの意味なのだから。だがしかし、それでもなお、わたしはこの地面のことをいつも考えていて、地面のことがわたしのあたまから離れることは片時もないのだとしたら？

『地面と床』は、日本に住み日本語を話す日本人である／しかない私たちと、そうではない人々との間に厳然として横たわる「と」を、作品の内部の働きと外部への開かれの双方を使って、残酷なまでに晒け出す。この「と」は、その両側にある項を、どこまでも非対称にしてしまうだろう。だが、この残酷さが、この作品の核心であり魅力でもあることは疑いを入れない。そしてまた、この残酷さが、それこそが、岡田利規とチェルフィッチュにとって、最大の武器にもなり得るのではないか。

このことは、おそらく今後、これ以降の作品において、よりはっきりしてくるだろう。なぜなら、これはアイロニカルに言うのではなくて、あくまでも、どこまでもポジティヴに述べるのだが、彼らには、私たちには、そうするしかないからである。

地理的身体たちの演劇――『プラータナー：憑依のポートレート』

二〇一八年八月二十二日、タイのバンコクで、岡田利規の舞台『プラータナー：憑依のポートレート』の世界初演を観た。この作品は岡田のカンパニーであるチェルフィッチュの制作を手掛けるプリコグと国際交流基金アジアセンターの共同企画によるもので、タイの著名な作家ウティット・ヘーマムーンの長編小説『Rang Khong Pratthana』の演劇化である。同小説は現在、岡田の台本執筆、字幕制作に全面的に携わった福冨渉による邦訳が進行中である（二〇一九年『プラータナー：憑依のポートレート』河出書房新社より刊行）。

まずウティット・ヘーマムーンについて若干のことを記しておきたい。ウティットは一九七五年生まれ、『鏡の中を数える』『パンダ』など数冊の邦訳書もあり、浅野忠信主演による映画『地球で最後のふたり』の原作者として日本でも人気のあるプラープダー・ユン（福冨渉訳による長編エッセイ『新しい目の旅立ち』が二〇二〇年に刊行）とともに、国際的な評価と人気において現在のタイ文壇の中心的存在とされる。二〇一七年に発表されたばかりの『Rang Khong Pratthana』に先立つ長編『ラップレー、ケンコーイ』（二〇〇九年）でタイの芥川賞と言われる東南アジア文学賞（シーライト賞）を受賞、同作は英訳もされている（『The Brotherhood of Kaeng Khoi』）。タイから戻った後でペーパーバックを取り寄せてみたが、五百頁を超えるかなりの大作で通読には至っていない。

ウティット・ヘーマムーンは二〇一〇年に来日しており、東京、福岡、大阪、函館の四箇所で講演を行なっている。その折に京都を訪れたときの経験を基に短編小説「残り香を秘めた京都」を執筆、同作は原語、英訳、日本語訳を併せた一冊の本としてリトルプレスより出版されており、私は『プラータナー』の会場で同書を入手した。「残り香を秘めた京都」の物語は、ウティット自身を思わせるタイの作家が京都で日本人青年と偶然に知り合い、共感に満ちた友情を超えて同性愛に近い感情を互いに抱くが、その翌年に起きた東日本大震災によって東北出身だった青年とは再会を果たせずに終わる、というものである。この小説では一人称と三人称が混在しており、後で述べるように岡田利規が『プラータナー』の演劇化に当たって採用した或る特殊な方針にも影響を及ぼしている可能性がある。語り手＝主人公の名は『プラータナー』と同じであり、父親との確執という主題のひとつも重なっており、ウティットが一種の私小説的な枠組を用いつつフィクションを紡ぎ出す作家であることが見て取れる。

『プラータナー』が上演されたのは、タイの東大とも言われるエリート養成校チュラロンコーン大学の文学部演劇学科内にあるソッサイパントゥムコーモン劇場である。大学内の施設とはいえ百席以上のキャパシティがあり、舞台設備等も日本の小劇場と比較して何ら遜色はなかった。八月二十二日の夕刻、初演本番前の最終確認が行なわれているところにお邪魔して岡田利規と少しだけ話した。

岡田は今回のプロジェクトのためにタイに比較的長く滞在しており、難読で知られるタイ語が少し読めるようになったと言っていた。この舞台を作るに当たり、一冊の本が非常に参考になったという。トンチャイ・ウィニッチャクンの『地図がつくったタイ――国民国家誕生の歴史』である。同書の著者トンチャイは一九七六年十月六日の「血の水曜日」事件の際にタマサート大学の学生として反政府デモの先陣に立ち、その後の軍事クーデターの後で逮捕、投獄された。二年後に恩赦で釈放されてから大学に復帰し、オーストラリアに留学して博士号取得の後、同書の発表時には米国ウィスコンシン大学歴史学科教授の地位にあった。『地図がつくったタイ』(原題は『SIAM MAPPED』）は、ベネディクト・アンダーソンの「想像の共同体」論やエドワード・サイードの「オリエンタリズム」等を踏まえつつ、シャムがタイ王国に変化してゆく過程で出現、機能することとなった「国民という観念（ネーションフッド）」について考察した書物である。同書の「序論」でトンチャイはこう述べている。「本書は、国民形成、国家形成、国民の起源の研究に新たな一冊を加えることを意図するものではない。本書はまた、前近代的帝国が近代的国民国家へと移行する過程を描いた政治史でもなくまた経済史でもない。本書の目的は、国民という観念が確認されていくプロセスの歴史であり、タイ国民という観念の存在を構成するものは何か、そのアイデンティティが、どのようにして創出されていったかを歴史的にたどることにある」（石井光雄訳）。原著の出版は一九九四年だが、アンダーソンからは高く評価されたという。

トンチャイ・ウィニッチャクンが『地図がつくったタイ』で提出した重要な概念が「地理的身体（geobody）」である。同書は題名の通り、シャム時代からの「地図」の歴史を辿ることでタイの「地理的身体」の創出と確立、その変遷を証立ててゆく。

> 地理学的に見れば、一国民の地理的身体とは、客観的に示しうる地表面上の一部分を意味する。一見したところ、それはだれの目にも具体的であり、想像を働かせる余地はないように見える。しかしもちろんそれは正しくない。ある国民国家の地理的身体とは、実は、地図を主たる手段とする近代地理学的言説の所産に過ぎないのである。シャム国民という観念についての知識を得ることができたのは、シャムが地図の上に記載されたことによるところが大きい。知識はあくまでも地図に由来し、地図なしには、存在しないのである。
> （同）

「地理的身体」とはトンチャイによる造語である。「一国民国家の地理的身体にかかわり、またその条件、限界のなかで働く概念、実践、制度は限りなく存在する」「地理的身体は、一国民国家の生活形成要素である。それは誇り、忠誠心、愛、情熱、偏見、憎悪、不条理の根源である。地理的身体はまた、国民という観念の他の構成要素と結合して、国民という観念にかかわる多くの観念と実践を創出する」。詳しくは同書を参照していただきたいが、本稿において重要なことは言うまでもなく、岡田利規が「地理的身体」を「舞台上の身体」に変換してみせた、ということである。

「プラータナー（Pratthana）」とはタイ語で「欲望」という意味である。主人公はバンコクに住む画家カオシン。『プラータナー』の物語は、彼が十七歳だった一九九二年から始まり、七十年もの在位を誇ったラーマ九世＝プミポン国王が崩御した二〇一六年十月十三日に終わる。

タイは王制の国である。タイでは現在も王室に批判的な言動をすることは厳重に禁止されており、破ると不敬罪で逮捕され重罪に問われる。第二次世界大戦終結の約一年後の一九四七年に十八歳で即位したプミポン国王は、王制のもとの民主主義（「タイ式民主主義」と呼ばれる）を打ち出し、国内外の政治的危機を何度も救ったが、その陰には王室、政治家、軍部、諸外国の思惑が複雑に絡み合った血腥い権力闘争が存在していた（岩佐淳士『王室と不敬罪――プミポン国王とタイの混迷』に詳しい）。『プラータナー』では、芸術と性と政治の三叉路で欲望と苦悩に溺れつつ生きる画家カオシンの肖像と、タイの波乱に富んだ現代史とが二重写しになって描かれてゆく。

この舞台の上演時間は、休憩を挟んで四時間もある。間違いなくこれまでの岡田利規の演劇作品の中で最長である。だが、原作小説もかなりの大作であるらしく、戯曲の第一稿の段階では更に数時間（！）長かったという。

岡田はウティット・ヘーマムーンの原作を編集し圧縮し、ようやく四時間の尺に収めたのだ。そこで岡田は幾つかの大胆な演劇的アイデアを導入している。以下、出来るだけ簡潔に『プラータナー』という舞台の特長を記してみることにする。

冒頭はスイミングプールの場面である。といってもそれは青の蛍光色のライトケーブルを舞台床面に斜めに配置するだけで示される。真夜中、ひとりの少年がプールサイドにいる。舞台上に西暦とタイ太陽暦を並記するデジタル液晶の箱があり、そこには「２０１６（２５５９）」とある。だがまもなく表示は「１９９２（２５３５）」に変えられる。台本を参照しなければ初見では理解しがたいが、最初はプールでカオシンがワーリーという少年と出会う場面、次は川べりで少年カオシンが絵画教師と会話する場面である。四半世紀もの時間を隔てた二つの場面は、ほとんどシームレスに連続している。

すでに述べておいたように、この舞台の物語は一九九二年に始まり二〇一六年に終わるのだから、岡田はこの作品の時間的なフレームをまず最初に提示してみせたことになる。そしてこの舞台では、これ以降も時々思い出したように二〇一六年の現在時（?）に戻りつつ、劇的と言ってよかろう幾つもの事件に彩られた画家と国家の二重の歴史が語られてゆく。演じるのは、主にオーディションで選ばれたタイの俳優男女十一名である。しかし、カオシン役が誰というわけではない。そう、これが岡田利規がこの作品で採用した第一の方法的戦略ということになるだろうが、最初から最後まで、舞台上に基本的に十一名の俳優全員が居り、彼ら彼女らは場面場面でカオシンになったりそれ以外の登場人物になったり、或いはナレーターになったりするのである。

私の手元には岡田による上演台本の第四稿がある。そこにはごく普通に役名を頭に記したダイアローグが書かれている部分もあるが、発話者の役名が省かれている部分、小説の地の文に相当する部分（ト書きではない）などが混在している。役者と役名は一対一対応ではなく、役者たちはあたかも役柄を次々と受け渡していくかのように、入れ替わり立ち替わり何人かの人物を演じ、時には誰でもない語り手になる……そう、もうおわかりのように、この特異なスタイルはチェルフィッチュの『三月の5日間』で行なわれていたものの応用である。

　私は以前、岡田の演劇と小説をやや詳しく分析したことがあるが（『新しい小説のために』第一部第四章「「小説」の上演」）、そこで「役者と役柄の切断と交換」以上に特筆すべき要素として挙げたのは「複数の役者が語り手を兼ねる」という様態だった。だが『三月の5日間』では登場人物たちの語りのほとんどが「伝聞」によって成り立っているので、物語の外側に位置する（のに舞台の上にいる）メタな「語り手」は存在していなかった（そしてむしろそのことこそが同作をラディカルなものにしていた）。

　『プラーターナー』では役者たちが自在にメタなナレーターとなる。岡田は原作の文章をナレーションのテクストとして使用しているが、このような語り手の導入はこの物語が原作者ウティット・ヘーマムーンの半（反？）自伝的な内容であることにも関係があるだろう。『プラーターナー』のナレーションは単なる叙述や状況説明でなく、極めてレトリカルな、詩的なものである。

　それだけではない。この舞台のナレーターは、カオシンに「あなた」と語りかける。たとえば、こんな風に。

「あなたも見つめられる側だったことがある。あなたは十七歳だった。あなたは川に潜り水中を泳いでは、岸に戻って身体を広げて、木々の葉の隙間に射すさまざまな形の光が、皮膚を程よく温め、乾かすままにしていた。あなたは勃起していた。この年頃は、陽射しが太腿に温もりを撫でつけただけで、刺激に震えてしまう」。如何にも小説的な語りだと思われるかもしれない。私もそう思った。だが、実は原作に「あなた」という語りかけは出て来ない。この趣向は岡田がウティットの小説を演劇化するに当たって新たに持ち込んだものなのだ。

演劇では非常に珍しい（小説でも珍しいが）二人称を選ぶことで、岡田は『プラータナー』の語りに或る種の親密さを与えることに成功している。カオシンを「あなた」と呼ぶのが誰であれ（誰なのかは最後まで明かされない）、その誰かはカオシンのことを誰よりもよく知っている。いや、もちろんカオシンを「あなた」と呼んでいるのはカオシン自身であり、と同時にウティット・ヘーマムーンでもあり、この「ウティット」の陰には「岡田利規」も隠れている。

まだある。このような複雑な語りが舞台上で紡がれていくのだが、或る場面で登場人物でもナレーターでもない役者たちはどうしているのかといえば、遠巻きにその芝居を見守っている、すなわち「観客」になるのである。これもまた岡田がチェルフィッチュの『現在地』で試みた手法に近い。あの作品では女優たちが自分が演じている登場人物の物語をなかばモノローグのように語り演じる様子を、出番ではない他の女優たちが「観客」としてじっと見つめていた。だが『プラータナー』には『現在地』のような静謐さや緊張感は希薄であり、そのとき「観客」になっている役者たちはリラックスして目の前で演じられている芝居を面白がっているようにさえ見える。なぜ、こんなスタイルを岡田は採ったのか。そのことを考えるためには、この舞台の更なる特殊性について触れなくてはならない。

『プラータナー』では十一名の役者がずっと舞台に居ると書いたが、実は舞台に居るのは役者だけではない。セノグラフィーとしてクレジットされているcontact Gonzoの塚原悠也（後で述べるように彼の貢献はこの役割に収まるものではない）、セノグラフィーアシスタントおよび映像の同じくcontact Gonzo松見拓也、サウンドアーティストとしても活躍している音響の荒木優光、アピチャッポン・ウィーラセタクンの『フィーバー・ルーム』にも参加した照明のポーンパン・アーラヤウィーラシットなど、従来ならテクニカル・スタッフとして裏方的な位置にある筈の者たちが、この作品では舞台上に堂々と現れ、頻繁に美術や装置を移動させたり設置したりする。場面転換の模様をあからさまに見せてしまっているわけだが、この趣向と先の「出番ではない俳優＝観客」からわかることは、岡田がこの芝居を一種の「劇中劇」として演出しているのだということである。つまり『プラータナー』は、ただ単にウティット・ヘーマムーンの小説の舞台化なのではなく、いわば「「ウティット・ヘーマムーンの小説の舞台化」の上演」なのである。

確かに『現在地』でも、それぞれの場面が「劇中劇」として演じられているように見えた。それはあの作品が東日本大震災とその後の出来事を下敷きとしたSF的な寓話として構想されており、終末を前にひとはどのように振る舞うのかという設問に一通りではない回答を示すため、何が現実で何が非現実なのか意図的に決定不能なままで語るために採用されたものだった。

だが、『プラータナー』の場合は、おそらくもっと直截的に「演劇」の問題、すなわち舞台上で何らかのフィクションのようなものが立ち上がるということ、そのために俳優の身体の現前と彼ら彼女らの演技を始めとするさまざまなファクターが要請され駆動していること、それ自体を問題にしているように見える。『プラータナー』を観劇する私たちは、岡田の総指揮のもと、キャストとスタッフたちによって「『プラータナー』の上演」が成立するか否かを、ほとんど本番とドキュメントを同時に観るようにして目撃することになるのである。そしてその結果、却って『プラータナー』で語られ／描かれるカオシンとタイの物語＝歴史が、瑞々しくも生々しく迫ってくるのだ。

セノグラフィーとは字義的には「舞台美術」ということだが、『プラータナー』は基本的にはほぼ裸舞台であり、場面によって各種ライトやスピーカー、巨大な脚立、キャンプ用のテント、ベルトコンベア等々がスタッフ、キャストによって運ばれてきて設置され、また運び去られてゆく。contact Gonzoの塚原悠也は、演出の岡田とともに、おそらくそれらの配置と出し入れのプランニングと段取りの総てにかかわったものと思われる。テントは塚原の私物だと聞いたし、ベルトコンベアは最近のゴンゾ作品ではお馴染みの装置である。

セノグラフィー＝ScenographyはScene（場面）のGraphy（記述）ということなので、この言葉で正しいのかもしれないが。だが、塚原の参加がこの舞台に齎したものはそれだけではない。作中、何度かセックスの場面があるのだが、それらはいずれも途中からまさにゴンゾ的な格闘に変化してしまう。しかもそれは何度か繰り返されるたびに次第にエスカレートしていき、しまいには役者たちのほぼ全員がくんずほぐれつ絡み合う奇妙な群舞のごとき光景となる。それはcontact Gonzoのあのユニーク極まりないコレオグラフィに、彼らの作品から通常は排除されているエロティシズムを付与したかのように見えた。ちなみに塚原は『プラータナー』に先立って岡田の『映像演劇』に「出演」していたが、不動で立ったままひとりで台詞を喋るだけというゴンゾらしさ皆無の起用が妙に新鮮だった。

私は初日二日目と二度『プラータナー』を観劇したが、初日終演後の乾杯の場で、岡田利規はこの作品と繋がる自作として『現在地』とともに『わかったさんのクッキー』を挙げていた。『プラータナー』は岡田にとって初挑戦だった「小説」の演劇化だが、児童向け演劇として作られた『わかったさんのクッキー』も寺村輝夫作の人気絵本のアダプテーションである。私の知る限り、岡田が「原作もの」を舞台にしたのは、いまのところこの二作だけである。自らが考え出したわけではない、すなわち「他者の物語」を、如何にして「自分の演劇」にするか、というアプローチにおいて、一見まるで似ていない二つの作品は繋がっている。

『わかったさん』には美術家の金氏徹平が全面的に参加しており、劇場空間には金氏のファニーでチャーミングな立体作品が多数置かれていた。金氏はそれ以前に岡田の『家電のように解り合えない』にも美術で参加していたが、『わかったさん』以後は演劇／パフォーマンスへの傾斜を強め、自らの舞台作品『タワー』を発表、同作には岡田がテキストで参加している。岡田はそもそも美術家とのコラボレーションを積極的に行なってきた演劇作家だが（塩田千春、高嶺格、久門剛史など）、特に『わかったさん』は金氏作品との「共演」と呼んでいいような舞台になっていた（その後、岡田と金氏は新たな共同創作作品『消しゴム山』『消しゴム森』も発表している）。contact Gonzoも最近はアートの分野からの注目が著しいが、『プラータナー』への塚原（と松見）の参加にもゴンゾとチェルフィッチュのコラボレーションと言えるような側面があったと思う。

さて、このように『プラータナー』には、複数の斬新な演劇的アイデアが投入されており、岡田利規なのだから当然なのかもしれないが、タイ人小説家の作品の単なる舞台化ではない。画家カオシンの半生は、明らかに意図的に断片化されており、芸術家としての希望と絶望と懊悩と幸福が綯い交ぜになった体験と記憶、友愛と恋愛と性愛をめぐる熱情と悲哀に満ちた挿話群、そしてひとりのタイ人として現在進行形の政治に不可避的にかかわらざるを得ないことに対する複雑な認識と感慨が、けっして統合されたひとつの像を結ぶことなく、むしろバラバラでズタズタにされたまま、語られ／描かれてゆく。

四時間の舞台を観終わったとき、私は、タイという国についてさほどの知識を持っていたわけではなく（私は今回が初のタイだった）、ウティット・ヘーマムーンという作家のこともほとんど知らないままであったにもかかわらず、つまりはほぼ完全に「他者」という身分のままで、したたかに打ちのめされていた。それは大袈裟でエモーショナルな感動ではなかったが、個人と社会、そして「私」と国家との、のっぴきならない対峙、その回避の不可能という一点において、相変わらずまったくの他人事でありながら、カオシンの、いや「あなた」の傷みと痛みが、まるで我が事のように感じられてきもしたのだった。

　そしてそのような、タイとは無関係な「観客」にとっても肌に刺し込まれるようなエフェクトを持つ舞台に『プラータナー』がなっていたのは、岡田利規がタイという「地理的身体」を、何とかして舞台に描き出そうとしたからなのだと私は思った。歴史に蹂躙され、ズタズタに、バラバラにされた「地理的身体」は、あのとき、舞台上に存在していたすべての生身の身体たちによって再現されていた。いや、私たちもその一部になっていたのかもしれない。

『プラータナー：憑依のポートレート』は、二〇一九年七月に日本公演が行なわれた。

アンドロイドはロボット演劇の夢を見るか？
――平田オリザの転回

平田オリザ（青年団）と石黒浩（大阪大学）による「ロボット演劇プロジェクト」は、これまでのところ五作品が発表されている。『働く私』（二〇〇八年十一月初演）、『さようなら』（二〇一〇年一〇月初演、『Ver.2』が二〇一二年二月初演）、ロボット版『森の奥』（二〇一〇年八月初演）、アンドロイド版『三人姉妹』（二〇一二年一〇月初演）、アンドロイド版『変身』（二〇一四年一〇月初演）である。『さようなら』には二つのヴァージョンがあるので厳密には六作品というべきかもしれないが、おそらく旧ヴァージョンが今後上演されることはないだろう。

私は過去に、『変身』を除いた諸作品について、『即興の解体／懐胎』（二〇一一年四月刊）の第二部「即興の懐胎」や、「「ロボット」と／の『演劇』について」等で、折りに触れて論じてきた。本論はその続きである。

まずは前提を述べておこう。周知のように、かつて平田オリザは自ら命名した「現代口語演劇」理論を構築してゆく過程で、「役者に内面は要らない」「俳優はロボットでいい」等といった問題発言を放って物議を醸した。もちろん『演劇入門』（一九九八年一〇月刊）と『演技と演出』（二〇〇四年六月刊）に代表される平田の一連の著書を繙いてみれば、このような一見あからさまな暴言の背後にある繊細で精妙な演劇観と、更にその底に横たわる真の意味でのラディカリズムに気付かされることになるのだが、とりあえず乱暴に纏めてしまうなら、彼が志向するのは徹底した「外面（表面）の演劇」である。

平田は役者の発話と挙動を秒単位、ミリ単位でコントロールし、役者はそのような過度の要求に存分に応えることによって、あたかもその役柄が現にそこに存在しているかのように見せかける。この場合の「存在」とは内面＝心を宿している（かのような）存在という意味である。実際には、ある台詞を口にしながら役者が内心まったく別のことを考えていたとしても、外面的に完璧に演技が表出されている限りにおいて、観客はそこにいるのが誰某という役者であることを重々承知していながら、と同時に虚構の人物である誰某という役柄その人なのだと進んで錯覚することが出来る。

となれば問題は、そのような「錯覚」を可能たらしめるのは如何なる「外面」なのかということ、そしてそのような「演技」は如何にして実現されるのか、ということになるだろう。平田は精確無比な自己制御と反復能力を持った青年団の俳優たちとともに、これらのトライアルに果敢に挑み、めざましい成果を上げてきた。

このような考え方の持ち主が、ロボットを使った演劇という試みに向かったのはごく自然な流れだったと言うべきかもしれない。ロボット＝機械こそ、制御と反復を失敗や疲労抜きにやってのける（筈の）ものなのだから。けれどももしかし、仮に「ロボット演劇」が「現代口語演劇」の進化形、理想型、ひとつの完成像であるのだとして、それは果たして如何なる意味においてなのだろうか。また「ロボット演劇」は、ここへきて当初のプログラムとはやや違ったベクトルを見せ始めているのではないかと私には思える。そしてむしろそこにこそ、この前代未聞の取り組みの可能性が存しているのではあるまいか。

『三人姉妹』と『変身』は、誰もがわかるように前者はアントン・チェーホフの、後者はフランツ・カフカの、あまりにも有名な作品を原作としている。だが、当然ながらそのままの翻案ではない。どちらの場合も原作から基本的な設定の枠組のみを借りた、実質的にはほぼオリジナルと言っていい作品になっている。

『三人姉妹』の公演情報には、次のようなあらすじが記されている。「かつては家電メーカーの生産拠点があり、大規模なロボット工場があった日本の地方都市。円高による空洞化で町は衰退し、現在は小さな研究所だけが残っている。先端的ロボット研究者であった父親の死後、この町に残って生活を続けている三人の娘たち」。舞台はそんな深沢家のリビング。長女の理彩子は高校の教師でいまだに独身、次女の真理恵は結婚しているが夫に浮気されている。そして三女の育美は若くして病没しており、彼女の人格と記憶を受け継いだアンドロイドが、長女と唯一の男きょうだいである大学院生の明と一緒に暮らしている。

家事全般は、かなり古いタイプの執事ロボット、ムラオカが行っている。亡き父親の愛弟子のロボット研究者で、生きていた頃の育美の家庭教師もしていた中野がシンガポールの会社に就職することになり、今夜は彼のお別れ会を兼ねて食事をすることになっている。真理恵とその夫の高木、長男の恋人であるらしい女子大生の坂本、父親の弟子だった大学教授丸山とその若い妻の峰子、そして中野が次々と家にやってきて、さまざまな会話が交わされ、幾つかの出来事が起こり、隠されていた秘密が露わにされる。

「ロボット演劇」には、見るからにロボットロボットしたルックスの「ロボビー」と、現実の人間の顔／表情をトレースした人造人間「ジェミノイド」の二系統のロボットが使用されてきた。『働く私』と『森の奥』にはロボビーを基に造られた「ワカマル」が二体、『さようなら』には「ジェミノイドF」一体が登場する。ロボビーとジェミノイドが両方出てくるのはいまのところ『三人姉妹』だけである。ロボビーは一貫して、人間の為に／代わりに働く召使ロボットとして物語に組み入れられているが、ジェミノイドの役どころは三作で相当に違っている。

『三人姉妹』のムラオカは、チェーホフの戯曲に出てくる三姉妹の高齢の乳母アンフィーサをモデルとしている。

アンフィーサもムラオカも、長年、主人公の一家に仕えてきたが、経年劣化のために仕事が覚束なくなりつつあり、新しい者との取り替えを提案する者に対して、ずっと一緒だったのだからそんなことしたくないと優しく拒んでみせるのは、どちらの作品でも長女である。ただしムラオカの場合、チェーホフとの接続という一点を除けば、その存在意義はあくまでも脇役に留まっている。最初のロボット演劇であった短篇『働く私』は、タイトルの通り「働く私」ことロボット自身が主役であり、ラストシーンはロボット二体による対話となり、それまで舞台上に居た生身の俳優はもはや出てこない。平田が別の機会に書いた同名戯曲のキャスト二名をロボットに置き換えた『森の奥』のラストシーンでは、『働く私』のラストがほぼそのまま反復されている。『働く私』の台本を引用してみよう。

ロボB　夕焼け、眺めてきたら、
ロボA　（ロボットAを見て）え？
ロボB　きれい、だったんだろう？
ロボA　（頭を下げる）……でも、いいや、
・・・
ロボB　（顔を、少し斜めに客席の方に向ける）どうして？
ロボA　（下手方向を見る）・・・
ロボB　え、どうして？
・・・

ロボA　あれは、誰かと、一緒に見るから、いいらしいんだ。
ロボB　そうかな。
ロボA　1人で見るときでも、誰かと一緒に見たときのことを、思い出すから、美しいんだ。
ロボB　（ロボットAを見る）そうかな？
ロボA　それ以外に、考えられない。
ロボB　……
ロボA　美しいということを、理解するのは、それ以外に、考えられない。
ロボB　そうか、
ロボA　でも、僕たちは、まだ、そこまで、進化していない。
・・・
ロボB　（ゆっくりと下手の方を見る）
ロボA　（同じ方向を見る）

初演時の反応について、平田オリザは私のインタビューでこう語った。「最後のシーンはロボットだけですけど、観客が泣きましたからね。（中略）ああもう勝ったな、っていう感覚があった。そんな瞬間は人生でそうはない。近代劇の歴史っていうのはいろんな転機があります。ひとつはスタニスラフスキーが人間の内面というものをきちんと再構築して、そこから発話するとリアリティが出る、っていうことで、それが百年続いてきたわけですけど、ロボットは絶対に内面がないんで、そのスタニスラフスキーの理論が間違ってたというのが物理的に証明できた。現代口語演劇が誕生して二十年なんですけど、その理論としては「外的な要因だけでリアルは絶対構築できるし、内面は関係ない」っていうことを理屈でずっと言ってきたわけです。二十年かけて。だから言うなれば相対性理論が実験で証明されたようなものですね」（『エクス・ポ』第二期第〇号、二〇一〇年一月刊）。

『三人姉妹』のムラオカには、このような見せ場は特に用意されていない。しかし三つの舞台に登場するロボビー系列のロボットは、似たような役割を与えられていると言ってよいだろう。彼らはアイザック・アシモフから手塚治虫を経て瀬名秀明へと連なる「ロボット」をめぐる優れたフィクションの系譜の正統に属している。

「ジェミノイドF」の場合は、もっとはるかに複雑である。最初の『さようなら』では、不治の病で薄命を運命づけられた孤独な少女に与えられた話し相手のアンドロイドという役柄だった。少女に乞われるまま「彼女」は谷川俊太郎、アルチュール・ランボー、若山牧水、カール・ブッセの詩を複数言語で暗誦する。静かな哀しみに満ちたこの短篇は、東日本大震災と原発事故を経て、新たにラストシーンが追加され、より深い悲哀と慈愛、そして「彼女（アンドロイド）」自身の存在の儚さと切実さを物語る、忘れ難い作品へとヴァージョン・アップされた。ジェミノイドをフィーチャーした初長篇である『三人姉妹』の世界では、アンドロイドに人間の人格を移植出来るようになっており、ジェミノイドFが演じる「育美」はロボット学者としての父親の最高傑作とされている。家族や周囲のひとびとは「育美」を育美その人に限りなく近い、だが紛れもない「アンドロイド」として接している。

（このあと『三人姉妹』の物語上の重大な秘密に触れますので、同作を未見でネタバレを望まない方はここで読むのを止める事をお薦めします）ところが実は、死んだと思われていた育美は生きており、家はもちろん部屋からもほとんど出ることなく、引きこもりというべき生活を続けている。そのことを知っているのは深沢家の者だけであり、中野や丸山にも長年隠されたままになっている。台詞の端々から推し量れるだけで、はっきりと描かれているわけではないが、もともと体の弱かった育美のために父親は「育美」を残して亡くなったが、育美は「育美」と同期した後、自分は死んだことにして人前に出なくなってしまったのだ。劇の後半は、この二人の育美／「育美」を軸に劇が展開する。

死者の身代わりとしてのアンドロイドという主題もSFではお馴染みのものだが、平田オリザは『さようなら』の時点で、現実にアンドロイド技術が将来的にそのような使われ方をするのではないかと語っていた。だが『三人姉妹』では、まだ生きている人間のアンドロイドと本人の共演という卓抜なアイデアが導入されているのだ。興味深いのは、この特殊な趣向によって、ジェミノイドの人間らしさではなく、むしろ人間らしくなさ、機械っぽさの方が強調されていることである。

『さようなら』と『三人姉妹』におけるジェミノイドのモデルは青年団所属の女優、井上三奈子が担当している。『さようなら』では観客からは見えないブースでリアルタイムで台詞を喋り表情を創ることによってジェミノイドを遠隔操作していたが、『三人姉妹』では彼女自身も中盤から舞台に登場する（したがって『さようなら』とは違い「育美」の台詞は録音だと思われる）。車椅子（ジェミノイドFは現状、首から上しか存在していないので自律歩行は出来ない）の「育美」を育美が押して現れる場面もあり、否応無しに二人の〝育美〟の見た目のコントラストが見せつけられることになる。

そしてもちろんこの対照性は「内面」にも及ぶ。劇中、ある人物が「「育美」はどのくらい育美なのか？」と問う場面がある。「育美」は育美の「心」を忠実にコピーしている筈なのだが、やはりどこかが違うように思える、と。ムラオカも何度かロボットである自分の人間とは異なる部分に慎ましく言及するが、アンドロイドの「育美」はもっと露骨に非人間的な、場の空気を読まない無神経な発言をして咎められる。彼女のあからさまにＫＹな振る舞いに、人間たちはやっぱりアンドロイドだから仕方がないと納得しようとするのだが、このとき、ほんとうに機械であるがゆえのＫＹなのか、それともコピーされた「人間」としての育美が敢えて機械を装って自分の言いたいことを言ってのけているのか、観客の判断は宙吊りにされてしまう。

このように、人間によく似ているが人間そのものではないアンドロイドというアイデアは、まさしく「どのくらい人間で、どのくらい機械なのか」が判定し得ないという点によってこそ、作劇上の重大なファクターを占めることになる。

その最たる場面が、この芝居のひとつのクライマックスというべき、「育美」が小学六年生のときにジグザーパズルを一緒にやっていた丸山に突然キスされた、と告白／告発するシーンだろう。丸山は狼狽し、家族は色めき立つが、そのあと現れた生身の育美は、そのときのことを「覚えていない」と言う。もちろん、ここでの演技／演出の焦点は、育美がほんとうに覚えていないのか、それとも場を鑑みて嘘をついているのかが、先ほどとは逆の形で、またも宙吊りにされているということである。そこでの育美＝井上美奈子は、ほとんど無表情である。いや、この舞台での彼女は、ほぼ一貫して表情に乏しく、台詞回しもどこかモノトナスで、そう、まるでアンドロイドのようなのだ（『三人姉妹』のＤＶＤの特典ディスクに収録された対談のなかで、石黒浩が井上に故意にアンドロイドぽく演技しているのではないかと問うところがある）。

カフカの『変身』の物語を詳しく紹介する必要はないだろう。アンドロイド版はフランス人キャストによるもので、舞台もフランス、主人公の名前はグレーゴルからグレゴワールに変えられている。グレーゴルは朝起きたら一匹の巨大な虫に変身していたが、グレゴワールは朝起きたらロボット（アンドロイド）に変身していた。理由は最後まで説明されない。この点も原作同様である。だが、そこから先はカフカとはまったくといっていいほど異なった物語となっている。むしろカフカ『変身』を入り口として、平田オリザが複数のテーマを思うさま追求した作品と言った方が正しい。

そこで直接間接に描かれるのは、フランスという国が現在抱えるさまざまな問題を反映させた、ディストピア的な近未来像である。人口減、失業、移民／難民、脳死、戦争、日本とは多少条件が異なるとはいえ、かといってけっして他人事ではない諸問題が扱われている。変わり果てたグレゴワールの姿に家族（父親、母親、妹）は最初は戸惑うが、それぞれに少しずつ現実を受け入れてゆこうとする。グレゴワールは自らを襲った不条理を嘆き、苦しみ、絶望し、最後には電源を切って欲しいと母親に頼む。ここでは『三人姉妹』とはまた違った仕方で、人間とロボットとの差異、より精確にいえば両者の曖昧で不安定な境界線が問われている。この作品では「ロボット」という異物の導入によって、平田オリザが近年繰り返し取り上げてきた「他者」との関係性、理解と共感、コミュニケーションといった主題が問い直されている。

『変身』のグレゴワールは新型アンドロイド「リプリーＳ１」が演じている。声を担当しているのはティエリー・ヴュ・フーで、彼は下宿人役で出演もしている。『三人姉妹』の井上三奈子と同じくヴュ・フーは一種の一人二役を演じているわけだが、彼の場合はまったく別の役柄をやっている。リプリーＳ１はジェミノイドＦよりも更に進化しており、より複雑な表情の変化と、両手を動かすことが可能だが、ベッドから出て歩き回ったりは出来ない。動作はリアルタイムで遠隔操縦されているらしいが、芝居は基本的に生身の役者たちがグレゴワールのベッドに寄り添って展開される。

最初の『さようなら』では、台詞も陰で井上三奈子が発していたが、先にも述べたようにこのシステムには舞台とは別に独立したブースと二つの空間の連結が必要であり、コスト面だけではなく維持するのが困難であったものと推察される。

だが、その結果、どうしても出演者たちがリプリーＳ１に合わせる感じになってしまうのは否めない。全体として、この舞台が他の平田オリザ作品と較べてみても、ややスタティックな印象を与えるのは事実である。

だが、これはけっして瑕疵ではない。逆である。この路線にこそ「ロボット演劇」の可能性があるのだと私には思えるし、おそらく平田もそう考えているのではないか。

平田オリザの作品を見てきた者ならば、物語上の重要な局面で、観客を意図的に判断不能に陥れる演出を彼が好んで行ってきたことを知っているだろう。たとえば『東京ノート』（一九九四年初演）の名高い女子大生と元家庭教師の対話のシーン。美術館のロビーで偶然再会を果たした二人。彼と別れた後、実は妊娠していたのだと彼女が唐突に告げ、彼はひどく驚くが、すぐさま彼女は「うっそ」と続ける。この場面で、平田は女優に対して「観客の半分は、この女性が本当に妊娠したのだけれど、わざと、「うっそー」と言ったと思い、観客の後の半分は、妊娠はしていない、ただの嘘だと思うように演技してくれ」という指示をしたと述べている（『演技と演出』）。平田の演出術を語る際に繰り返し引用される場面だが、実際の上演を観ればわかるように、ここでのポイントは、女優が客席に背を向けて一連の台詞を発するということである。彼女の表情を見せないこと、つまり発話だけに情報を限定することによって、観客に真偽の判断を任せているのである。

同じような場面は『Ｓ高原から』（一九九一年初演）にも見られる。サナトリウムにやってきた恋人の友人女性から、入院中の男が一方的な別れ話の伝言を聞かされる。このときも彼は客席に背中を見せて横たわっており、その表情は見えない。酷い話を告げられた彼の返事は妙に淡々としており、観客は彼の複雑な心境を忖度させられる。これらの場面の特徴は、顔を見せない、表情が隠されている、ということである。これは、声だけで演技する、ということを意味しているだけではない。舞台空間では、一種の大胆な引き算こそが却って効果を上げる（ことがある）ということである。情報量の極端な制限こそが、観客の想像力を駆動するのだ。

「ロボット演劇」と「現代口語演劇」の交叉点は、実はここにあるのではないか。すべての出発点は『働く私』のあのラストシーンにあった。あそこでは、人間とは似ても似つかないロボット同士の機械音声による対話が、ある紛れもない感動を惹き起こしていた。アンドロイドは人間を摸倣しているが、もしも完全に人間そっくりになり、一切の見分けが付かなくなってしまったなら、それは実際、完璧な発話と挙動の制御と反復が可能な青年団の俳優たちと、ほとんど変わらなくなってしまう。平田は自ら標榜してきたように、石黒浩と出会う以前から、すでに「ロボット」たちに囲まれていたのだ。

もちろん、本物のロボットがもっと進化してゆけば、それはそれで色々と便利だろうし、新たにやれることもあるだろう。ロボット演劇の初期には彼自身、そのような「夢」を語ってもいた。だが現実として、まだ技術はそこまで進んでいない。アンドロイドは人間ではないし、人間には見えない。アンドロイドは依然として「アンドロイド」としてしか物語に組み入れられないし、舞台に上げられない。その操演には多大な労力とケアが必要とされる。

であるならば、むしろアンドロイドの人間らしくなさ、その非人間性を逆説的に使用するしかないのではあるまいか。私が観たときは問題なかったが、『三人姉妹』の上演では何度かマシントラブルがあったという。ロボットが動かなくなったり、誤動作を起こしたりしたらしい。その場の役者たちの機転で何とか切り抜けたらしいが、その回こそ是非観たかったものである（青年団俳優の即興とは、なんと魅惑的な事態だろうか！）。

『変身』は、リプリーS1の「演技」を観る作品ではない。いまのところロボットは演技などしないし、出来もしない。そうではなくて、表情に乏しいグレゴワールの顔は、観客の想像力を映し出すスクリーンなのだ。彼は客席に背を向けることなく、ベッドに横たわったままで『東京ノート』や『S高原から』と同じ効果を上げている。「ロボット演劇」の可能性は、おそらくこのあたりにある。そしてこのことは、平田オリザの演劇世界、彼の「現代口語演劇」に、これまでとは異なる照明を投げかけるのではないかと思われる。

松田正隆／松本雄吉『石のような水』

『石のような水』は、マレビトの会の松田正隆が戯曲を書き下ろし、維新派の松本雄吉が演出を手掛けた作品である。個人的には、この舞台は「フェスティバル／トーキョー13」のひとつのハイライトであったばかりでなく、松田、松本の両人にとっても、後から振り返って、それぞれのターニング・ポイントと呼ばれるべき意欲的な作品になっていたと思う。では、それはどのような意味でか？

芝居が始まってすぐ、私が感銘を受けたのは、まずもってその台詞の異様な佇まいだった。松田正隆は九〇年代に時空劇場を率いて作演出を行なっていた。同劇団を解散後、自らは劇作に徹して、平田オリザに演出を委ねた作品ともども、それらはいわゆる「静かな演劇」「現代口語演劇」のムーヴメントで重要な役割を演じた。とはいえ私はその頃の舞台を観ていない。私は戯曲集として出版されている作品を何本か読み、数年前の松田—平田コンビによる『月の岬』の再演を観たぐらいである。

私にとって松田正隆は、最初からマレビトの会のラディカルな実験主義者、幻視的なドキュメンタリストとして現れた。その後、過去に遡り、かつて彼が書いた戯曲を読んでみて、同一人物とは思えないほどの驚きを感じた。だが、しかしそれでも同一人物であることは間違いないのだから、そこに変化のみならず連続をも見て取るべきである。すなわち「静かな演劇」「現代口語演劇」と名づけられた方法を自分なりに突き詰めてゆく過程で、松田は必然的に変貌を余儀なくされたのだ。それはおそらくひとつには「リアリティ」というものをどう捉えるか、ということだったのではないかと思われる。

所詮は舞台＝劇的空間の内側での準備された虚構でしかあり得ない演劇という試みに、如何にして「リアル」を生成させるか。いや、こう述べた方がいいかもしれない。観客の眼前に役者が現前することで、どうしたって予め担保されてしまっている演劇の「リアル」を、如何にして根底的に批判し、ここではないどこかや、いまではないいつかに、接続させられるか。マレビトの会における過激な実践の数々は、このようにして要請された。そして今度は、それらを経た上で、ふたたび「戯曲」というフォームに取り組んでみせたのが、他でもない『石のような水』であったのだと、私には思えたのである。

『石のような水』のモチーフになっているのは、『ストーカー』をはじめとするアンドレイ・タルコフスキー監督の幾つかの映画である。このことは明言されており、私が読むことの出来た戯曲の第三稿の冒頭にも「タルコフスキー２０１３」という文字がある。だが、それは原作ということではない。ある国の首都に高層アパート群があり、その近くに隕石が落ちて巨大な穴が開く。世界各国から調査団が訪れるが、誰ひとり戻ってこない。穴の正体は謎のままだ。やがて穴の中心から三十ｋｍ圏内は「ゾーン」と呼ばれ、立ち入り禁止区域に指定された。会社員の須藤はゾーンへの案内人を副業にしている。彼はそこに行って無事に戻ってくることが出来る。ひとびとは彼の案内でゾーンを訪ねる。どういうわけか、そこでは、会いたくても会えない、もう死んでしまった人に会えるのだ。

物語は心の奥底に葛藤を抱えながら黙々と職務をこなす須藤と、謎めいた奔放さを秘めた彼の妻、ラジオの人気ＤＪである妻の姉、その良人で長らく新作を撮っていない映画監督、などなどによって織り成されてゆく。このように書くと、舞台を観ていない者は如何にもＳＦ的なムードを思い浮かべるかもしれないが、実際には、これはほとんど会話劇、心理劇と言っていい作品となっている。登場人物たちは、大がかりな設定や、その背後にあからさまに垣間見える「3・11」以後の風景や、タルコフスキー風の黙示録的ヴィジョンよりも、お互い同士の不信や誤解や思い込みやすれ違いなどの些細な問題に汲々としているように見える。物語を進めるためというよりも、それを淀ませ、停滞させるために台詞が書かれているようにさえ思えてくる。とりとめのない、それでいて妙に意味ありげな、だがやはり意味などほとんどないのではないかとも訝しまれる、むやみと冗長性の高い会話が、淡々と続いてゆく。

つまり、いつまでたっても「大きな物語」は展開されない。あるのはただ、散乱する「小さな物語」ばかりなのだ。そしてこれは明らかに意図的なことである。松田正隆は、マレビトの会で手を替え品を替えつつ見せてきたように、ここでもまた、語るべき主題を語ることの不可能それ自体を主題化している。そしてそれは同時に、彼が以前コミットした「リアルな会話」の進化論をアップデートさせる狙いがあったのだと思われる。それはたとえば現実に私たちが近しい誰かと二人きりのときに交わしているなにげない言葉の、紛れもない異様さ、不気味さを露出させる。ゾーンが異界なのではない。いまここが、常にすでにゾーンなのだ。

ところで、じつは松田、松本の顔合わせは、これが初ではない。数年前に、同じコンビによる舞台『イキシマ』が発表されている。私はそれも観ているが、そのときにいささか虚を突かれたのは、維新派印というべきあの「ヂャンヂャン☆オペラ」が完全に封じられていたことだった。維新派の公演ではないのだから当然かもしれないが、松本雄吉の演出家としての度量を見せつけられた気がした。そして『石のような水』でもやはり、いわば非維新派的な演出が踏襲され、より深められている。「ヂャンヂャン」とは徹底した様式化の手法であり、カリカチュアライズ=戯画化の技法と言ってもいい。松本は先行するアングラ演劇が併せ持っていた「郷愁」と「ポストモダン」という本来相矛盾する筈の二要素を、この独創的なアイデアによって止揚し、突破してみせた。そして「ヂャンヂャン」の、それ自体としての反復は、日本的虚無とポストモダン的な空無を共に強調することで、自らを空洞化させながら、いまなおパラドクサルな強度を保っている（そのひとつの帰結が「フェスティバル／トーキョー11」で上演された維新派の『風景画』である）。

ところが『石のような水』では、「ヂャンヂャン」はもちろん、それに類する方法は排除されている。公演の「演出ノート」に、松本は箇条書きでアイデアを記しているのだが、そこにはたとえば「「石のような水」は全四十六シーンで構成される。そのシーン展開はオーバーラップ、パン、フラッシュバックなど、映画を意識した方法をとる／それは、たったいま見た風景が、すぐさま過去として記憶され、次に来る時間へと移行する意識の流れの特殊な体験となる」とある。また「「石のような水」は会話劇である。まずは、劇中に交わされる日常的な会話のリアルさにこだわること、そして、そのリアルさが超日常となること」とも。舞台上は段丘状になっており、空間を横切る複数のラインに、場所や建物、時間と空間がバラバラに設定され、異なるラインで演じられる挿話が、めまぐるしくシャッフルされてゆく。「全四十六シーン」というのは、上演時間約二時間の芝居としては、かなり多い方である。それゆえ観客は筋を追ったり、人物の関係性を咀嚼する間もなく、この劇の内側に流れる時間に巻き込まれてゆくことになる。

だが、それはけっしてスピーディなものではない。むしろ奇妙なほどに緩慢で、得体の知れない倦怠感に覆われている。それは、心地よいというよりも、どこか不安な感覚である。松本の「演出ノート」には「〈タテの構図〉の風景」と「〈ヨコの構図〉の風景」と書かれているが、私は平行するライン（ヨコの構図）の織り重なり（タテの構図）が、観客の視点からのみ全面的に見え続けていることに、まさに映画のフィルムにおける編集と似た手捌きを感じた。しかもそれは、緻密で精確なモンタージュというよりも、意図的な「繋ぎ間違い」を含んだ、いわばタルコフスキーならぬゴダール的な、或いは松竹ヌーヴェルヴァーグ的な（たとえば吉田喜重の映画など）異化効果を持っている。より精確に言うなら、各シーン内の時間はタルコフスキー的なのだが、シーンとシーンの連鎖のありようはゴダール＝ヌーヴェルヴァーグ的なのである。結果として、松本の演出は、松田の戯曲に潜在していた曖昧さ、不安定さ、謎めかしを、より強調し、増幅してみせるものとなっている。

　メイン・ストーリーに並行して、女子高生と、彼女の死んだ男友だち（恋人？）のエピソードが語られる。この話が示唆しているのは、「いまここ」とはまた別の、「ゾーン」のもうひとつの意味である。それはまったく正反対に「いまここ、ではない」ということだ。すなわち「かつて、どこかで」。記憶と物語にしか存在していない何ものか、ということ。つまり、過去である。「演劇」において「過去」は如何にして「現在」に立ち現れるのか、これこそ、松田正隆が一貫して問うて来たことであり、松本雄吉が今回、実際の舞台で真正面から引き受けてみせたものでもある。

「ゾーン」には、松田正隆自身も語っているとおり、チェルノブイリへの取材経験が影を落としている。だが言うまでもなく、そればかりではない。そこには、福島が、広島が、長崎が、他の幾つもの時間と場所で過去に起こった出来事が、幾層にも重ね合わされている。死んだひとに再会するということは、死んだひとが生きていた時空間に舞い戻ることでもある。それは実際には絶対に不可能なことだ。だが困ったことに、演劇は、あたかもそれが可能であるかのように振る舞えるのだし、その錯覚を観客と共有する。そのような錯覚、そのような安易な詐術に陥ることなく、それでも「過去」を取り戻すには、一体どうすればいいのか。『石のような水』は、この難問に答えようとした試みでもある。

「いまここ」に「いまここではない」を立ち上げること。「いまここではない」に「いまここ」を送り込むこと。

考えてみれば、いや、考えてみるまでもなく、これは「演劇」の原理そのものではないだろうか？

（演劇の）零度のエクリチュール――松田正隆とマレビトの会論

現代日本演劇史において、松田正隆ほど激しい転変を遂げてきた人物は他にいないのではないだろうか。一九六二年、長崎県に生まれ、立命館大学で哲学を学んだ。一九九〇年に時空劇場を旗揚げし、主宰と劇作と演出を担当する。一九九三年『坂の上の家』で第一回OMS戯曲賞を、一九九四年『海と日傘』で第四十回岸田國士戯曲賞を受賞し、一九九七年に劇団を解散して以後は演出の平田オリザとコンビを組んで自らは劇作に専念、一九九八年に『月の岬』で第五回読売演劇大賞最優秀作品賞、一九九九年に『夏の砂の上』で第五十回読売文学賞戯曲・シナリオ賞を受賞と、もっぱら九〇年代の松田は、当時の潮流であったいわゆる「静かな演劇」（他には平田オリザ、岩松了、宮沢章夫、長谷川孝治など）の中でも、極めてウエルメイドな戯曲をコンスタントに生産する才能として知られていた。右に題名を挙げたこの時期の作品群は、静かなとか日常とか言われつつも実際には歪さや奇態さを暗に身に纏っていることも多かった「静かな演劇」において、現在も新劇系の団体や地方劇団などによってしばしば上演されていることからもわかるように、際立って端正かつ良質なものである。

ところが松田は、ここから急激な変身（？）を遂げる。京都造形芸術大学の客員教授就任後、二〇〇三年にマレビトの会を立ち上げ、演出に復帰、精力的に作品を発表していく。だがマレビトの会の作風は、かつての時空劇場や「静かな演劇」時代とはかなり異なるものだった。従来の劇構造はもちろんのこと、演劇のリプレゼンテーション（再現、表象）やナラティヴの根底に鋭い批判的視線が注がれ、欧米のポストドラマ演劇とも問題意識を共有する実験的・前衛的な作品が相次いだ。『島式振動器官』（二〇〇四年）、『アウトダフェ』（二〇〇六年）、『クリプトグラフ』（二〇〇七年）、『PARK CITY』『声紋都市—父への手紙』（ともに二〇〇九年）などを経て、二〇一〇年の『HIROSHIMA-HAPCHEON：二つの都市をめぐる展覧会』では、広島と韓国・合井に俳優たちが赴き、そこで採集した証言を「報告」する行為が「演劇」として提示された。そして二〇一二年の『アンティゴネーへの旅の記録とその上演』は、前年に起こった東日本大震災の被災地を含む国内各地の主に屋外・路上で散発的に劇が演じられ（それらの多くが直前にしか告知されなかったため観客がほとんどいないこともあったという）、それらがインターネットの動画サイトにアップされてゆくのが第一部で、変わって劇場で演じられた第二部は、ほぼ真っ暗の広い空間のあちこちに役者たちが立っており、ただ黙ったまま第一部の「上演」を「想起」する、というものだった。つまり第二部は、ほとんど生身の人間によるインスタレーションにしか見えない。マレビトの会の試行は、この作品でひとつの極限値を示したと言っていい。

二〇一二年に松田が立教大学現代心理学部映像身体学科教授に就任するとともに、マレビトの会も京都から東京に拠点を移した。もともと日本の「劇団」にありがちな「主宰」を中心とする家父長的組織とは大きく異なっていたと思われるが、大学と半ば一体化したマレビトはその集団性を更に先鋭化させる。立教大学新座キャンパスでの一連の「上演会」を経て愛知県芸術劇場でも公演が行なわれた『長崎を上演する』（二〇一三年〜二〇一六年）、前作を受け継ぐかたちで二〇一六年から開始された『福島を上演する』では、おそらく世界的にも類を見ないであろう特異な制作スタイルが取られている。

まず松田を含む複数の劇作家がそれぞれ戯曲を執筆、それらはいずれも短編、長くても数十分の中編であり、演出も松田を含む数名によって行なわれる。松田は劇作においても演出においてもメンバーの一員でしかなく、

（対外的・実務的な責任は負っていると思われるが）創作上の特権的な立場ではない。また、実際の公演では二〜三本を繋げて一時間強の長さとなるが、それらはいずれも一回ずつしか上演されない。つまり公演期間中、どの日に行ったとしても、まったく異なる演劇を観ることになるわけである。

マレビトの会のホームページには、これまでの公演の戯曲がすべて掲載されている（それらは上演前に公開される）。戯曲を書くにあたって、劇作担当者たちは長崎や福島にリサーチに行くことが義務づけられたというが、劇の内容はそれぞれの土地と直接的に関係していなくともよいし、個々の戯曲に相互関係は一切ない。要するに全日日替わりのオムニバス演劇なのである。これがどれほどコストのかかる、ほとんど異常と呼んでもいいほどの試みであるかはわかるだろう。

だが、戯曲の内容とは別に、マレビトの会の『〜を上演する』の総題のもとにある演劇群は、強固な共通点を持っている。舞台装置や美術はなし（パイプ椅子のみ）、小道具もなし、照明は基本的に地明かりのみ、音楽・音響効果はなし、役者は皆が皆、ほぼ無表情を崩さぬまま台詞を機械的に発話し、そこにはおよそ感情表現と言えるものは見当たらない。彼ら彼女らは所作の表現をマイムで行なう。したがって暫く見ていないと。彼女ら彼らが何をしており、そこがどこ（という設定になっている）のか、わからないこともある。このようなおそろしくミニマルでストイックな上演形態が、『〜を上演する』の上演では一貫して遵守されている。

ほぼ丸裸の舞台空間で、丸腰の役者たちが、裸形の発話と挙動を遂行する、それが現在のマレビトの回のスタイルである。実際に目の当たりにしてみれば、その異様さは歴然として観る者に迫ってくる。それはまるで上演未満の何か、エチュードを観せられているようでさえある。しかしそれはもちろん、松田たちが選び取った方法と形式なのであり、彼らはそれを彼らの考える「演劇」のかたち／すがたとして提示しているのである。

何故に松田正隆はこのような特異なスタイルへと至ったのか。彼にはいまだ纏まった演劇論の著作は存在しないが、おそらくその前段階となるものとして、二〇一七年にマレビトの会ホームページに「「出来事の演劇」宣言」（以下「宣言」）という松田の筆によるテクストが掲載された。末尾には「この「演劇論」は、マレビトの会『長崎を上演する』（二〇一三～二〇一六）、『福島を上演する』（二〇一六～）の創作を経た思考をまとめたもので、今後も継続され、現時点では未完のものとなります」とあるが、すでにかなり長大な文章であり、松田正隆の演劇的思考のプロセスを垣間見ることが出来る。

> 演劇の上演が、現実の出来事の模倣にとどまることなく、新たな意味の生成となること。これを私たちは「出来事の演劇」と呼ぶ。（「「出来事の演劇」宣言」）

「宣言」の冒頭の一文である。「演劇」を完全に、リプレゼンテーションから、ミメーシスから切断するのだという大胆極まる宣言。「その空間では、身体や物体が変形を被るようなアクシデントや予想もつかないハプニングが起こるのではなく、「言葉と見えるもの」の結びつきが改変され、得体の知れない私たちの「生」そのものが創出されることが起こる」と松田は続ける。「言葉と見えるもの」は「演／劇」の二大要素である「戯曲と上演」と言い換えられるだろう。

出来事の演劇は、俳優の演技と戯曲の再現から縁を切る。演劇の空間は、俳優の演技や戯曲に書かれた関係を見せる場所ではない。舞台の壁やそこにある身体は、演技や戯曲の表象に還元されない「力」を生み出

す素材であり身振りである。(同)

松田は「演劇において「言葉と見えるもの」を出来事の次元につくり直す」ことを提唱する。そうすることで「石の中に流れる水があるように、過去と現在は混在し演劇の時間が顔を出す」のだと。この始まりの部分に、松田の「出来事の演劇」論の核心が凝縮されている。そしてそれから彼は、さまざまに具体的な演劇の事象にかんして検討や分析を加えつつ、じわじわと論を進めていく。

ある人物が劇場の舞台において「海が見えますね」と言ったときに、本当に海が見えているように演技することが演劇ではないか、と思っていた。どうしてそう思っていたのかわからない。演劇とは、演技をすることであり、それを見せることであり、それは自明のことだと思っていたからだろう。舞台からは、海は見えない。それなのに、あたかも見えるように演技をする。演技とは、そのような本当らしさの追求である。海を見ることとの模倣である。(同)

「一つの現実を経験し、その現実に対応するリアルさを感知しうる基準があるというのは、ある集団で共鳴しうる経験を所持していることであり、なおかつ、その経験がその集団を構成する人たちにおいて共有可能であることを前提としている」。したがって「演技による重さは、集団による経験の共有によって初めて生じることになる」。このような前提の上での「本当らしさの追求」「現実の摸倣」から手を切らなくてはならない。どうしてそうすべきなのか。「ある集団内部(人類という枠組みも含む)で共有しうる経験に向けて上演しようとは思わないからだ。そのためには、演技という重力の磁場やそれを支える既存の社会的な価値観とは別の位相の重みを考案しなければならない」からだと松田は述べる。われわれが「本当らしさ」だと思っているもの、それ自体が常にすでに或る特定の共同体（それは原理的には「人類」にまで拡張され得る）の価値判断や認識の構造に支えられているのだということ。そこから脱出すること。

では、どうすればいいのか。以下の記述は極めて重要である。

> むしろ海が見えない場所（劇場）で、「海が見えますね」と発話すること自体の問題のほうが重要だったのではないか。「海が見えますね」が、偽りなのか真実なのか、本当かそうでないかではなく、「海が見えますね」と舞台で発話することによって、そこでは何が起こっているのか。それは、そのことによって海のイメージが観客に想起される、というような舞台上のみならず観客の意識に海の表象が拡張されるということが問われているのではない。ましてや、それによって、観客の意識の中で自由に連想が飛躍するのを期待したいのでもない。ここと隔たっているそこでの発話は、一種の宣誓なのだ。いや、発話だけではなく、一人の人物が舞台上から遠くへ眼差しを送るとき、そこでは何が起こっているのか。マイムという無言の宣誓によって。（同）

この「宣誓」を生起させることこそ、マレビトの会の独特極まる方法論の目的であり存在理由である。「それは重みのない宣誓であり、身体とその周囲の空間を非有機的に変容させる。そのとき、こことそこに隔たりが生じる。それは空間的なものではなく、物質や身体の変容によって有機的にもたらされるのでもない。そこで光が発せられたのをここで感じるような、理念的で無機質な隔たりである。ここの延長としては捉えきれない隔たりをそこに感じること。そこには意味の生成という出来事がある」。松田とマレビトの会が志向し追究する「出来事の演劇」とは「意味の生成」のことである。そして右の引用からもわかるように、それは従来の「演劇」に対する「批判」としての側面を色濃く持っている。

しかしそれはやみくもな否定や頭ごなしの決別とは違う。「決して「出来事の演劇」は「表象の演劇」を否定するのではない」と松田も書いている。「言葉と見えるもの」すなわち「戯曲と上演」の破壊や抹消が目論まれているのではない。そうではなく、両者の「結びつきが改変され」ることが求められているのだ。「戯曲」によって言葉で準備された劇が、ある時ある場に、それぞれの役を演じる役者たちによって、一度きりの「出来事」として演じられること。これはむしろあらゆる「演劇」に内在するその純粋形態と呼んでいい。これ以外の要素を徹底的に、可能な限り削り取っていった結果が、現在のマレビトの会のスタイルなのである。

重ねて強調しておきたいのは、松田とマレビトの会の試みは、急進的ではあっても破壊的ではなく、原理的ではあるが前衛的ではないということである。彼らがやっているのは、一種のミニマル演劇だと言ってもいい。それは長い時間を掛けて「演劇」が身に纏ってきたさまざまな意匠が極限まで剝ぎ取られていった果てにぬうと顔を出す、ミニマル、いや、プライマルな「演」と「劇」の原初の姿なのだ。私はそれを、演劇の「零度のエクリチュール」と呼んでみたいと思う。

ここで触れておきたいのは、かつての盟友、平田オリザの「現代口語演劇」と「出来事の演劇」の関係である。マレビトの会の『福島を上演する』が上演された二〇一七年の「フェスティバル／トーキョー（F／T）」では、松田正隆の選出による四組の演劇ユニットのオムニバス公演「実験と対話の劇場──新しい人／出来事の演劇──」

も行なわれた。この企画については後で触れるが、公演に際してF／Tのホームページ上で松田と平田の対談が掲載された。問題意識を共有しながらも、二人の資質や志向の違いが鮮明に出た、非常に興味深い内容となっている。あくまでも現実的で倫理的な平田と、理念的で原理的な松田。たとえば、次のようなやりとりがある。

平田　（……）青年団の芝居がまだあまり一般的じゃなかったころ、「帰りの電車の中で自分が話してる言葉が青年団のせりふみたいに思えることがある」とよく言われました。要するに、日常生活の中で、自分が演じているのか演じていないのかがわからなくなっちゃうような状態。それがさっき松田さんが言ってた話ともつながるところで、まさに、作品と経験とが逆転する場だと思うんです。

松田　でも、ある意味ではもう、現実にそういうことになっているでしょ。国会とか見ててもそうだし……。

平田　うん。でも、あの国会議員たち自身が、自分の言説にぎこちなさを覚えるような感覚を持たなきゃいけない。

松田　それが、平田さんにとっての「社会を演劇化する」ということ？

平田　そう。

松田　そこは……面白いかもしれないけど、ちょっと、決別（笑）。僕が言ってるのは、そんな、表象と現実が混じり合うようなことではないんですよね。僕の考えでは、すでに世界はフィクションになっていて、むしろ演劇の方に現実の空間と時間が流れている。あるいは現実の時間に向けて開かれた体験がそこにある。僕らはそういう演劇をつくろうとしてるってことなんです。

（「演劇の全体（ユニバース）と総体（アンサンブル）」）

平田が、虚構の空間である筈の「舞台」をその外部に広がる「現実」へと滲出させ、両者を通底させていこうとしているのだとしたら（平田がよく言う「人間は演じる生き物」という言葉は「舞台」と「現実」の境界の本来的な曖昧さを表していると言えるだろう）、松田は「現実」の内に穿たれる「舞台」の虚構性それ自体を、あらためて問い直し、立ち上げ直そうとしている。両者のベクトルはほとんど真逆と言っていいが、「演劇」の内と外のトポロジーを問題にしている点は共通している。要するにそれは、「演劇」は如何にして成立するのか、という問いでもある。

やはり問題にすべきは、松田の言う「出来事」とは「意味の生成」なのだという点だろう。では、ここでの「意味」とは何なのか。私の理解では、それはほぼ「虚構＝フィクション」と同義だと思われる。たとえば或る演劇において役柄Ａを演じているのが役者Ｂだとすると、観客は皆、目の前の生身の身体＝存在にＡとＢを重ね合わせている。Ａの向こうにＢを見て取るのが現実把握能力であり、Ｂの実体にＡのイメージを見るのが想像力である。われわれ観客は常に現実把握能力と想像力を二重に働かせながら舞台を観ている。このとき「現実」とはＢがＡを演じているということなのだが、観客はその事実をあらかじめよくよくわかっていながら、尚かつ「虚構」を受け入れ、あまつさえ没入しさえする。これはほとんどあらゆる演劇でごく自然に起こっていることである。

問題は、そこで本当は何が起こっているのか、ということである。ＢがＡを演じるのを真に受けるのは一種の約束事の共有、つまり契約である。この「契約」とは、いったい何なのか。われわれはそのとき、何をしているのか。これが松田が先に述べていた「宣誓」であり、すなわち「意味の生成」である。そして私が思うに、それは究極的には、たとえばＢが「私はＡです」と口に出して言うこと、ただそれだけによって可能たらしめられているのだ。このときＢはＡらしくあろうとする必要さえもはやない。そこに「らしく」が導入された途端に、Ｂの行為には重さが、重力が生じることになってしまう。

そうではなく、ほとんどトートロジカルな、ただそれ自体にまで還元されたミニマルな発話＝行為が、そのまま「意味」のトリガーになるのである。それが「虚構」の産出であり「演劇」の誕生なのだ。そこでは「想像力」の駆動は単なる前提・所与となっている（いずれにせよ観客は想像せずにいられない）。感情移入や没入といった心的現象抜きに、演劇を可能にすること。松田正隆とマレビトの会は「演劇」とは何なのかという最も原理的な問いに実践的に答えてみせているのだ。

「実験と対話の劇場」に選出された四組の内、演劇計画・ふらっと（我妻直弥・福井歩）と関田育子は立教大学現代心理学部映像身体学科での松田の教え子であり、マレビトの会にも参加している。私は同企画のトークゲストに呼ばれて彼らの作品を鑑賞したが、ここまで述べてきた松田の「出来事の演劇」が見事に継承されていて些か驚かされた。特に関田育子の『驟雨』には非常に感心した。関田はその後、映像身体学科の発表会「映身祭」で発表された『寄居虫の丘』、スタジオ空洞で上演された『人々の短編の集』、ＳＣＯＯＬで上演された『夜の犬』と立て続けに演劇作品を発表しているが、いずれも「出来事の演劇」のマナーを守りつつ独自のアイデア――役者の配置と出捌けの豊かなヴァリエーションや歌の使用など――が付加されており、俄に注目を浴びている。関田以外にもマレビト＝松田スクールからは今後も新しい才能が次々と出て来そうな気配がある。それはつまり、松田が見出した方法に汎用性と可能性があることの証明でもあるだろう。

松田正隆は、最近しばしば「舞台上に別の時間が流れる」といったことを述べている。演劇とは、それを演じている（造っている）者とそれを観ている者とが同一の時空間を共有する、芸術の中でも特殊なジャンルである。舞台の上で何百年前の物語が演じられようと、何十年の時間が過ぎ去ろうと、実際には上演時間と精確に同じ或る時間の持続をそのときその場に居合わせた者全員が繰り越すだけである。その強固な同一性に楔を打ち込むことこそ、松田たちがやろうとしていることだと言っていい。

もちろん「別の時間」は錯覚でしかない。いや、それは錯覚でさえなく、やはりひとつの契約の結果に過ぎない。だがしかし「これは演劇です」という宣言は「これは現実です」という宣言とは――たとえ同じ事態を指しているのだとしても――異なっている。ならばたとえば「これは演劇です」と宣うだけで「これは現実です」を揺るがすことは出来ないのか。この問い方は間違っている。なぜなら、それは常に必ず起こっている筈のことであるからだ。ただ私たちが、それに気づいていないだけ、それを意識化出来ていないだけで、演劇とはもともとそういうものなのだ。

松田正隆とマレビトの会は、その過激で野蛮な零度のエクリチュールによって、このことを証立てようとしているのだと私には思える。

注：本稿執筆後、マレビトの会は二〇一八年の「フェスティバル／トーキョー」において、三年目となる『福島を上演する』を発表した。上演形態はこれまでと同様である。筆者は四日間の公演の初日しか観劇することが出来なかったが、その日に上演された四本の最初（つまり全公演の冒頭）に据えられた松田正隆作『父の死と夜ノ森』は上演時間が一時間を超えていた。松田は最近、筆者との対話でも何度か「そろそろ長編を書きたい」と語っており、少なくとも劇作家としての彼には変化の兆しが訪れつつあるようである。

空き家の「二階」はどこにある？——『東京ストーリー』

『東京ストーリー』は、あからさまに小津安二郎監督の映画『東京物語』にめくばせを送ったタイトルでありながら、一見する限り、およそ小津とも『東京物語』とも無関係に思える作品である。また、戯曲を書いた松田正隆には、一九九〇年代に作演出のコンビとして幾つもの名作を創り出した、かつての共同作業者、平田オリザの代表作『東京ノート』に四半世紀を経て向こうを張るつもりがあったのかもしれない。しかし『東京ストーリー』は一見する限り『東京ノート』とも似ても似つかない作品である。どちらもあくまでも「一見する限り」ではあるのだが。

物語は西武線沿線のマンションに住む年の離れた三人の女性を軸に展開する。大学の哲学教師の佐和子、彼女と同居する姪で、バイトしながら友人二人とコントユニットを組んでいる彩芽、不動産屋に勤めている、ひとり暮らしの奈々。劇の冒頭は、奈々が空き家に中年男を案内してくる場面である。登場したときからどこか奇妙ではあるが、やがてその（愛すべき）変人ぶりを露わにしていくことになるその男、戸倉に奈々は内見中に突然告白される。むろん奈々は困惑したのだが、佐和子と彩芽は興味津々だ。佐和子は本の執筆が難航しており、環境を変えればいいのかもしれないと思い奈々に部屋を紹介してもらうことにする。契約する前にこっそり何日か滞在してみることになった、戸倉が案内されたのと同じ空き家に、佐和子は少々問題のある男子学生の薬師を連れてきてしまう。もちろんあやまちが起こるわけではないが、佐和子が酔っぱらって寝てしまうと、薬師は空き家の鍵を持っていってしまう……。
といった感じで少しずつ登場人物同士の関係性が縒り合わされていくのだが、こうしてあらすじを書いてみると、ごく平凡なストーリーであるかのように思われるのだが、実際に舞台を観た印象はかなり異なっていた。特におかしなことが起こるわけではないのに、全体としてやたらと謎めいているのである。

まずなんと言っても重要なのは「空き家」の存在だろう。結末間際の（というよりそれによって結末がやってくる）ある事件を経て、そこは空き家ではなくなることになるのだが、二階建てのその家の「二階」は、いわば一種の「向こう側」として、物語＝劇空間の「外部」として機能している。極度に簡略化された舞台空間のなかで、誰かが空き家の「二階」に上がる場面が何度かあるのだが、観客にはそこが見せられることは結局一度もない。それは最初、どこか不気味さを湛えているのだが、劇の進行につれて、もっと純粋に抽象的な、人間たちのさまざまな感情が漂白される、どこでもない場所であるかのような印象を強めていく。

それからもうひとつ、気になってしまうのは、もちろん空き家の「鍵」である。だが私には、この劇における鍵の扱いは、アルフレッド・ヒッチコック言うところの「マクガフィン」すなわち実はほとんど無意味なのに、むしろその無意味性によって物語の進行を駆動するモノ、に近いように思えた。やはり本物の鍵は「二階」にあるのだと思う。そこはある意味で佐和子が書こうとしているらしい哲学の本のテーマ（カントへの言及は実に含蓄深い）、もっと言うなら佐和子の、いや、佐和子たちの頭の中に通じているのだ。

金澤菜乃英の演出は、近年の松田作品の例に漏れず、ほとんど映画シナリオであるかのような場面転換の設定された戯曲を巧みに処理していた。ミニマルな舞台装置／美術は、そのために要請されたものでもあるのだろうが、松田が率いるマレビトの会のあの異様に無機質な発話や挙動とはまったく異なった、繊細なナチュラリズムべき）作品群とも、現在の過激に実験的なマレビトの会とも、そしておそらく青年座の他の公演とも違う、絶妙なバランスの舞台に仕上がっていたと思う。終わってみれば『東京ストーリー』という題名に誠にふさわしい作品だった。

地点――「非＝自然主義」の演劇

ポスト「現代口語演劇」の地平において、三浦基の存在は、岡田利規と鋭い対照を成している。

周知のように、平田オリザは自らが主宰する青年団の試みと実践を通して、彼が「現代口語演劇」と呼ぶ作劇と演技と演出の理論を、きわめて具体的に提示した。「演劇とリアル」の間に原理的に横たわる葛藤と矛盾を如何にして克服するか？　一言で述べるなら平田のヴィジョンはこのようなものである。ここで「現代口語演劇」についてくどくどと述べるスペースはないし、またその必要もないとは思うが、さしあたり演技／演出のメソッドという点でのみ言うならば、平田オリザの手法は一種の「自然主義」とでも名指されるようなものだと言えるだろう。青年団の役者たちは皆が皆、われわれが普段生きている日常と呼ばれる状況におけるそれと、ほぼ同じトーンと口調で話す。それはいかにも「自然」であり、つまり従来の演劇における演技を「不自然」なものと感じさせるようなものになっている。

これを承けてチェルフィッチュの岡田利規は、平田が舞台上へと持ってきた「自然さ」を、彼自身の世代以降のそれへと変換し（それは「超リアル口語」などと言われた）、そればかりでなく少しずつ人工的な強度／負荷を加えていった。『三月の5日間』以後のあの、初めて観た観客の誰をも少なからず驚かせるだろう過剰で異様な「自然さ」は、したがって基本的には「現代口語演劇」の「自然主義」の徹底化によって齎されたものである。もちろん岡田の現在は、すでにその先に口を開けたアブストラクションの方に向かっているわけだが。

三浦基と、彼が主宰する地点は、三浦自身も含め、そのメンバーの何名かがもともとは青年団に所属していた。このことはプロフィールなどを見れば、すぐにわかる事実である。彼らが京都に移動して拠点を構えてから、短くはない時間が過ぎており、また、筆者が地点の作品を観るようになったのは、いわゆる「チェーホフ四大戯曲」の連続上演以降に過ぎないので、三浦のそれ以前の作風がどのようなものであり、どう変化してきたのか、については詳らかではない。しかしチェーホフを三浦が演出した、たとえば『三人姉妹』を初めて観た時の衝撃は忘れられない。まず第一に、俗にいわれる「地点語」、すなわち台詞をランダムに分断し、それぞれのパーツに普通に喋るのとはまったく異なったアクセントやイントネーションを与えるという独特な手法と、その効果の絶大なる異化効果に、目を見張る思いがしたのだった。

つまり、ひとつの見取り図として、平田オリザの元から出発した筈の三浦基が進んだのは、演技／発話における「自然さ」の強調とは真逆の、いわば「不自然さ」のベクトルであったということになる。「現代口語演劇」が「リアル」を「日常性」と読み替え、そもそもが「日常」とは相容れないものである「演劇」をそこにすり合わせようとしてきたのだとしたら、そしてチェルフィッチュがそのような「日常」に人為的に過負荷を掛けてゆくことにより、ふたたび「演劇」の原理性を晒け出そうとしているのだとしたら、三浦基と地点は、「現代口語演劇」が提示した「自然主義」を、そのままのポテンシャルでマイナス方向へと舵を変え、語呂合わせでいうなら「不自然主義」とでも呼べるような独自の境地へと脱していったのだ。

三浦が自らは作劇を基本行なわず、既成の戯曲やテクストを「いかに上演するか？」というテーゼに拘り続けているのは、さしあたり物語や説話の次元ではなく、より具体的で「リアル」な次元、つまり役者たちの生身の身体が、舞台上にどのように現前し、どのような挙動と発話をするのか、という次元での問いに意識的に留まっているからだろう。そして彼の試みの焦点は、岡田とは一見正反対に、そのきわめて魅力的な「不自然主義」を通して「リアル」を発見し直すことなのだ。だから二人のスタンスは鋭く対照的だと筆者には思われる。だが、実のところ両者は、ポスト「現代口語演劇」の領域において、究極的には非常に似た認識を持っているのではないかとも思う。それはつまり、「リアル」と「アブストラクト」は、そもそも区別など出来ないということである。しかしこれ以上、この点に立ち入ることは、本稿の目的ではない。

三浦基と地点は、ここ最近、一本の戯曲をそのまま上演するのではなく、ある劇作家や人物の書き残した文章、或いは複数のコンテクストを持った言葉たちをコラージュして作品にするという方向性を打ち出している。そのひとつの成果が、『あたしちゃん、行く先を言って―太田省吾全テクストより―』であった。この作品は、故・太田省吾の複数の戯曲と、その批評文やエッセイなどを自在にちりばめて、単純な意味での「演劇による太田省吾論」といったものとはまったく違う、非常にユニークな舞台に仕上げてみせたものだった。そして、これに続くのが、アントナン・アルトーのテクストを縦横に用いた『――ところでアルトーさん、』である。

アルトーの翻訳者／研究者である宇野邦一をドラマトゥルクに迎えて、前作『あたしちゃん、行く先を言って』と同様、通常の意味での稽古とはまた別の時間と作業を経て上演に至ったとおぼしきこの作品は、まずアントナン・アルトーという、不世出の、人間の哲学と芸術の歴史における際立った「例外」ともいうべき存在の、ひとつのすぐれたイントロダクションになっている。アルトーにかんしては、膨大な言葉と知見が堆積しており、それらをひとつずつ参照しながら何事かを述べることは筆者の手に余るが、三浦がこの奇怪で高貴な人物を召喚した理由のひとつは、間違いなく、アルトーが演劇人でもあり、いわゆる「残酷演劇」なるものの提唱者としても知られているからだろう。では「残酷演劇」とは何なのか、という点は、アルトー自身の演劇論集である『演劇とその分身』に多少詳しく述べられてはいるが、アルトーのすべての言葉がそうであるように、それはごく普通の意味でのロジックやエモーションとは別の何かによって書かれており、こう書いてしまうと身も蓋もないが、アルトーの真意は謎に包まれている。

いや、もちろんわかることはある。『――ところでアルトーさん、』の上演に際して、ツイッター上の@AndThenMrArtaudアカウントで呟かれた一連の言葉は、おそらく宇野の訳によるアルトー自身のものであり、精確にはわからないが、ほぼそのまま舞台でも使用されたものだと思われる（http://twitter.com/#!/AndThenMrArtaud）。幾つか拾い出してみよう。

「ここで残酷という言葉は、通常これに与えられている肉体的な、獰猛な意味ではなく、広い意味で理解されるべきなのです。このことによって、私は言語の日常的な意味と絶交する権利を要求しているのです」

「そこで演劇も、たえまない創造であり、全面的に魔術的行為であるという意味で、この必然性に従うのです」

「残酷は私の思考にとって付け足しではありません。それはいつも私の思考の中で生き続けてきたことです」

「このような意志、このような生命の貪欲さ、盲目で、すべてを甘受することができ、どんな動作にもどんな行為にも、さらに行動の超越的な面にも認められるこの生の貪婪さがないとしたら、その戯曲は無用であり出来損ないです」

すこぶる興味深いが、だが『――ところでアルトーさん、』という演劇作品の独自性は、このようなアルトーの緊張し切った言葉たちが、いかなる身体によって、いかに発話されていたか、そしてそのことによって、いったい舞台上に何事が現出していたか、に存していることは言うまでもない。地点はチェーホフ連続上演の過程で、あの「地点語」の殊更な使用を寧ろ抑制する姿勢を示してきた。『あたしちゃん』もそうだったが、ここでも発話されるテクストは、ちゃんと聴き取れるものについては、以前と比較すれば「自然さ」に回帰したかのように、かなりちゃんと聴き取れるものになっている。だが、それらと同等に、これまでにもなかったほどの異常な発話の仕方が、幾つもあからさまに導入されているのである。痙攣しっぱなしで発される言葉。度を超したテンションに自ら疲弊しながらも終わらない呟き。これまで現実でも虚構も耳にしたことのないような叫びと囁き。

もっとも瞠目させられたのは、常軌を逸した速度で一息にテクストを発話し続ける女優で、地点の俳優訓練とは一体どのように行なわれているのかという驚きを隠せないほどの圧倒的なパフォーマンスだったのだが、筆者はそれを見ていて、誤解を恐れずに述べると、突然の笑いの発作に襲われたのである。そう、それは物凄く可笑しかった。徹底的にシリアスだが、同時にこの上なく、ほとんど狂気に近いほどにスラップスティックだったのである。

そしてこの笑いこそは、おそろしく「演劇的」なものだったのだ、と断言しておきたい。三浦基と地点は、アントナン・アルトーという、いわば「不自然さ」の極点のごとき存在の言葉を、俳優の並外れた身体と、その「不自然」な駆使の強力なアップグレイドによって、透徹した真摯さと謎に満ちた哲理はそのままに、哄笑への誘いに変換してみせたのだ。そしてそれは同時に、紛れもないひとつの「アントナン・アルトー論」でもあったのだと思う。

いや、これは「不＝自然」というよりも、もはや「非＝自然」とでも呼ぶべきなのかもしれない。三浦基と地点は、ポスト「現代口語演劇」の「反＝自然主義」の段階を超えて、新たなステップへと歩を進めつつある。

「私とは誰か。どこからきたか。私はアントナン・アルトーである。そして私はいわなくてはならぬ。いますぐそれをいうことができるからだ。現にある私の体が、破片になって飛び散り、明らかな無数の側面をあらわし、一つの新しい体がまた凝結する。そのためあなたはもう決して私を忘れることができまい」

——アントナン・アルトー

「チェルフィッチュ以後」以後のニッポンの演劇

私がホストとなってゲンロンカフェで行なっていた不定期トーク・イヴェント「ニッポンの演劇」の第一回のゲストはチェルフィッチュの岡田利規だった。そもそもこのシリーズを始めるにあたって私が唯一強くこだわったのが初回に岡田を迎えることだった。その理由は、チェルフィッチュの『三月の5日間』（二〇〇四）の出現こそ（そして同作の岸田國士戯曲賞の受賞こそ）現代日本演劇史の幾度目かの結節点となる決定的な出来事であり、端的にゼロ年代半ば以降の「ニッポンの演劇」は「チェル以後」であることをそれぞれ（岡田自身も含む）がさまざまな引き受け方で引き受け（ようとす）ることで展開＝転回してきたと思われるからだ。

だが、この事実の証明の作業はここでは割愛する。本稿で書いておくべきことは、あくまでも現在とこれからの話である。たまたまではあるが今年（二〇一七年）はチェルフィッチュの「活動二十周年記念」に当たっており、幾つかの企画が予定されているのだが、私は『三月の5日間』以前の岡田作品をほとんど知らないので「二十」という数に特に感慨はないものの、しかし「チェル以後」がいわば「「チェル以後」以後」に移行しつつある気配のようなものがここ最近漂い出しているのはそこはかとなく感じていて、「ニッポンの演劇」の余白にそのことを記しておくのも一興かと思う。

『三月の5日間』は登場時、「超口語演劇」とか「超リアル演劇」などと評された。言うまでもなくこの形容は平田オリザの「現代口語演劇」に引っ掛けている。われわれが日常で発している言葉のありさまと、舞台上で

（たとえそれが「日常」を模した舞台であっても）俳優が発している言葉のありさまとの間には、乗り越え難い（と長年思われていた）壁があり、むしろその壁は必要で有効な壁だと思われていた節さえあった。そこを理論的／実践的に崩してみせたのが平田であり、その際平田が立ち上げた「現代口語演劇」の或る要素を更に押し進めたのが岡田利規だった。

平田と岡田には違うところも多いが、幾つかの重要な共通点がある。そのひとつは「台詞の日常語への接近」であり、そしてしかもそれにもかかわらず「書かれた言葉」であるという点である。青年団の芝居において、チェルの舞台において、役者がどれだけ「リアル」な喋り方をしていようと、その役者はわれわれが普段しているようにナチュラルかつスポンティニアスに発話しているわけではなく、彼ら彼女らは台本に自分の役名で書かれたテクストを記憶した上で再現している。それはまったく即興ではない。つまりそれは従来の「演劇」でなされてきたことと何ら変わらない。当たり前だと思われるかもしれない。だが平田は、岡田は、その当たり前を、いうなれば過剰に行使することで時代を画する作品を作り上げた。『三月の5日間』の戯曲には言いよどみや言い間違いも記されている。それらはあらかじめ全て書かれているのだ。

テクストと、その発話。そしてそのことによる「リアル」の追究。『三月の5日間』が開示した「ニッポンの演劇」の可能性のひとつをこう定義してみると、「チェル以後」に登場した演劇人の多くが、この問題圏の中で思考＝試行していることに気づかされることになる。同じく「リアル」をキーワードにしていながらも、じつは平田オリザと岡田利規の「リアル」には重大な相違点がある。平田が青年団の演劇において生成しようとする「リアル」とは、要するに劇＝フィクションの本物らしさ、自然さのことである。演劇が観客の眼前で物語られる虚構であることは誰にとっても自明だが、平田はその前提は保持したまま、虚構内のリアル度を高めるべくさまざまな方策を講じている。これに対して岡田は、むしろ「演劇が観客の眼前で物語られる虚構であること」自体のリアルを前面化し強化しようとする。つまり、これは演劇です、ということ。劇が演じられているという虚構の営み／試みそのものが孕むリアル。そして、このベクトルを進んでいくならば、発話の根拠となるテクストそれ自体は必ずしも「リアル」でなくともよい。チェルフィッチュの作風の変化、少なくともその一断面は、おおよそこの要請によって説明され得るだろう。

　このライン——仮に「テクスト派」とでもしておこう——は後進に大きな影響を齎した。煎じ詰めれば俳優は戯曲の台詞を朗唱しているのだということ（繰り返すがこれは当たり前のことなのだが）は、演技の位相とは別に、いわば語り手＝ナレーターの位相を舞台に呼び込むことになる。それは二つの帰結を生む。第一に、役柄と役者の切断／交換可能性（それを読んで／発話している者がその人物である）。第二に、虚構内の人物＝俳優は常に観客に対して語りかけている（のでもある）ということ。この二点を極端化していくことで独自の作風を確立していったのが犬飼勝哉のわっしょいハウスである。登場人物がお互いに、時にはその話を今、聞いている相手も行為者の一員である（がゆえに聞くまでもなく知っている筈の）過去の出来事を物語る、というややこしい形式を採るわっしょいハウスは、『三月の5日間』のナラティヴにおけるラディカリズムを直線的に進化させてゆくことを試みた。現在形の回想として語られる記憶はあっけなく非日常、反現実へと逸脱する。その話法上の実験は近年、登場した劇団の中でも際立っており、だがそれゆえにやがて方法的な限界（反復）に突き当たることになった。犬飼はわっしょいハウスとしての活動をいったん休止し、本名での演劇活動を開始した。わっしょいハウスと同様の試みは、快快（＋篠田千明）や鳥公園（西尾佳織）にも一時期見られた。

　だが現時点で「テクスト派」の最右翼といえば新聞家だろう。作演出を手掛ける村社祐太朗は近年極めて旺盛な上演活動を行なっている。もっぱら家族の想い出や夫婦の日常といった何の変哲もなさげな題材を扱いながら、構文や単語レベルまで異常に神経を行き届かせモノローグの戯曲（新聞家においては登場人物が複数の場合でもダイアローグは交わされない）は聞いている内に刻々と意味性を喪失してゆき、観客はいったい何が物語られているのか、何のために物語られているのかわからなくなり、やがて強烈な睡魔が襲いくる。新聞家の舞台はその大半が1時間未満、中には数十分しかないものもあるのだが、そこで齎される体験は名状困難なユニークさに満ちている。もっぱらギャラリーやショップで次々と公演を打ち、現代美術系のアーティストとコラボレーションするなど、村社のフットワークは軽い。そのあまりに独特なスタイルゆえに観客を選ぶことは事実だが、近いうちに決定的な作品が生まれるのではないかと期待している。

　チェルフィッチュは今年（二〇一七年）、「活動二十周年記念」の一環として『三月の5日間』のリ・クリエーションを予定している。そのために二十四歳以下の男女に限定したオーディションも行なわれているが、どんな若手役者が起用されるのだろうかという興味以前に、「リ・クリエーション」の意味がどのようなものであるのかが注目される。周知のように『三月の5日間』は、アメリカによるイラクへの爆撃が開始された二〇〇三年三月十九日からの「5日間」を描いたものだが、二〇一七年はそれから十四年以上が過ぎており、これほどはっきりとしたタイムスタンプが印されている以上は、常に「今ここ」において上演される演劇は、その時間的な経過と偏差を何らかの意味で意識せざるを得ない（むろん無視するというのも「意識」のひとつのあり方ではある）。岡田利規が若い役者たちとどんな『三月の5日間』を語ってみせるのか、それはまだわからない（追記：その後、観ることの出来た『三月の5日間 リクリエーション』では、戯曲の基本的な物語は変わっていなかったものの、台詞はかなりアップデートされ、演出、とりわけこの作品の大きな特長のひとつである「役者＝役柄の切断と交換」が、より大胆に突き詰められていた)。

　初期『三月の5日間』のメイン・キャストだった山縣太一と松村翔子は近年、チェルフィッチュに出演することはほぼなくなった。山縣は岡田や特異な作風のダンサーである手塚夏子から学んだ身体論を独自のメソッドへと鍛え上げ、ワークショップ等を行なうほか、オフィスマウンテンを主宰して作演出の演劇作品を手掛けている。『海底で履く靴には紐が無い』(二〇一五)に続く第二作『ドッグマンノーライフ』(二〇一六)は第六十一回岸田國士戯曲賞の最終候補に挙げられた。その後も『ホールドミーおよしお』(二〇一七)、『ドッグマンノーライフ』(二〇一八)、『能を捨てよ体で生きる』(同)など、旧来の演出家と出演俳優のあいだの種々さまざまな不均衡／権力関係に鋭い異議申し立てをしつつ、極めて精力的な創作活動を継続している。オフィスマウンテンの作風は演劇とダンスのミッシングリンクとしての中間項を浮かび上がらせるようなすこぶる野心的なものであり、集団としてのアクティヴィティを含め、今後の活動が注目される。

　ＤＶＤで観ることの出来る『三月の5日間』の二〇一六年の再演において、「ミッフィーちゃん」という一度観たら二度と忘れられないキャラクターを好演していた松村翔子もまた、自らの演劇ユニット、モメラスを立ち上げ、『色は匂へど、』(二〇一四)、『薄闇、そこは散漫もしくは出口』(二〇一六)を発表している。とりわけ後者はスタイリッシュで暗鬱なアトモスフィアが全編を覆い尽くした独自性の強い作品で高い評価を受けた。これに前後して松村は女優としての活動を休止し、劇作家・演出家としての道を極めていこうとしている。平田オリザが主宰する「こまばアゴラ演劇学校・無隣館」の演出コース修了公演として上演された松村企画『こしらえる』で第六十二回岸田國士戯曲賞最終候補、モメラス『反復と循環に付随するぼんやりの冒険』で第六十三回岸田國士戯曲賞最終候補、いずれも受賞は逃がしたが、二〇一七年、モーリス・メーテルリンク『青い鳥』の演出で利賀演劇人コンクール優秀演出家賞を受賞した。

　山縣と松村は、どちらも岡田利規の直系の後継者とは言いがたい。二人にもそのつもりはないだろう。二人の作家性は彼と彼女に固有のものである。だが、ゼロ年代半ば以降に登場してきた数多くの演劇人と同様、『三月の5日間』以後、「チェルフィッチュ以後」の「ニッポンの演劇」のモードの中で可能になった諸条件が、二人の演劇活動を底支えしているのは確かである。岡田利規が演劇を始めてから「二十周年」のタイミングで、こうした動きが出てきたのは興味深いことではある。「チェルフィッチュ以後」以後は、ようやく本格的に始まりつつあるのかもしれない。

2 —アングラ・不条理・笑い

かつて不条理と呼ばれたもの
――ケラリーノ・サンドロヴィッチ論、その1

不条理、という言葉を知ったのが自分が幾つくらいのことだったのかはむろん覚えていない。だが、結構早かったのではないか。母親が本読みで、実家の書棚にはカフカやカミュやサルトルの本があった。私の子供の頃はおおよそ七〇年代に相当するが、この頃はまだ「不条理」の揺り籠と言うべきいわゆる実存主義の残り香がうちのようなごく平凡な一般家庭にも微妙に漂っていた。

私はカフカの『変身』を読んで子供心にショックを受け、カミュの『異邦人』や『シーシュポスの神話』を読んで「不条理」という言葉の意味を、朧げではあっても、なかば身体的に（自分なりに）理解したのだと思う。サルトルの『嘔吐』や『出口なし』を読んだのはそれより少し後のことだった筈だ。安部公房も読んだ。これも不条理原体験のひとつと言っていいだろう。そうして私が学んでいったのは、これらの書かれた物語が不条理なのではなくて、この現実の世界そのものが不条理なのだ、というようなことだった。これから外に出ていかなくてはならないのに、待ち受けているのがこんな世界だなんて、なんて難儀なことだろう！

不条理演劇、と呼ばれるものを知ったのがそれからどのくらい経ってからのことだったのかもよく覚えていないが、私はあるとき、ベケットの『ゴドーを待ちながら』を読み、イヨネスコの『授業』を読み、安部公房の『友達』を読んで、そして別役実というひとを知った。その頃はまだ戯曲集が普通に書店に何冊も並んでいたので、そのどれかを読んでみたのだったと思う。作品としては、やっぱり『象』か『マッチ売りの少女』あたりだったのではないか。引き込まれた。だが同時にぞっとした。なるほど確かに、これはベケットの日本版みたいな感じではある（その頃までに私は『ゴドー』以外のベケット戯曲も幾つか読んでいた）。しかしこの「日本版」であることの不気味さとやりきれなさはどうだろうか。世界が不条理であることはすでに知っていたけれど、よりによってこの国の不条理がこんな風だなんて、なんて厄介なことだろう！

　ところがしかし、それから日本社会は、少なくとも表面的には、次第に不条理を減衰させていった。これはもちろんひとつには日本経済が右肩上がりの角度を増してゆき、やがてのちにバブルと呼ばれる狂騒に突入していったからである。景気がよくなったからといって世界の不条理が消滅するわけではない筈だが、それでもやはり、あくまでも私の個人的な受け止め方に過ぎないが、だんだんと不条理という言葉自体をあまり見聞きしないようになっていったように思う。そしてまた私自身も不条理というキーワードでものを考えることは少なくなっていった。見えている世界が決定的に変わったわけではないのに、いつのまにかそれを不条理とは呼び倣わさないようになっていたのである。そして別役実の戯曲（その頃までに私は別役の戯曲集をかなり沢山読んでいた）も――エッセイや評論などは折々に読んでいたが――熱心に追うことがなくなり、新しい戯曲集が出ていても気づかないことさえ多くなっていったのだった。

　あちこちでたびたび表明してきたことなので別に恥ずかしくはないが、しかし本来ならば当然恥じ入るべき告白から始めねばなるまい。私はケラリーノ・サンドロヴィッチの演劇を、ここ数年ようやく観始めた、いちビギナーに過ぎない。具体的な成り行きを言うと、まずあるときふと思い立って、ハヤカワ演劇文庫『消失／神様とその他の変種』を読んでみたのである。もちろん公演は観ていない（『消失』は後でＤＶＤを買った）。非常に面白かった。そこでちょうどタイミングのよかった『祈りと怪物～ウィルヴィルの三姉妹～』（二〇一二年）を観に行って、大変感銘を受けた。その後、どういう経緯だったのかは忘れたが、ＫＥＲＡ氏の事務所からご連絡を戴き、同作のＤＶＤのライナーノートを仰せつかった。それから暫くして、いとうせいこう作『ゴドーは待たれながら』の再演の劇場パンフレットにも寄稿した。そして現在、ＫＥＲＡ氏が取り組んでいるチェーホフ四大戯曲上演の第一弾『かもめ』のパンフでは、遂に氏との対談も果たしたのである。

その後、ナイロン１００℃『わが闇』（再演）、『パン屋文六の思案～続・岸田國士一幕劇コレクション～』、『社長吸血記』と続けて拝見し、別役実作『夕空はれて～よくかきくうきゃく～』も観て、今年（二〇一五年）になってチェーホフ第二弾『三人姉妹』も観た。どれもこれもすべて素晴らしかった。とはいえ大方以上が全部であって、これはその上での原稿であることを重々ご理解戴ければ幸いである。

そもそもどうして私がなかなかＫＥＲＡ氏の芝居を観なかったのかというと、これは実は他の人気演劇人／劇団にかんしてもそうなのだが、単純にチケットが取りにくい（と思っていた）から、というのが最大の理由だった（同じ理由で有名ミュージシャン／バンドのライヴも滅多に観ない）。なので観ず嫌いということでは一切なかったということを言い添えておきたいのだが、それ以前に、私にとってケラリーノ・サンドロヴィッチとはまず何よりも有頂天とナゴムのケラであったので、彼が音楽活動から演劇に軸足を移したとき、うまく一緒にジャンプ出来ず、以来ずっとチューニングし損ねてきた、ということもあったかもしれない。彼の劇団ナイロン１００℃が旗揚げされたのは一九九三年とのことだが（その前に劇団健康があったが、そのときは趣味の範疇であったと思う）、私事で恐縮ながらこの年、私は初の単行本『映画的最前線』を出し、翌年に二冊目となる『ゴダール・レッスン』を出したものの、その後急速に映画から遠ざかって音楽が仕事の大半を占めるようになってゆく。つまりケラがケラリーノになって音楽から離れていくのと、私が音楽にのめり込んでいったのはほぼパラレルだったわけで、そういうすれ違いもなかったわけではないだろう。

しかしともあれ私は遅まきながらケラリーノ・サンドロヴィッチの舞台に足繁く通うようになって現在に至っている。そこでまず私が思うのは、彼が自分の「前後」ということに極めて意識的な演劇人であるということだ。これもあちこちでたびたび表明してきたことだが、私は八〇年代半ばくらいまでは結構演劇を観ていたが、九〇年代からゼロ年代の半ば頃までの長い間、ほとんど芝居に行くことがなかった。そもそも私は古今東西のさまざまな戯曲を読むことから演劇というジャンルに接近した。つまり十代の頃の私は実際の芝居をほぼまったく観ていなかった。これは私が若くてそれゆえに金がなく、地方出身者であり、親も友人にも観劇の習慣を持つ者がいなかったので致し方ないことだろう。

だがなぜか戯曲はかなり読んでいた。日本に限ってみても、別役実、寺山修司、唐十郎、つかこうへい、清水邦夫、山崎哲、北村想、竹内銃一郎といった劇作家の作品を、本を買ったり図書館で借りたりして読んだ。そして上京してから暫くは、あれこれ舞台を観に行ってみたりもした。だがしかし、のちに仕事になる映画と音楽に夢中になるにつれて、次第に私は演劇から遠のいていき、やがてほぼまったく観なくなってしまった。なので私はそのあいだの日本の（世界も）演劇をリアルタイムではほとんど知らない（もちろん継続的に観ていたものも実は幾つかあるのだが、とりあえずそういうことにしておく）。

それが現在のように、演劇にかんして頻繁に書いたり喋ったりするようになったきっかけは、岡田利規＝チェルフィッチュの『三月の5日間』と出会ったからである。あの傑作を扉として私はふたたび演劇、特に日本の小劇場演劇に関心を、それもかつてとは比較にならないほどの熱意をもって抱くようになり、次々と（自分にとって）新しい演劇の作り手を発見していった。そうして私の中で徐々に醸成されていった印象として、ここではとりあえずざっくりと「ゼロ年代（以降）演劇」と呼んでおく一群は、実際にはその先行世代である「九〇年代演劇」から多様な影響を受けているのだが、しかし作品もアティチュードも、表面上打ち出されているスタンスとしては、敢えてやや強い語を用いると、継承よりも切断の方が明らかに勝っており、歴史に連なること以上に過去からの成り行きを一旦キャンセルし、出来る限りすべてを刷新して先に向かおうとする姿勢が前面に出ているように思われた（もっともこれは演劇に限らない「ゼロ年代」の特徴かもしれないが）。

そしてそれは逆もまた真なりであり、先行世代の演劇人たちも「ゼロ年代（以降）演劇」をさほど気にする風でもなく、自らの歩んできた道程の延長線上にある現在において芝居を作り続けているように思えた。最近はちょっと変わってきた気もするのだが、ともかくそんな感触が私にはあって、価値判断を抜きにして、要するに「ゼロ年代（以降）演劇」とそれ以前の演劇のあいだには歴然とスラッシュが引かれている、互いにスラッシュを引き合っている、と感じていたのである。

ところが『祈りと怪物』を観たとき、それは無論、私が普段観ているような「ゼロ年代（以降）演劇」の大方とは比べるべくもないビッグ・プロダクションであったし、題材やストーリーもいろいろな意味で別次元のものであることは確かなのだが、それでもやはり、事前の予想とはかなり異なって、ああこの人は自分の後から来た者たちのことをよくわかっている、と思えたのである。それはもちろん、ＫＥＲＡ氏は現在、岸田國士戯曲賞の選考委員として若手劇作家の戯曲を継続的に読んで評しているのだから当然とも言えるが、それだけではない。それに、だからといって『祈りと怪物』に「ゼロ年代（以降）演劇」的なフレイヴァーを直截的に感じられた、ということでもないのである。そういうことではなくて、描かれている時代がいつであろうと、これまでに自分自身がどれだけの時間を過ぎ越してきたのであろうと、いまここで演じられる舞台は常に「いまここ」にある、という厳然たる事実に対して、忠実かつ誠実である、と私には思えたのだ。

いや、これではまだ明確ではないだろう。それは当然のことだとしても、しかし表現者のタイプとして、我が道を行くというか、唯我独尊というか、たとえ変化してゆくとしても、その脈路が本人の内にのみあり、その外側のあれやこれやからは基本的に影響されることはない、というひともいるのであって、それは最初からそうである場合もあるが、そうでなくても時を経るにつれて段々とそうなっていくことだってあるし、それ自体は何ら悪いことではない。だがKERA氏の場合は、作品の規模や構えは相当に違っていても、自分よりも後から演劇の世界にやってきた、だが紛れもない同時代を生きている、彼よりも若い連中と、明らかに共振しているところがあると思えたのである。

それがどういうことなのか、わかりやすく述べるのは容易ではない。むしろ私の印象は出会い頭の驚きと一瞬置いた理屈を超えた納得のごときものとしてあり、『祈りと怪物』を観て以後、KERA氏の芝居をひとつひとつ観ていきながら、いまもまだ考え中のことであるからだ。だがこれは実際に舞台を観るよりも前、『消失』と『神様とその他の変種』の戯曲を読んだときからおそらくそこはかとなく感じていたように思う。

とりあえず一言だけ云ってみるならば、KERA氏は「物語」というものを信じていない。まずこの点において彼はチェルフィッチュ以後の「ゼロ年代（以降）演劇」と問題意識を共有している。日本現代演劇において「物語」はもはや信じるに足るものではないということである。だが幾つか付言しておく必要があるだろう。だからといって、これはしかし「物語」が不要である／不要になる、ということではない。「物語」はけっしてなくならないし、なくすことは出来ない。だから「物語」への不信は、実際には「反‐物語」とは違う（逆に言うと「反‐物語」こそ「物語」への信を基盤としている）。だが、その一方、「物語」への疑いなど、とっくの昔に持ち出されて久しく、それを持ち合わせていない者など余程おめでたい輩でなければ存在していないのであって、だからこの認識自体があさはかだという見方もあるかもしれないが、そういうことでもないのだ。「物語」を疑い切ったつもりになって、いつの間にか自分の中に「物語」を無意識に回帰させてしまっているひとの、如何に多いことか。

正しく述べるなら、「ゼロ年代（以降）演劇」は「物語」を信じないのではなく、信じられないのだ。信じたくても信じることが出来ないのである。それが許されていない、と言ってもいい。そしてこの諦念のようなものを、ＫＥＲＡ氏も疑いなく身に纏っていると私には思える。一見すると、彼の演劇には、どれもこれも濃密な物語性がありはする。けれどももしかし、根本的なところで、彼は自分が物語っている因果や心理や結構といったものを、ほんとうの意味で信じるに値するものとは考えていない。それらは最初からグラグラしており、最後まで揺れ動いたままである。だが、それゆえにこそ、彼の演劇は、それがいつ、どこを舞台としていても、どれだけの時間、どれほどの空間を経巡るものであったとしても、常に「いまここ」のものとしてあり、紛れもない現在形の表現としてある。

では「前」についてはどうか。これはもちろん第一に、ＫＥＲＡ氏が岸田國士の卓抜なモンタージュ作品を手掛けていることで証明される。岸田へのリスペクトのみならず、そこには鋭利な批評意識がある。そしてこれも「いまここ」にかかわっていると思えるのは、ＫＥＲＡ氏の岸田國士が、それが書かれた時代の空気やリアリティを現在に持ってくるのではなく、時代が移っても変わることのないその普遍性／不変性に価値を見出しているのでもなくて、それらをいまやると一体どう見えるのか、という点にフォーカスしているからである。これはチェーホフについても同じであって、『かもめ』も『三人姉妹』も、殊更に今風のアレンジを施してはいない。むしろ限りなく正攻法と言っていいアプローチを採りつつ、座組の妙や、細部の描き方や、演技のトーンなどによって、一世紀以上も昔の異国の出来事を、テン年代の日本に重ね焼きしてみせる。そうすることで、岸田國士もアントン・チェーホフも自ら意識することのなかった、彼らの作品の潜在的な現代性が、鮮やかに晒け出されるのだ。

　そしてここでようやく、別役実という名前がふたたび持ち出される。私が観た『夕空はれて〜よくかきくうきゃく〜』は、当初は書き下ろし戯曲『雨の降る日は天気が悪い』の新作初演になる予定だったが、別役氏がご病気で執筆が困難になり、一九八五年の旧作に企画が変更されたものである。よく知られているように、ＫＥＲＡ氏はかねがね別役実からの強い影響を公言しており、『夕空はれて』の前提として、同じ青山円形劇場で、一九九七年に別役作『病気』を演出している。

　ＫＥＲＡ氏が別役から何を受け継いだのかは、まずもって特にアクセルが踏み込まれたときの台詞の組み立て方に表れている。逆説の連続。いや、というよりも逆説に逆説を重ねて正論を強弁するさま、とでも言えばいいだろうか。たとえば「雨の降る日は天気が悪い」という言明は逆説ではない。矛盾してもいない。だが、間違っていないからといって正しいわけではない。いや正しいのだが、その正しさはわざわざ口に出して言うまでもない、言わなくてもいい筈の正しさであり、それゆえにこそそれは言われることによって意味の上の正しさ以上の不気味な正しさを帯びることになる。それはもはや正しさと呼ぶのが憚られるようなものである。つまりここには、いわゆるパラドックスとは反対の、無謬のロジックが孕み持つ異様さと怖さが宿っている。別役はこの種の台詞を駆使する。このような言葉の論理のあり方が、いわば内側から、別役戯曲の内容や物語を決定づけていると言ってもいいかもしれない。そしてその結果として、別役実の主人公たちは、無矛盾の正論の暴力に取り囲まれてゆき、あっという間に身動きが取れなくなってしまう。その様子はおかしくておそろしい。

このようなさまを、かつてひとは不条理と呼んだのだった。別役戯曲の基本的な佇まいは、確かにカフカやベケットの或る部分を肥大化させたような感が色濃い。だが、そこには同時に、カフカともベケットとも異なる奇妙な生々しさがある。それは取りも直さず、日本の戦後というリアリティが放つ生々しさである。

別役の作品はどれもこれも、一方では高度に抽象的／思弁的でありながら、もう一方ではどこにでもありそうな日本の風景を映し出している。ほとんどの場合、名前を持たない「男１」「女１」といった登場人物たちは、しかし実のところれっきとしたごく普通の氏名を持った、だが誰でもあり得る誰かたちである。端的に言って、別役作品の内実は昭和と呼ばれた時代の或る期間と切り離すことが出来ない。そしてそれゆえに、あれらの作品群は少しずつ時の砂に埋もれていったのだ。あの日常的で異常な「電信柱のある風景」は、ありふれているからこその特異性を剝ぎ取られ、刻々と変化してゆく風景に呑み込まれていったのである。

が、これは別の機会にも指摘したことなのだが（本書Ｐ２１４参照）、ここ数年になって、おそらく以前とは違うかたちで、「別役的なるもの」が回帰しているように私には思われる。それは具体的には別役の過去の名作群の上演が相次いでいるということもある。いや、以前からずっと別役戯曲は日本のあちこちで上演されてはいたのだろうが、もっと意識的に、いわば別役実は再発見されつつあるように思えるのである。実際、私もここ一年ほどの間に、ＫＥＲＡ氏の『夕空はれて』以外にも数本の別役実上演を観たのだが、それぞれの作品としての仕上がりとは別に、どれにも不思議な新鮮さを感じたのだ。これは何なのか。時代に追い抜かれたとばかり思っていた別役の世界が、いつの間にか現在と繋がっていたのである。だがそれは、かつて不条理と呼ばれたものとは明らかに違っている。もはや別役実は不条理ではない。書かれた台詞は何も変わっていないのにもかかわらず、それは「いまここ」のものとしてある。そこに醸し出される何かを表すには、不条理とは別の言葉が必要なのだ。

そして、このような感覚は『夕空はれて』よりもむしろ、KERA氏自身の筆によるいまのところの最新作『社長吸血記』に強く感じられる。本人もインタビューなどで語っているように、この作品は森繁久彌主演の『社長漫遊記』などの「社長シリーズ」にインスパイアされた「サラリーマン喜劇」の枠組を持ちながら、全体の雰囲気としてはシュールでサイコなホラーファンタジーとでもいうべき奇怪な内容の実験作である。私はあれを観たとき、とにかく唖然としてしまった。そこにはかつて不条理と呼ばれていた、だがいまは不条理と呼べはしないし呼ぶべきでもない、別役実の戯曲が体現していた世界のありさま、日本のありさまが、より煮詰められたかたちで存在していた。と同時に、それはケラリーノ・サンドロヴィッチという人物の底知れなさ、その深い深い闇のような視線を、まざまざと示していた。一言でいえば、そこには情容赦のない無意味があった。

だがしかし、それは絶望と同義ではない。私は先に彼は「物語」を信じていないと述べた。『社長吸血記』を観ると、これを拵えた者は「物語」どころか、ほとんど何事も信じていない、信じることなど出来はしないと知っていることがわかる。だがそれでも、疑いなく彼は「演劇」だけは信じているのだ。それは彼にとって「世界」よりもはるかに信じるに足るものとしてある。そして彼はしかし、それでも「演劇」が「世界」の一部であるということも、むろんわかっているのだ。

怪物とは何か？　祈るのは誰か？——『祈りと怪物』

『祈りと怪物〜ウィルヴィルの三姉妹〜』は、きわめて巨大、かつ複雑な物語である。

　上演時間は四時間を越え、メイン・キャストは十九名。これだけでも超大作と呼ばれるに相応しいが、巨大かつ複雑なのは演劇としてのスペックのことだけではない。

　舞台は架空の街ウィルヴィル。ストーリーは町の独裁者ドン・ガラスと、その愛娘である三人姉妹（バララ、テン、マチケ）を中心に展開するが、プロットはけっしてこの四名に収斂することはなく、むしろ彼の周囲の人々、彼女たちがかかわる人々、それぞれが奏でる無数のエピソードの増殖によって、果てしなく広がり、散開してゆく。或るひとつの町の栄枯盛衰を物語る一大叙事詩、或るひとりの悪漢の諸行無常を描いた一大ピカレスクであると同時に、これは大小さまざまな物語群が錯綜し重層するマルチレイヤー演劇でもある。

　マルチレイヤーであると同時に、これはパッチワーク演劇でもある。台本の巻末には「引用および参考文献」として十六人の映画作家による二十二本の映画と十一名の著者による十五冊の書物が挙げられており、作者がそれらの、おそらくはそれ以上の、さまざまな引用／影響／反響／参照を、自由自在、大胆不敵に継ぎ接ぎ合わせることによって、この途方もない物語を紡ぎ上げていったことがわかる。もちろんその縫合の仕方は、表面に現れているだけのことではない。一見、それとは知れない部分や細部にも、おそらくは数多の意外な連想の糸が延び、ややこしく絡み合っている。パッチワークとマルチレイヤーは互いに組み合わさって、この複雑にして巨大な物語＝織物を成立させているのである。

ケラリーノ・サンドロヴィッチは「公演メモ」の中で「もしも、ガルシア＝マルケスが『カラマーゾフの兄弟』のような物語を、姉妹に置き換えて書いたら？というのが、発想のきっかけだった」と語っている。この芝居を観ながら私がまず思い出していたのも、ドストエフスキー、そしてマルケスをはじめとするラテンアメリカ文学だった。この場合のガルシア・マルケスは、『百年の孤独』というよりも、むしろ『族長の秋』の方だろう（実際、戯曲の参考書籍として挙げられているマルケスの小説は『無垢なエレンディアと無情な祖母の信じがたい悲惨の物語』と『悪い時』、そして『族長の秋』の三作である）。もちろんウィルヴィルをマコンド村になぞらえることも可能だし、『百年の孤独』のマクロな語りのスケールも、幾分控え目にではあるが『祈りと怪物』に受け継がれている。しかしここで重要視されているのは、何よりもまず「悪」の問題であると思える。いや、精確に記そう。それは「卑小な悪」である。

『族長の秋』の大統領にしろ、やはり参考書籍に挙げられているバルガス＝リョサの『チボの狂宴』に出てくるドミニカの独裁者トゥルヒーリョにせよ、ラテンアメリカ文学の傑作に描かれた独裁者たちは、おしなべて皆、人間的には相当に器の小さい、卑劣で偏狭で姑息な人物ばかりである（しかもそのほとんどに実在のモデルが居る）。彼らは「卑小な悪」であるがゆえに（であるにもかかわらず、ではない）権力の頂点に昇り詰め、欲望のままに振る舞い、民衆に圧政を強いる。言うまでもなく、この問題はドストエフスキーとも繋がっている。『カラマーゾフの兄弟』にしろ『罪と罰』にしろ『悪霊』にしろ、ドストエフスキーの「悪」もまた矮小で卑怯な存在であるからだ。

ドン・ガラスもまた、疑いなく「卑小な悪」である。彼は私利私欲に塗れ切った俗物であり、強大な権力をほしいままにしながら、些事にこだわる小心者である。それと同時に、自分の家族にはごく普通に愛情を注いでもいる。小さな悪党の大きな悪業。これは裏返せば、そもそも「偉大な悪」など存在しないのだ、すべての「悪」は小さく、卑しく、弱く、だからこそ、大きく、尊大で、強さを誇示するものであるという、ドストエフスキーの、ラテンアメリカ文学の、そしてケラリーノ・サンドロヴィッチのメッセージでもあるだろう。

ドン・ガラスはまぎれもない「怪物」である。だがしかし、彼の怪物性は「卑小な悪」の別名であり、それがゆえに、この物語は強大にして最悪な「怪物」との戦い、すなわち「正義」の主題へとフォーカスされることはない。「悪」が滅びるのは、自滅か、運命か、時間によってでしかない。それ自体の正しさのみによっては、絶対に「正義」は勝てない。だから悪と正義のテーマは、根本的に成立し得ない。

言い方を変えれば、悪と正義のテーマは、もはやこのような形でしか描くことができないのだ。そのことを作者はよくよくわかっている。その結果、この物語はドン・ガラスを中心としながらも、彼に象徴される「悪」が、登場人物全員に少しずつ分け持たれてもいるかのような、世界のありとあらゆる細部にまで「悪」が滲んでいるかのような、なんとも居心地の悪い、だがこの上なくリアルな感触を獲得することになった。

マルチレイヤーにしてパッチワークであることも、間違いなくこのことに関係している。それはたまたま選ばれたスタイルや方法論ではない。ケラリーノ・サンドロヴィッチは、このような物語を語るには、この断片的で縫合的なやり方しか手がない、それこそが唯一有効な語り方なのだということを知悉しているのだと思う。

「怪物」とは、ドン・ガラスのことであり、この物語が丸ごとで表現しようとしているものであり、われわれ「人間」のことであり、この「世界」のことでもある。だとすれば「祈り」とは何か？　繰り返すが、それは「正義」ではない。だが、それに代わるものではある。確かに世界には「卑小な悪」が染み渡っている。しかしそこには「祈り」もまだ存在している。それはささやかな希望、明日の小さな歓びを期待する気持ち、自分以外の誰かの幸福を願う心のことである。そのような「祈り」の姿も、この物語の端々には描かれている。小さな善行の大きな意味。「祈り」は「怪物」と対決しない。だが、それはそこにあるのだ。

『祈りと怪物〜ウィルヴィルの三姉妹〜』は、きわめて複雑で、かつ巨大な物語である。ここでは「怪物」と「祈り」とが、激しく立ち騒いでいる。観客は、舞台を見つめながら、自分の内に、その両方を見出すことになるだろう。そう、これは「私たち」の物語なのである。

二〇一三年のゴドー――『ゴドーは待たれながら』

最初にお断りしておくが、私は『ゴドーは待たれながら』の一九九二年の初演を観ていない。戯曲はその後に読んだことがあったけれど（そしてこの原稿を書くために久しぶりに読み直したけれど）、作者であるいとうせいこう自身の演出により、きたろうによって演じられた舞台を、私は観ていない。加えて言っておくと、私はケラリーノ・サンドロヴィッチの舞台作品を、まだ二本しか観ていない。そして当然のことながら、私はケラリーノ・サンドロヴィッチ演出、大倉孝二主演による『ゴドーは待たれながら』を、まだ観ていない（これは公演パンフレットのための文章だから）。なのにこれから『ゴドーは待たれながら』について何ごとかを書こうというのである。なんという暴挙か。自分で言うのも何だが、この無謀で無茶な行為こそ、この作品にふさわしいのではあるまいか?!

というのは半ば冗談だが、半ばは冗談ではない。これもパンフのどこかに書いてあるかもしれないが、今年（二〇一三年）は、サミュエル・ベケット『ゴドーを待ちながら』が初演された一九五三年から、ちょうど六十年後に当たっている。ベケットが同作を書いたのは四〇年代末ぐらいのことだったらしいが、いずれにせよ大戦後まもない空気の中で、それは生まれたわけである。

ウラジーミルとエストラゴンが待っているからにはゴドーは待たれているわけである、というのは言われてみれば当たり前とも思えるが、最初に『ゴドーは待たれながら』を読んだときには、この手があったのか！と思わず膝を打ったものだった。最初にも書いたように、この作品の初演は一九九二年の十一月である。作者のいとうせいこうは、前年の一九九一年一月に勃発した湾岸戦争に反対する「『文学者』の討論集会」を、柄谷行人、故・中上健次、田中康夫、高橋源一郎などと行ない、共同名義で反戦声明を発表していた（同年二月）。また時期を同じくして、いわゆるバブル景気が崩壊しており、それから長く長く続く日本経済の沈滞が始まってもいた（が、いまから思えば、それは世間ではまだあまりはっきりと自覚されてはいなかった）。それが約一年前のことである。この年はというと、いとうは旧知の藤原ヒロシとデュオ・ユニットSUBLIMINAL CALMを結成し、同名のアルバムを発表、萩原健太プロデュースによるソロ・アルバム『オレデスム』もリリースしている。音楽シーン的には、やはり前年にフリッパーズ・ギターが解散しており、小田山圭吾も小沢健二もソロデビューは翌一九九三年なので、その後も暫く続く渋谷系ブームのエアポケットの時期に当たっている。

何が言いたいのかといえば、『ゴドーは待たれながら』は、おおよそこんな状況の下で書かれたのだということである。もちろん世界や社会の有様が、この作品にどのような影響を与えていたのかいないのかはわからないし、いとうせいこう個人の心境を推し量ることだって他人である私には出来っこない。だが言えることは、ベケットが「いつまで経ってもやってこないゴドー」を描いたのも、いとうせいこうが「いつまで経っても出掛けていかない（いけない）ゴドー」を描いたのも、ある時代のある時間のある場所においてだったのであり、それらと同じように、ケラリーノ・サンドロヴィッチによって『ゴドーは待たれながら』が、この二〇一三年に再演されるということにもまた、何らかの意味が生まれる、それはもう絶対に、生まれてこざるを得ない、ということである。だったらばそれは何だろうか？

それはもちろん観客それぞれが自分なりに考えてみるべきことではある。私も本番の劇場で、何ごとかを考えることだろう。だからそれはまだわからない。けれどもしかし、どういうわけだか、いつまでも待たれ／待たせ続けているゴドーという謎の存在の意味は、二十一年前とも、六十年前とも、間違いなく違っている筈だ。

ただひとつだけ確かなことがある。われわれは彼を待つことしか出来ない。だが彼はやってこないのだ。

条理なき笑いの彼方に
——ケラリーノ・サンドロヴィッチ論、その2

そこはどこか異国のようなのだが、舞台の真ん中には、あろうことか一本の電信柱が突っ立っている。これだけで勝手知ったる者はついニヤニヤしてしまうわけだが、なぜならそれは、これから始まる『ちょっと、まってください』という芝居が、あの「電信柱のある宇宙」の系譜に属するものだということを、ぶっきらぼうなまでに鮮やかに宣言しているからである。

「電信柱のある宇宙」とは、別役実のエッセイ集の題名である。言うまでもないだろうが、電信柱とは、別役戯曲ではお馴染みというか、必須アイテムというべき装置である。別役が電信柱を好んでフィーチャーしたのは、そこに日本の戦後〜高度成長期の象徴を見出したからである。電信柱とは「昭和」と呼ばれた時代の共同的・匿名的な日常性を端的に表したモノであり、日々の風景の中に溶け込んで、人々の視界の中でサブリミナル的な存在感を湛えていた。実際どこまで出来るのかは知らないが、平成も終わりに差し掛かったいま、いわゆる「電線地中下＝無電柱化」があちこちで進められつつあるという。遠からず「電信柱のある宇宙」はノスタルジーさえ喚び起こさない完全なる過去の風景となるのかもしれない。もうそうなっているのかもしれないが。

ケラリーノ・サンドロヴィッチは、過去何度となく、別役実への敬愛の念を表明してきた。一九九七年に『病気』（私はＤＶＤでしか観ていない）、二〇一四年に『夕空はれて〜よくかきくうきゃく』（書き下ろし戯曲『雨の降る日は天気が悪い』の初演となる予定だったが別役の体調不良により一九八五年の作品に変更された。残念ながらその後も『雨の降る日は天気が悪い』は陽の目を見ていない）と、別役戯曲の演出を手掛けているし、彼自身のオリジナル作品においても、別役からの強い影響を感じさせるものが近年とりわけ多い。近年とりわけ、とは言っても私がＫＥＲＡ氏の舞台をコンスタントに観るようになったのは、ここ五〜六年のことなので、乏しい経験値に基づく単なる印象論でしかないのだが、少なくとも二〇一四年のナイロン１００℃『社長吸血記』と、この『ちょっと、まってください』は、「別役実的なるもの」をケラリーノ・コンプレッサーによって徹底的に圧縮し、サンドロヴィッチ・トランスフォーマーによって過激に変容させたかのような作品になっている。先の『夕空はれて〜よくかきくうきゃく』も加えると、おおよそテン年代後半のＫＥＲＡ氏が「別役実的なるもの」にかなり拘ってきたのだということが見て取れるのではないかと思う。

　では、「別役実的なるもの」とは何なのか。『ちょっと、まってください』の劇場パンフレット掲載の市川安紀によるインタビューで、本人は本作で狙ったのは「別役実さんの作品を指標とする不条理劇のパスティーシュ」だったと述べている。また、これは「ナンセンスコメディ」ではなく「不条理喜劇」なのだとも。「ナンセンスコメディは奔放で、爽快さみたいなものがある。一方の不条理劇の根っこはよりシリアスで、最終的にはある地点に収束していくイメージ」。ここで比較対象の「ナンセンスコメディ」とされているのは、二〇一六年のキューブ・プレゼンツ『ヒトラー、最後の２０００年〜ほとんど、何もない〜』なのだが、作り手自身によるこの違いは非常に興味深い。

　ナンセンスコメディはコントの集積のようなもので、コントがそうであるように、人物の内面を埋める必

> 要をほとんど感じません。そういうものは、脳ミソをコント脳に切り替えられさえすれば、まるで遊んでいるかのように、もっと言えば自動書記のように書けちゃうんです。あくまでも〝笑わせるための手段〟なんですね。どれだけハイブロウなデタラメで笑いを作れるか、という。でも不条理劇は、人を笑わせるつもりで書かないほうがいい、ということは思いましたね。笑いは副次的なもので、むしろなにがしかの情緒とか、得体のしれない緊張感みたいなものを支えに書いている。

そして「ナンセンスコメディ」がモンティ・パイソンだとしたら、「不条理劇」はルイス・ブニュエルなのだとKERA氏は続けているのだが、この喩えはきわめて明快である。

この「ナンセンス」と「不条理」の違いとは、私なりに言い換えると、前者は文字通りの「無意味（＝意味の不在）」であり、だが後者では何らかの次元で「意味（のようなもの）」が問題にされている、だが「不条理」というのだから、そこには「条理」は存在しない。つまり「意味」はあるのに「条理」が欠落した世界こそ、KERA氏が別役実に見出し、そこから受け継いだ「電信柱のある宇宙」としての世界観だということになる。

それは「デタラメ」であってはならない。ある意味では筋が通り過ぎるほどに通っており、そうであるがゆえにこそ条理が失われてしまうような状況／状態。私は二〇一八年一月、ルイス・ブニュエル監督の名作『皆殺しの天使』のリバイバル・ロードショーの劇場でKERA氏とトークをしたのだが、あの映画こそまさしく「意味」はあるが「条理」を欠いた世界が描かれている。突然、ある屋敷の広間にいた全員が、そこから出られなくなる、という物語は、ナンセンスではない。むしろそこには過剰なほどの「意味」の生産性がある。それはあらかじめ、ありとあらゆる解釈に対して無際限に開かれている。だが同時に、そこには唯一無二の「理由」というものもない。この「理由（reason）」が「条理」である。「理由」は存在せず、なのに「意味」だけは矢鱈目鱈と溢れかえっている世界。

『ちょっと、まってください』は、屋敷に住む金持ち（だが実はすでにほとんど破産している）の家族と、その前庭に居ついた乞食の家族という、いかにもわかりやすいコントラストをベースとして、両者がさまざまな意味で順次入れ替わってゆくのだが、段々入れ替わり自体もどうでもよくなって、最後はわけがわからなくなる、という物語である。富める者と貧しき者の交換可能性は、電信柱はあるもののどこか異国であるらしいそこで巻き起こっているらしい政治的な運動とともども、この作品のテーマらしいものを暗に匂わせている。

しかし二組の家族の交換劇がなし崩しにされるように、その「運動」もまた、賛成派と反対派の対立をなし崩す中立派が登場してきて、どうでもよくなり、わけがわからなくなる。むしろそんな顛末こそ作者からのメッセージだと考えるべきだろう。賛成も反対も条理の範疇である。だがどっちつかずであり、どっちでもよく、どっちでもないということを高らかに宣言して一歩も譲らない中立は、中途半端なのでも曖昧なのでもなく、不条理なのだ。

ケラリーノ・サンドロヴィッチが別役の「電信柱のある宇宙」を、どのように変化／進化させたのか、の答えのひとつがここに覗いている。別役戯曲において、不条理な人間や事件に遭遇する主人公は多くの場合、少なくとも劇の前半においては受け身であり、紛れもない被害者である。彼らはおうおうにして酷い目に遭う。ところが『ちょっと、まってください』では、不条理は一種の武器に転じているのだ。もっと精確に言うならば、もはや不条理は世界を全面的に覆っているのであって、だからこそ不条理には、より強度の不条理で対抗しなくてはならない。不条理競争であり、不条理合戦なのだ。一方的に不条理に見舞われる主人公がもはやいなくなった世界、不条理以外が存在しないがゆえに不条理のエスカレーションがいつまでもどこまでも展開していく世界、それが『ちょっと、まってください』の舞台＝世界なのである。

さて、そこで「意味」が登場する。これから起こることがすでに起こったこととして書き記されている手紙がいま、読まれてしまうというアイデア（それは「それから起こったことがあらかじめ書き記されていた手紙」ではない）に顕著だが、そこでは因果律が失調、というかほとんど破壊されてしまっている。因果律が壊れているということは、時間も壊れているということだ。だが、この点がきわめて重要と言えるのだが、時間が壊れていることがわかるには、一方に正常な時間が設定されていなくてはならないし、因果律が壊れていることを知れるのは、正しい因果律がどこかに担保されているからである。

ナンセンスではない、というのはこのことである。言葉遊びめくが、ナンセンスはセンスの領域だが、因果律＝時間性はロジックの問題であり、テクニックの問題である。「意味がわからない」と「理由《ワケ》がわからない」は違うのだ。

『ちょっと、まってください』パンフレットの岡室美奈子との対談の中で、ＫＥＲＡ氏はこんなことを語っている。

> 観客でも評論家でも、とりあえず格好良く仕上げられた作品や、理論武装されたもの、また逆に、わかりやすく大暴れしたりする人に対しては、コロッと崇めてしまう。（中略）難しいですけど、誠実に過激か、誠実にくだらないか、誠実に不条理かといった、つくり手がたどった選択を想像できる人が増えてくれると、誠実であろうという信条で劇作しているつくり手にとって、すごく励みになるんですけど。

ここでいわれる「誠実」とは精神論ではない。それはあくまでも技術によって達成されるものである。一連の別役実インスパイア系と並行してＫＥＲＡ氏が発表してきた他の幾つもの舞台、太宰治原作のＫＥＲＡ・ＭＡＰ『グッドバイ』（二〇一五年）や、世田谷パブリックシアター＋ＫＥＲＡ　ＭＡＰ『キネマと恋人』（二〇一六年）、また遂に三本まで来たチェーホフ四大戯曲の演出などを観てみれば、そこに職人肌と言ってもいいような劇作のテクニシャンの姿を見出す筈だ。

『ちょっと、まってください』の戯曲もまた論理と言語の高度な技術に支えられている。ウェルメイドを極めることが出来るからこそ、条理なき世界を立ち上げることが出来るのだ。『ちょっと、まってください』に限らないが、ＫＥＲＡ氏の演劇の多くは三時間を超える長大な上演時間を必要とする。だがそれは、他の演劇作家たちの同じ時間とは根本的に異なっている。いわゆる「大作」とはまるで違った、台詞の応酬と場面展開の超絶技巧が、そこには詰まっている。

ところで、この文章では、はじめに「ナンセンスコメディ」と「不条理劇」の区別をしておいたのだった。そして、その区別はＫＥＲＡ氏自身によるものである。しかしながら、実のところ『ちょっと、まってください』には「ナンセンス」のその先をやろうという野心も感じられる。先のパンフ対談で、ＫＥＲＡ氏はこう語っている。

> 結局、なぜわざわざこんな大変なことをしているかと言うと、何もない演劇をつくってみたいからです。去年、『ヒトラー、最後の２０００年〜ほとんど、何もない〜』という芝居をやりましたが、ほとんど何

もないところまでは、ある程度、行けたかもしれない。でも、本当に何もないのが、別役さんであり、ベケットじゃないですか。『ゴドーを待ちながら』だと、待つという行為に対する批評でもあるけど、何もしないことを演劇で描くって。普通に考えたら相当リスキーなことですよね。そういう、剥ぎ取って剥ぎ取っていった先に興味があるし、自分も行ってみたい。

「ほとんど、何もない」とはつまり、それでも「まだ何かは、ある」ということである。『ヒトラー』は出たとこ勝負と伏線の未回収と支離滅裂が猛速力で延々と続くという驚異的な作品だったが、それとはまた別の方法で「何もない」に至ろうとするアプローチが『ちょっと、まってください』であったとも考えられる。

「何もない」とは要するに「無」のことである。端的に言えば、ベケットは減算的な思考／試行によって「無」に漸近しようとした。そこでは世界が、主体が、どこまでも消尽してゆく。だが、だからといって完全な「無」になるわけではない。それは常にいつまでも「ほとんど、何もない」にしかならない。それでもベケットはそこまで行こうとしたし、そこまでは行った。だとすればベケットよりもずっと遅れてやってきた者は、いったいどうすればいいのか。減算ではなく、加算か乗算によって「無」を表現するしかない。それはつまり、確かに或る時間の観劇体験が遂行されたにもかかわらず、結果として何も観なかったのと同じことになってしまう、ということではないだろうか？

『ちょっと、まってください』でケラリーノ・サンドロヴィッチは、別役実の「電信柱のある宇宙」をラディカルに更新しまくることによって、このことに挑んだのだ。舞台が進行する間、観客であるわれわれは、何とかそこで起こっていることを理解しようとし、幾らだって汲み取れる「意味」で安心しようとし、因果律も時間軸もまるで当てにならないストーリーについてゆこうとする。だが、そんな努力の果てに待っているのは「無」なのである。それはまるで精確かつ完璧に作動した結果、自らをパタンパタンと畳み込んでいって、しまいにはそこから消え去ってしまう、一体の機械を見るようでさえある。

何度となく笑いの発作が生じもするし、確かに死ぬほど笑っていた筈なのだが、ふと気づいてみると頰を震わせていた笑いは凍りついており、その代わりにかつて一度も感じたことのない恐さが、怖さが、おそろしさがやってくる。それは「意味」がぎゅうぎゅう詰めになった、なのに「条理」だけがどこにも存在していない、あの「電信柱のある宇宙」の成れの果てとしての、われわれが生きるこの世界そのもののおそろしさである。

サンプル『あの人の世界』、或いは動物化するポストモダン演劇

よく知られているように、「動物化」というキーワードは、日本の「現代思想」に、二段階で導入された。アレクサンドル・コジェーヴが、その高名な『ヘーゲル読解入門』の注記で言及した、いわゆる「歴史の終焉」以後の「人間」の完成形としての「日本人」を指す「動物化」。そして、それを踏まえて、東浩紀が『動物化するポストモダン』において「オタク」の特質として提起してみせた「動物化」。実のところ二つの「動物化」のあいだには、おおよそ四十年の時間的開きがあるのだが、これはそのまま、コジェーヴが五〇年代末の訪日時に見出したアメリカ的大衆消費社会の究極が、それ以後の六〇年代七〇年代八〇年代九〇年代の四つのディケイドを経て、より洗練され、なおかつより押し詰まった形で、二〇〇一年（『動物化するポストモダン』の刊行年）の「ニッポン」に華開いて（？）いたということを意味している。

いくぶん単純化していえば、ここでいわれている「動物」とは、理想的な積極的能動的消費者であると同時に、理想的な消極的受動的受容者でもあるような、操作された欲望（購買意欲）を自発的なものと思い込んでいるか、あるいは操作性の有無自体を吟味しようとさえしないような、つまり資本主義的主体＝シシテムにとっては実に都合の良い「人間」のことである。東はそれを九〇年代に発生した「オタク」をモデル・ケースとして説明したが、むしろ彼は「オタク」に特殊性よりも先進性を見ていた。そして実際、ゼロ年代以降の「日本人」は、総じ

て「動物化」をより一層強めていったかに思える。これを東は「部分的なポストモダンから全面的なポストモダンへ」と表現していた。「ゼロ年代ニッポン」に全面化された、完遂された「ポストモダン」は、ユートピアでありディストピアでもある（ディストピアであるとともにユートピアである）。そして「動物化」は、そこで生きる者どもの生態であり運命であり、恐らくはサヴァイヴァル・ツールでもある、のかもしれない？

劇団ホームページの「サンプルについて」に、松井周は二つの短いテクストを書いているが、どちらの文章の中にも「動物」という単語が登場する。まず松井は、サンプルという劇団名には「紛い物」と「試作品」の両方の意味が込められていると書き、前者にかんしてこう説明する。

> これは、一旦人間を、人間性や感情や内面から引き離してみようという試みです。人間を動物のように観察するということと同じかもしれません。しかし、そうは言っても人間は言語を使用するし、そこで消費されるエネルギーもばかになりません。ですから、その言語活動も人間の「言い訳」のように捉えながら、物語を描いていきたいと思います。〈サンプルの由来〉

もうひとつのテクストは全文を引用したい。

> 人間を疑うこと、これが出発点でした。
> 人間には統一された「自我」などなく、あるとしてもそれは多様でころころ変わるような一時的なものでは

ないかという疑いです。

言語活動を行う「自我」のない動物として人間を捉えたいと考えて作品を作ろうと思いました。

つまり、私たち人間は能動的に何かを選択し、行動しているわけではなく、受動的に何かを選択させられて、動かされているという状態を演技の基本として作品を作るのです。俳優と同じ空間にある全ての物（テーブル、イス、人間、エアコン、棚、観客等）が俳優を誘惑します。また、俳優の外側だけでなく、俳優自身の記憶に誘惑されることもあるでしょう。

私は受動的で信用ならない人間を肯定するために作品を作っています。〈私がサンプルでやりたいこと〉

「受動的で信用ならない人間」とは「受動的」であるが「信用ならない」のではない。「受動的」であるから「信用ならない」のである。つまりそいつら、いや、われわれには、他者を誑ろうという意思や戦略があるわけではない。われわれにはポストモダン的に進化した本能とポストモダンに馴致した（された）欲望しかない。そしてそのこと自体が「信用ならない」人格、コミュニケーション、社会性を産み出すのである。なぜなら、われわれはいまや「動物」であるからだ。

だが、われわれは「言語活動を行う「自我」のない動物」である。「自我」がないのにもかかわらず「言語活動」は行なう／行なえる／行なってしまう／行なうしかない、言語を喋らないし言葉を書きもしない動物たちとは異なる「動物」。このことを「肯定」すること。より精確にいえば、人間を疑い、その「動物化」した素顔を晒け出した上で、それを批判／否定するのではなく、あろうことか「肯定」してみせようとすること……。

『あの人の世界』は、このような方針で劇作を継続してきたサンプル／松井周にとって、ひとつの到達点ともいうべき秀作である。これはまず第一に、或る男女（私は観劇中、二人は「夫婦」だと思っていたのだが、台本によると「愛人男・愛人女」とある）のいわゆる「ペット・ロス」の物語である。男の浮気と女の自堕落の併せ技によって、可愛い飼犬の「キク」は不慮の非業の死を遂げた。この芝居は二人が「キク」の墓参りをするシーンから幕を開ける。松井周／サンプルの作品はいつも舞台装置が一風変わっており、尚かつその特異な空間構造が物語自体の構造と深く連関しているのだが、『あの人の世界』の舞台は上中下と三層構造になっており、だが「くっきりと分かれているのではなく、スロープ状につながっていたり、階段状になっていたり、穴があいていたり、中二階のような場所があったり明確には三層とは分けられない」（上演台本より）。

　冒頭の場面は上層で演じられる。大雑把に言ってしまえば、上層はいわゆる「リアリズム」にもっとも近い次元を担っており、「ホームレスドクター＝ＨＬＤ」のサド的（？）調教の下で「動物リスペクトなミュージカル」の稽古に励む「ウサギ」や「ネズミ」や「動物（まだ何になるか決めていないので便宜的にこう呼ばれている）」たち、その名も「ウルトラ・ファーリー・アニマルズ＝ＵＦＡ」に憧れて、自転車に乗った「女（キク？）」がやってくる、言うなれば「疑似ファンタジー」の次元が中層、そして、あらゆる出来事の土壌であり廃棄物置場でもあるような、まったくもって謎めいた次元を下層と、とりあえず整理できる。

　だが、台本のト書きにもあったように、実のところ三層は複雑怪奇に、曖昧かつ適当に通じ合ってしまっている。そして芝居の進行とともに、これら三つの分かれ目はどんどん混乱を極めていく。

「ＵＦＡ」たちの「動物リスペクトなミュージカル」のコンセプト（？）は、幾つかの台詞によってあからさまに語られる。「踊るんじゃない。踊らされるんだ。踊らされた者だけが生き残る」「挨拶もいらないし、名前も聞きたくない。つまり言葉はいらない。踊りだけ見せてくれ」。これらが前出の松井周のテクストにそのまま饗応していることは明白だろう。つまり彼らはそのもの「動物化」しようとする「人間」たちとして（も）描かれている。

その一方で、物語は本物（？）の動物にかかわる倫理（学）的な諸問題、動物虐待や動物実験など、いわゆる「アニマル・ライツ」と呼ばれる話題にも触れていく。二つのラインは主題的には本来別である筈なのだが、松井周は強引な力技で両者を縒り合わせてゆく。

動物　いいか！人間は、羨ましいんだよ、動物が。だからいたぶって、注射打って、なぶり殺しにするんだよ。…来るぞ、もうすぐ来るんだよ。新しい時代が。みんなが動物になる。なりたがる。つまんない人間を捨てて、言葉を捨てて、吠えて、鳴いて、じゃれ合う世界が（後略）

こうして『あの人の世界』は、「動物化する／した人間」と「人間に飼い馴らされた動物」、そしてこの二つの相克と通底をめぐる、一種の「寓話」として進んでゆく。松井周／サンプルの芝居には、旗揚げ作品『通過』から一貫して、自らのエゴイズムに自覚的に忠実な人物と、他者のエゴイズムに無自覚に従順な人物とが必ず登場する。しかも相反する両者があっけなく反転可能であるという身も蓋もない真実も、そこでは描かれてきた。

この作品では、このような透徹した松井の「人間」観の前提であり予めの終点でもある「動物」というテーマが前景化され、徹底的に問い直し／問い詰められている。物語の終盤、「ウサギ」と「動物」は身に纏った衣装に対して初めて疑念を漏らす。

ウサギ　もうダメだと思いますよ。
動物　……
ウサギ　目立つし。こんなの着てたら。脱いじゃいましょうよ。
動物　駄目だ。
ウサギ　脱ぎましょうよ。だって、ただの着ぐるみみたいなものでしょう？
動物　皮膚だ。
ウサギ　じゃあ、これは（素肌をさらす）
動物　……
ウサギ　いつまでも生きられない、このままじゃ。そのためには選べないでしょう？　手段は。
動物　俺たち皮が全てだ。中身なんてあると思うな。
ウサギ　まだそんなこと言ってる。ねえ、だってそれ何の皮？　動物さん、自分の皮すら選べてないもん。
そんな寄せ集めじゃただのぼんやりとしたものにしか見えないもん（後略）

この件りを、端的に「動物化するポストモダン」以後の「あの人」の、われわれの「世界」への、松井周によるひとつの返答だと受け取ることは可能だろう。だが、もちろん事はそれほど単純でも簡単でもない。ここには何重ものアイロニーが貫入しており、「着ぐるみ」を脱げばいいというものではない。というか間違いなく真の問題は、さらしたと思った「素肌」も「皮」の一種でしかない、ということなのではないか。「ウサギ」だって

「寄せ集め」の「ただのぼんやりとしたもの」であることに変わりはないのだ。

この差し当たりの結論は絶望的だろうか？　そうかもしれない。いや、それでもしかし、それは「肯定」されねばならないのだ。なぜならば、結局のところ、われわれは、どこまでいっても／いつまでたっても、「人間」でしかあり得ないからである。『あの人の世界』は、松井周という傑出した劇作家・演出家の、「この人（間）（たち）の世界」にかんする現状報告である。そしてこの「報告」は、今後も継続してゆくことだろう。

エスエフ・ヘンタイ・サンプル

「ＳＦと変態」というのが、サンプルから与えられたお題である。これはむつかしい。いささか参った。まず「変態」という言葉を、どう捉えるのかがむつかしい。変態性欲の方か、メタモルフォーゼの方か。どっちもなのか。エスエフにおけるメタモル、変態エスエフ、更にはそれをなんとかサンプルと関連づけなくてはならない（そうしなくとも別によいとは言われているが、出来るならばそうしたい）。なにしろサンプル＝松井周といえば変態である（誤解を招く書き方だが）。うーむ。とりあえず、ここでは「変態」を「常態とは（相当に）変わった／変わりつつあるさま」、「ＳＦ」を「サイエンスもしくはスペキュレーションを土台とするフィクション」と簡単に定義づけておくことにする。

　メタモルフォーゼを描いたＳＦは古典から現代まで山ほどある。変態する生物の話もあれば、ヒトが変態する作品も色々ある。だがおそらく、もっとも人口に膾炙した「変態ＳＦもの」といえば、やはり映画『エイリアン』であろう。Ｈ・Ｒ・ギーガーのデザインによるあのヌトヌトでグチャグチャでネバネバの金属的軟体怪物は、作中、何度も変態を遂げ、そのたびにヤバさを増していく。ヴィジュアル的なショックと（反）美学的な完成度という意味で、この映画を越える変態ＳＦはなかなかないだろう。

　つまりはまず、見た目の変態ぶり、というポイントが挙げられるのだが、その点でいうと、私にとって『エイリアン』と対になるのは、吾妻ひでおである。彼の描く宇宙生物たち、あるいは如何なる理由でかはともかく変態した人間（吾妻ひでお本人を含む）たちは、どれもこれも奇っ怪な造形をしており、如何にもマンガ的な絵柄のせいで騙されがちだけれど、実のところは『エイリアン』にまったく引けを取らないヌトヌトのグチャグチャのネバネバぶりなのである。つまり両者は気色の悪い変態ぶりにおいて拮抗しているのだが、ギーガーと吾妻の絵師としての資質の違いがそうとは感じさせないだけなのだ。そこにあるのは極めてグロテスクなイマジネーション／デフォルマシオンである。そしてそれらはあくまでも視覚的なものである。

ところでここでふと思いついたのは、カフカの「変身」のことだ。「ある朝、グレーゴル・ザムザがなにか気がかりな夢から目をさますと、自分が寝床の中で一匹の巨大な虫に変わっているのを発見した。彼は鎧のように堅い背中を下にして、あおむけに横たわっていた。頭をすこし持ちあげると、アーチのようにふくらんだ褐色の腹が見える。腹の上には横に幾本かの筋がついていて、筋の部分はくぼんでいる。腹のふくらんでいるところにかかっている布団はいまにもずり落ちそうになっていた。たくさんの足が彼の目の前に頼りなげにぴくぴく動いていた。胴体の大きさにくらべて、足はひどく細かった。（高橋義孝訳）」。あまりにも有名な書き出しだが、たとえばこれをヴィジュアル化するとしたらどうだろうか。マンガでも映画でもアニメでもいいのだが、とにかく視覚表現に置き換えるとしたら。

「変身」は何度も映画化／マンガ化もされているが、ここでは実例については触れない。「虫」に変態したザムザを視覚化するにあたって、まず普通に考えられるのは、当然ながら「虫」をヴィジュアライズするというものである。だが、どんな風に？　そこが各々の表現におけるヴィジュアル担当者の腕とセンスの見せ所ということになるだろう。ギーガー方向か、それとも吾妻ひでお方向か。あるいはもっとリアリズムで「虫」を造形するか。いろいろやり方はあるだろうが、はっきりしていることは、美学的であれ反美学的であれ、ヴィジュアルに対する感覚は個人によってまちまちであるので、どんな方向で、いかなる完成度で仕上げようとも、受け取られ方もまた千差万別になるということである。それは『エイリアン』のエイリアンにしたって同じであり、あれを可愛いと思う変態の方だっておそらく居ることだろう。

だからおそらく、カフカの「変身」という物語が放つ、あの言い様の無い不気味さ、不可解さ、やりきれなさ、理由のない悲劇性、つまりはいわゆる「不条理」を、観客なり読者なりの美的な嗜好や耐性の違いの一切を越えて、出来得る限り十全に表現しようと、つまりはもっとも変態的に万人に対して見せようと思うなら、実のところは答えはひとつしかない。それは、一切「変態」的には描かない、ただの「グレーゴル・ザムザ」という人間のまま描く、ということになるのではないか。

それは、どこをどうみても、何の変哲もない男の姿でしかない。にもかかわらず、彼は「虫」になっており、周囲の者も彼を「虫」として扱う。そして実際、彼は「虫」なのだ。だが読者なり観客の目には、彼の姿はヒトのままとしか映らない。これがいちばんおそろしいのではないか。このおそろしさはとても複雑なものである。それはありとあらゆる視覚的な気色悪さ、こわさ、おそろしさを越えた、いわば存在論的な変態性に触れている。

さて、ここで話を少し戻して、「変身」を「ＳＦ」として捉えてみたらどうだろうか。さしあたり「ＳＦ」を、現時点での人類文明が到達しているかどうかは別にして、合理的、科学的な説明が何とか可能なもの、とするならば、朝起きたら自分が「虫」になっていたという不条理の解釈はすぐさま幾つかに分かれる。まずは何者かの手によって一晩の内に「虫」に改造＝変態させられていた、というもの。これは誰によって、何のために、という下位設定によって、更に色々なパターンに分かれるだろう。マッドサイエンティストの狂気の物語にもなれば、地球征服を狙う異星人の陰謀譚にもなり得る。あるいはたとえば、何らかの集団催眠的な作用によって、彼が

「虫」に見えているだけ、というのもあるかもしれない。あるいはまた、すべてが彼の妄想であったのだ、というオチだってあり得る。妄想が無意識のなせる技であるのか、それともそこに何らかの他者やテクノロジー等の関与があったりするのか、ということによっても、ヴァリエーションが生まれてくる。

だが思うに、もっともショッキングなのは、ザムザはもともと「虫」だったのだ、という真相ではないだろうか。彼は最初からずっと「虫」であり、やっと自分がヒトだという長い夢から醒めたのだ。もちろんこちらも同様に、彼が「夢」を見ていたのか／見せられていたのか、というサブカテゴリが生じてはくるわけだが。

こう考えてみると、変態エスエフとしてのカフカ「変身」のアダプテーションの、最高に最悪な可能性とは、ザムザは最初から「虫」だったのであり、しかしその姿は誰の目にもヒトにしか見えない。にもかかわらず、彼はあの物語に描かれていたような、途方もなく酷薄な目に遭ってこの世界から無惨に退場する、ということになるのではないか。少なくとも私には、これがいちばん不気味だし、もっとも後を引くと思う。

以上の話を言い換えてみよう。その1。見た目の「変態」には偏差と限度がある。そこから逃れるためには、最終的には見た目の工夫を全面放棄するのが得策である。つまり、受け手の想像力の内部に、それぞれにとっての強度の「変態」を胚胎させるのだ。その2。サイエンスやテクノロジーは、あっけなく魔術と同義語になってしまう。フィクション上のそれは、原理上、どんなことでも可能だし、いかなることでも説明可能である。であるがゆえに、魔術など、すなわち「ＳＦ」など、実はどこにも働いていなかった、という結末こそが、もっとも衝撃的なものとなる。

このような、いわば理想（?）の「変態エスエフ」は、すでにおわかりだとは思うが、明らかに「演劇＝舞台」に向いている。先ほどの仕方で「変身」を舞台化してみたと考えてみよう。生まれたときから「虫」だった筈のグレーゴル・ザムザは、それにもかかわらず、ある朝、なにか気がかりな夢から目をさますと、自分が寝床の中で一匹の巨大な虫に変わっているのを発見する。そしてそれから、彼におそるべき悲劇が（喜劇が）襲う。しかし彼を演じる者は特殊メイクもかぶり物もまったくしていない。彼はどこをどう見ても、単なる普通の人間でしかない。だが彼は「虫」なのであり、ふと自分が「虫」であることに気づき、「虫」けらのような酷い仕打ちを受け、そして「虫」として死ぬ。この紛れもない、真正の、逃げ場のない「不条理」は、明らかに生身の役者によって、観客の眼前で、現在形の時間の中で演じられることによってこそ、もっとも効果を発揮することだろう。

　ここに至って、どうやらわれわれの「変身＝変態エスエフ」は、かなりサンプルに似てきたのではないだろうか。松井周の創り上げる芝居は、どれを取っても、すこぶる変態的だと言える。しかしそれは視覚的要素とは、ほとんど関係がない。松井が抽出してみせるのは、徹底的に煮詰められ、ドロドロに溶け合わされた、複数の存在論的な変態性である。

　サンプルの作品は、どこをどう見てもリアリズムとは言えないが、だがしかし、あの古き良きアングラ演劇的なケレンとは断絶している。ケレンには必ず仕掛けが、すなわち技術と説明がある。それはいわば古典的なＳＦのようなものだ。たとえ何らかの仕掛けが弄されているような場合であっても、松井周がしているのは、それとは違っている。目の前にいるこのひと、目の前にあるこの世界、目の前と後ろに流れるこの時間、それこそが（それだけが？）変態的でありエスエフ的であるのだということ。

　ザムザはザムザでありヒトであり虫でありわたしである。そんな俄には承服しがたい同一性を、否応なしに納得させられる表現として、サンプルの演劇は存在している。

語ること、語れること、語らぬこと、語れぬこと
——遊園地再生事業団『トータル・リビング1986-2011』

> 「何を」ではなく、「どのように」だ。
> おそらくいちばん大事なのはそのことだ。

宮沢章夫は、この作品の当日パンフレットに記された「ごあいさつ」の末尾近くで、こんな文章を書き付けている。きわめて興味深いのは、それにもかかわらず、遊園地再生事業団の『トータル・リビング 1986−2011』という作品は、宮沢氏のこれまでの演劇のどれにも増して明らかに、「何を」語るのか、という点こそが重要視されているように見えるということだ。

宮沢演劇の例に漏れず、この作品もまた、幾重にもレイヤーが織り込まれた、非常に複雑な造りとなっているが、しかし前作『ジャパニーズ・スリーピング／世界でいちばん眠い場所』や『ニュータウン入口』と較べると、ある種のわかりやすさを纏ってもいると思える。それはまず第一に、タイトルにも含まれる「1986」と「2011」という双つの西暦が否応無しに孕む事実性に因っている。そこでは二つの出来事が共通している。アイドルの自死と、原子力発電所の事故。この演劇の「物語」は、この二つの事柄とふたつの年を掛け合わせるようにしながら進んでいく。それはもちろんややこしいが、しかし同時に、かなりはっきりと語りの定点が押さえら

れてもいる。観客は、これは要するに二十五年前と現在をめぐる話である、という了解のもとに舞台を見つめ続けることができる。いかにも宮沢章夫的と言ってよかろう隠喩の張り巡らしの全部を理解できなくとも（もちろん私もできていない）、この作品が何を語っているか、何を語ろうとしているかという肝心要の核心を見失うことはない。

私はかねてから、演劇作家の宮沢章夫と映画監督の青山真治と小説家の阿部和重には、その主題と話法の処理の仕方において、明確な共通性があると論じてきた。それは、広い意味での「寓話」を語っている、ということである。表面上、物語られているストーリーの背後に、もうひとつの、もう幾つかの、語られざるテーマが存在していて、それはいわばあからさまに隠されているのだが、それ抜きに受容することもできてしまうし、作者自身が表立って語っていないのだから、別にそれでも構わないということにもなる。だがしかし、寓意と隠喩の多重の幕をくぐり抜けて、真の主題へと到達した者だけが、ほんとうの意味で作者の意図を理解したことになるのだ、とでも言うような。

たとえば青山監督の『東京公園』は、皇居をめぐる物語、すなわち「天皇制」がテーマだし、阿部和重『ピストルズ』は、戦後のアメリカと日本との政治的パラドックスを通観する物語である。だが、どちらもそのようには語られていない。そして、このような語り方は、たとえば『ニュータウン入口』が、ラストまで観ていたら、実はパレスチナ問題をめぐる物語であった、というのと似ている。

けれども、青山や阿部に較べると、宮沢章夫はここ一番になると、もっと踏み込んだ語り方をしているのも確かだ。それはもしかしたら世代的な問題かもしれない（そうではないのかもしれない）。だがともかくも、作品の中枢に「直截的に語ることの許されない何ごとか」が横たわっており、それを語ることの不可能性を前提として踏まえながら、いうなれば語れないことによってどうにか語ろうとする、という試みの構えにおいて、三者には明白に通底するスタンスがある。そしてこのことは、そういうことをやっている表現者が、現在の日本では他にあまり見当たらない、という点によって補強されてもいる。

何故、このような「語り方」が要請されてくるのか。この問いへのひとつの答えは、だって「それ」はそもそも隠蔽されているからだ、というものである。真っ向から物語られたり、公然と問題にされることが、何らかの理由で困難あるいは不可能とされてしまっているような主題を扱おうというのだから、ただ単にそれを赤裸々に丸出しにしたからといって、それでは語ったこと／語れたことにはならない、ということである。表象不可能性の問題。だが、ここで話を戻すが、では『トータル・リビング』の場合はというと、ここでの宮沢章夫は、これまでになく直截に、あからさまに語っているように見える。そしてこのことが、この作品を評価する際の最大のポイントになるだろうと、私には思える。

ところで『トータル・リビング』には、二度にわたる前哨戦があった。三月二十七日のワークショップ「春式」のリーディング公演と、八月十四日、十五日の二日間のリーディング公演である。私はどちらにも行った。当然ながら、本公演に至るまでには、さまざまなワーク・イン・プログレスが存在していた。たとえば本公演のクライマックスに相当する、あの印象的な「記述者たち」のパートは、「春式」からすでにやっていた。だが、本番を観るまで、一度も演じられていなかったエピソードがある。それは終盤近く、永井秀樹が演じるフレデリック・ワイズマン好きのドキュメンタリー映画作家が、いささか唐突に、自分が死んでいることに気づかされる場面である。宮沢氏本人に確かめたわけではないが、私はこれは、明らかに、ワークショップ／リーディングの段階では意識的に伏せられていたか、もしくは本番での描き方に、まだ迷いがあったのではないか、と思う。ドキュメンタリー作家は、あの日、新作の取材のために福島の小さな村を訪ねており、あの日あの時間、北の岬の塩屋崎灯台に居て、津波に遭ったのだ。この決定的な事柄は、『トータル・リビング』という二時間半の芝居のラストの直前になって、まるで種明かしであるかのように、やっと明らかにされる。だがしかし、それは、はっきりと語られるのだ。

観劇後、何人かの知人友人たちと感想を話し合った際にも、やはり引っかかりとなっていたのは、とりわけこの場面のことだった。ひとつの受け取り方としては、これではちょっとあまりにもわかりやす過ぎるのではないか、というものがあった。このエピソードの披瀝によって、この長く複雑な演劇の諸要素が、いわばこの一点へと収斂してしまう。だから良いのだという捉え方もあれば、だからつまらない、という人もいるだろう。しかし一方で、ならばこの挿話が存在しなかったか、あるいはここまでストレートに語られていなかったとしたら、この作品から受ける印象は、どのように変わっていただろうか。そして、おそらくは宮沢章夫自身が、ここまで直截的に言ってしまっていいものなのかどうか、少なからぬ躊躇と逡巡があったのではないだろうか。実際のところはわからないが、私なりの考えを述べるなら、これはやはり、悩みに悩んだ末のことではあれ、こうするしかなかったのだと思う。けれども、こうするのには相当な勇気が要っただろうとも思う。だが宮沢章夫は、それを選んだのだ。

「語ることができないこと」と「語ることが許されないこと」は違う。後者は禁忌や自粛の問題になるが（言うまでもなく、その代表的なものが「天皇制」である）、前者はつまるところ、語っても語っても、それに追いつけない、どうしても、語れたことにはならない、ということである。「あの日あの時」そして「あれ以後」という問題は、前者に属する。だからこそ、婉曲に「それについては言い得ない」ということを語ってみせるのではなくて、ただ端的に、真正面から、語ってしまうしかないのだ。そうではないか。無論、それでは語れたことになどならないのは百も承知だ。しかし、そうする以外に「語ることができないこと」に近づく方途はないのだ。

私は、この選択を「勇気」と呼んでいる。この一点によって、この作品に批判的になってしまう視点があり得ることは理解できる。しかし重要なのは、それでも、それが予想できていても、宮沢章夫がそうした、ということなのである。これは作家としての重大な決断であって、ひとつの賭けでさえある。その賭けに宮沢章夫が勝ったのかどうかも、どうでもよい。肝心なことは、そうしなくてもよかったのに、そうしないという選択肢もあったかもしれないのに、自らのフィクションの内側に「津波で死んだ男」を登場させることを選ばざるを得なかった、そのことが意味する宮沢章夫の私的な切実さを、どう受け取るか、ということなのだ。

あの日以後、けっして望んでのことではないが、私は少なからぬ数の「あの日以後の演劇」を観てきた。率直に述べてしまうなら、私はその多くに、さまざまな不満や失望を感じた。何故ならば、そこでの「語ること」のリアリティが、作り手が自分の中で勝手に醸成した「他者」や「社会」からの無意識の強制によるものであるかに映る表現が、あまりにも多かったからである。

言うまでもあるまいが、こうなったからといって、こうなってしまったからといって、そしてこれがいつまで続くのか誰にもわからないからといって、誰もが「あれ以後」について語らなければならないわけではない。そこには義務はない。それでも殊更に語ろうとする者たちの仕草の端々に、芸術をパブリックに無理にでも接続しないではいられない一種の疾しさと、責任を権利と取り違えているような欺瞞の影を私は見出してしまう。

敢えて書いてしまえば、この感じは舞台芸術と美術に多く見られる（それは両者が共に公的助成金とメセナのバックアップによってかろうじて成立している場合が多いという事実と間違いなく関係している）。『トータル・リビング』という作品もまた、この影と完全に無関係ではないだろう。だが、それでも私はこの作品に「勇気」という形容を与えたいと思う。

「どのように」ではなくて「何を」なのだ。おそらくいちばん大事なのはそのことだ。宮沢章夫には、いま、どうしても語りたいことが、語らないでいられないことが、あったのだ。だから彼は、それを語った。私にとって、『トータル・リビング１９８６－２０１１』とは、そういう作品である。

飴屋法水／ロメオ・カステルッチ『宮沢賢治／夢の島から』

本作の成立に至るまでの経緯にかんしては、ここでは触れない。だが、ひとつの前提として、飴屋法水とロメオ・カステルッチの出会いの場でもあった、「フェスティバル／トーキョー09秋」で行なわれた二人の対話から、極めて示唆に富む以下のやりとりを先ずは引いておきたい。

飴屋「演出という立場にいるからかもしれないけれど、観客と舞台上の区別がわからない。それが、正直な感覚。（中略）虚構や現実も私には分からない。だから、舞台上は虚構です、とかそういうものもよく分からない。虚構じゃない現実はないと思うし、皆が舞台を見ているという時点でそれは現実でもないし。逆説かもしれないけれど一方で、舞台上でリアルを感じる、というのも、虚構だと思うし……。」

ロメオ「私にとって、演劇は虚構。しかし、それを越える何かがあるのではと思っている。舞台や芸術を見ていると、丸裸にされていると思う。つまり、虚構ではあるけれども、真実を見つけるための作業だと思っている（後略）」

われわれが普段、何気なく使っている「虚構」と「現実」という言葉＝概念が、生の現実の中で惹き起こされる「上演」という出来事において、ややこしく綯い交ぜになっており、その関係がどこまでも反転しつつ入れ子状に絡み合っていくのが「演劇」の本質だ。一見、微妙に食い違っているようにも思える二人の発言は、それぞれの立場から、このことを語っている。実際のところ、彼らほどに「演劇」の虚実の解き難さを知悉した上で、自らの作品に臨んでいる者は例外的であるとさえ言ってよい。『宮沢賢治／夢の島から』は、そんな二人の「例外性」が、鮮明かつ鮮烈なすがたで露出された舞台であったと思う。

　宮沢賢治を発想の端緒とする、夢の島での野外公演という初期条件は、それだけでもすこぶる刺激的だが、演出家二人がお互いの作品に出演し、ひとりの少年（小山田米呂）をともに劇の中心に据える、という設定によって、二作の連関がより強化されることになった。そして更に、企画段階では誰ひとり予想することが出来なかっただろう新たな主題が、そこに加わった。言うまでもなく「3・11以後」というファクターである。

　もちろん、どちらの作品も直接的に言及しているわけではない。だが、たとえ語ろうとしなくとも、考えないわけにはいかなかったろう。カステルッチと飴屋は常に、ファンタジーとアクチュアリティが否応無しに共存し融合する舞台を創ってきたのだから、夢を見（せ）ていても現《うつつ》を忘れることは（たとえそう望んだとしても）出来はしない。その上で初めて、現《うつつ》に夢を孕ませる難儀が叶うのだということを、二人は痛いほどよくわかっているのだから。

　カステルッチの『わたくしという現象』は、宮沢賢治の「春と修羅・序」を「原作」としている。冒頭を引いてみる。

　　わたくしといふ現象は
　假定された有機交流電燈の

ひとつの青い照明です
（あらゆる透明な幽霊の複合体）
風景やみんなといっしょに
せはしくせはしく明滅しながら
いかにもたしかにともりつづける
因果交流電燈の
ひとつの青い照明です
（ひかりはたもち、その電燈は失はれ）

地面の上に整然と並べられた相当な数の白い椅子たち。少年がただひとり坐っている。観客は場内に入ると大きな白旗を持たされ、舞台の周囲をゆっくりと旋回して歩かされる。私もその中にいたが、本稿執筆のために借りた記録映像であらためて見てみると、あたかも闇の中をぞろぞろと練り歩くわれわれの方が、いつのまにか虚構の存在（透明な幽霊の複合体！）になっていて、少年という唯一の観客に観られているようにも思えてくる。

このあからさまな倒錯こそがカステルッチだ。やがて少年以外の椅子が突如として動きだし、目に見えぬ力で一方向に引き寄せられていく。たくさんの白装束の者たちが視線の向こうからやってきて、厳かな賛美歌が聞こえてくる。青いレーザー光線が放たれる。ふと見ると、遠くで飴屋法水が、緩慢に、だが必死に白旗を振っている。それはまるで、そう、降伏の仕草のようだ。だが、いったい何に対しての「降伏」だというのか？

この問いに拙速に答えてみせる愚は犯すまい。だが、幾つものことを、多くのことを考えざるを得ないのは確かだ。決然とした、悲愴さと勇気に満ちた敗北宣言。賢治の言葉を手がかりに、カステルッチはあくまでも「外に居た／居る者」として、二〇一一年の九月の日本、東京、夢の島で、虚実のキメラとしての「演劇」を「上演」するという「難儀」を引き受けてみせた。いや、それは「上演」というよりも、ほとんど「現象」と呼ぶべきものだったのかもしれない。夢でもなければ信じられないような、だが目の前で現に起きている以上は信じるしかない、驚くべき「超常現象」を出来させることによって「真実を見つける」こと。それこそ、このイタリアの鬼才が一貫してやってきたことなのだから。

飴屋法水の『じ　め　ん』は、ここ数年間、彼が次々と発表してきた「演劇」のなかでも、疑いなく最も複雑で重層的な内容を持った作品だ。だがその複雑さは同時に、一種の冴え冴えとした率直さと単純さに貫かれてもいる。それは何よりもまず題名に端的に示されている。すなわちこれは「じめん」に「(穴)」を掘り開ける、ということをめぐる作品である。

昭和天皇の声がきれぎれに聞こえてくる。それは彼の下で行なわれた戦争が終わった日の放送だ。少年がやってきて、スコップで土を掘り返し始める。「じめんを掘ります……ここは昔、海でした……ここは昔、ゴミ捨て場でした……」。少年は言う。「僕の墓穴を掘ります……」。こどもたちのガムラン・アンサンブルが繊細な響きを奏でる。何処からか「コーネリアス！」と呼ぶ声がする。それは映画『猿の惑星』に出て来る猿の学者の名前であり、少年を演じる小山田米呂の父親のミュージシャンとしての名前でもある。猿のマスクを被った者らが巨大なモノリス（『二〇〇一年宇宙の旅』に出てきた、あの黒い板だ）を運んでくる。

飴屋法水が少年に言う。「ここは二〇一一年、十年前、君はここで生まれました……」。そう、少年は「二〇〇一年」に生まれた。優雅なドレスであたりを散策していた白人女性が話し出す。彼女の名前はキュリー夫人。放射線の最初期の研究者であり、ノーベル賞を二度も受賞している。漆黒の巨大な気球が現れる。その下には透明なオブジェがぶら下がっている。それは投下型爆弾のようにも見える。

飴屋が彼の父親の話をする。電力会社で働き、配電のための鉄塔の設計に携わっていたという。飴屋とカステルッチが日本とイタリアの葬の違いについて意見を交わす。ほとんどが火葬の日本に対して、イタリアでは棺に遺体を入れたまま埋葬する。では棺を開けて亡くなった人と逢いたくはならないのか、と飴屋が訊ねると、カステルッチは二十年間は棺を開けてはいけないことになっているのだと答える。では二十年後には？　開けようとは思いません。でも、逢いたくはならないのですか？

いつのまにか四十年後の「未来」になっている。少年はいつのまにか五十歳だ。飴屋が言う。「いつのまにか僕は五十歳だ」。二〇五一年、夢の島は存在していない。日本という島も存在していない。そこには居ない美術評論家の椹木野衣から飴屋に電話が掛かってくる（だがそれを言うのは飴屋自身だ）。彼は日本がなくなった後、妻子を連れてマレーシアに移住した。時折、戸外で牛の泣き声がしたりすると、もう二度と体験することのない日本の夏を思い出す。突然、飴屋が観客に向かって語りかける。「上を見てください　何が見えますか？　星が見えますか？」。少年がぽつりと口に出す。「ここで目を閉じます。じめんの上に居ます」。そしてモノリスが転倒し、飴屋が下敷きになる……。

目の前で起こったことを漏れや記憶違いを承知で書き連ねてみた。これだけの出来事が、これ以上の出来事が、僅か四十五分程のあいだに矢継ぎ早に起こる。「じめん」とは、「夢の島」であり「東京」であり「日本」であり「いま」であり「ここ」であり「この世」であり「舞台」であり「虚構」であり「現実」である。飴屋法水はありとあらゆる手を尽くして、そのすべてに穴を穿つ。たとえそれを阻む強大なる何ものかが存在するのだとしても、何とかして穴を穿とうとする。

終幕、モノリスに組み伏せられて、彼の姿は視界から消える。それもまた「降伏」の仕草のように見えなくもない。だがカーテンコールが始まると、結局は安全な黒色のマットに過ぎないモノリスは猿たちによって軽々と持ち上げられ、五十歳の銀髪の男はふたたび姿を現して、観客に頭を下げたのだ。

飴屋法水／椹木野衣『グランギニョル未来』

『グランギニョル未来』は、椹木野衣と飴屋法水の原案、椹木の脚本、飴屋の演出／出演によって、二〇一四年八月最後の終末にヨコハマ創造都市センター（ＹＣＣ）で上演された。

いま、週末を終末と誤変換してしまったが、自分でも暫し気づかなかった。だが、この機械と自分の間違いは、至極この作品に似合っているとも思える。端的に述べるなら、この複雑極まりない舞台作品は、ひとりの批評家とひとりの演出家による、われわれの「終末（論）」からの脱却を図る挑戦であったのだと思われるからである。

公演終了後に雑誌「新潮」に掲載された戯曲を繙いてさえ、この作品から筋書きめいたものを取り出すことは容易ではない。全二幕二十三場から構成されているが、時空間は多層に入り組んでおり、にもかかわらず場面ごとの挿話は極度に切り詰められ凝縮され、登場人物たちもまた、飴屋法水は「あめ たに（雨谷）」、山川冬樹は「やま かわ」、笹久保新は「ざざくぼ」、イルマ・オスノは「いるま（入間）」、Ｐｈｅｗは「ふう（風）」等と、それぞれの本名を踏まえながらも、あからさまな寓話／神話的変形を施されている。

物語のひとつの底になっているのは、一九八五年八月十二日に起きた日航ジャンボ機墜落事故である。ボーイング７４７、ＪＡＬ１２３便が群馬県の御巣鷹山に墜落し、五二十名もの死者を出したこの大惨事は、当時、東京グランギニョルを率いていた飴屋法水に、代表作となる『ライチ・光クラブ』を発想させた。それから、入間によって繰り返し喚び起こされる「時は二一二二年一一一」の召喚。百八年後の未来（「未来」という人物も登場する）。そしてもちろん上演の現在時である二〇一四年八月。更に、一度として明示されることはないが、二〇一一年三月十一日に発生した東日本大震災と原発事故が、全編に巨大な影を落としている。秩父（そこは椹木が生まれた土地でもある）、ヨコハマ、そしておそらくはフクシマ……。飴屋と山川、笹久保を中心とする音楽・芸術グループである秩父前衛派、子どもたちが扮するラジウム・ガールズ、飴屋の作品に何度か出演している少年サム・フラー、ホンマタカシ、Ｐｈｅｗ。彼らは、細かいシークエンスで入れ替わり立ち替わり、言葉を発し、叫び、呟き、音楽を奏で、転げ、暴れ、佇み、そして最後に、上昇し、下降する。

戯曲に附された注記によれば、台詞の一部は日航機墜落事故現場から回収されたフライト・レコーダの記録を元にしているそうである。また大本教の教祖、出口なおによるお筆先からの引用もある（「入口」と「出口」という人物も登場する。ちなみに『いりぐちでぐち』は、飴屋と朝吹真理子の共同作品の題名でもある）。それから、椹木にとって一貫して重要な作家であり続けている楳図かずおへの言及がある（少なくとも『漂流教室』と『わたしは真悟』の設定／物語の一部が「引用」されている）。のみならず、ここには他にも私が読み取れなかった無数の参照系が働いているものと思われる。そこに装填された寓意や暗喩や示唆を、完璧に理解することはおそらく不可能だし、作り手もそれを観客に求めているわけではないだろう。だがそれでも、いま自分が見聞きしているものが、この試みのすべてではない、という不安にも近い感覚が、観劇の間じゅう、私を包んでいたことも事実だった。

ここからは感想である。進行する劇を見ながら、私が強く感じていたのは、事前に予期していたよりもはるかに明確な形で、これが「椹木野衣の飴屋法水論」としての舞台になっている、ということだった。仔細は省くが、長く豊かな共闘の歴史を持つ二人ならではの、強い共振と浸透が全体を統べている。周知のように、飴屋法水は、幾つもの大きな転回と変遷を経て来た芸術家だが、この「演劇のすがたをした批評」でもある作品は、ともすれば時期ごとに断絶されて語られがちな飴屋の作風をトータルに論じようという野心を秘めている。そして、この意味において、それは他の誰にも真似出来ない高い達成を見せていると言ってよい。椹木の「飴屋法水論」を自ら演出し出演した飴屋自身もまた、近年はほとんど見せることのなかった表現主義的な演技の質感をリバイバルさせつつ、盟友の「論」に応えてみせた。

その上で敢て一言だけ述べておくならば、これは戯曲を読んで尚更に思ったのだが、YCCというかなり特殊な空間（元銀行の建物であり、古代ローマの建築様式が用いられている）よりも、ごく普通の舞台のある劇場での上演も観てみたかった。戯曲に封じ込められた言葉と動作と情景の多方向的な喚起力が、あのスペースの具体的な諸条件によってフレーミングされてしまっている感があったからである。会場選択に他の可能性があり得たのかどうかはわからないが、むしろオーソドックスなステージで、あの異様な劇が展開していたら、とつい想像してしまった。

冒頭述べておいた、「終末（論）」からの脱却、に戻る。叫びと囁き、歌と反響、佇立と転倒が犇めく二時間は、災厄の記憶と予兆に彩られている。だがしかし、ここに「未来」という語が最初から挿み込まれていたことを忘れてはならない。無論、生半可な希望など微塵もありはしない。だからむしろ、希望の不在を、つまり絶望を、徹底的に見据えることこそが、ただそれだけが、いまや「希望」の二文字に値するのだ。二〇一四年の夏に『グランギニョル未来』を創り上げた二人は、そう言いたいのではないか。

演劇を酷使して運命に対抗する。運命を凝視して演劇を新生する。これは、グランギニョル＝残酷劇という形式の原理でもあるだろう。「21世紀という、それ自体過酷な新世紀（震災、戦乱、疫病）に対応する（椹木）」、「宗教を持たずに生きている自分にとって、生、を、受容していくための、法（飴屋）」。

いまが終末でも未来はある。この過酷な逆説を上演すること。

朗読と上演――古川日出男『ローマ帝国の三島由紀夫』

『ローマ帝国の三島由紀夫』は、古川日出男にとって二作目となる長編戯曲である。一作目は故・蜷川幸雄の委嘱によって書かれた『冬眠する熊に添い寝してごらん』で、二〇一四年初頭に蜷川の演出によってBUNKAMURAシアターコクーンで上演された。つまりそちらは公演を前提とする執筆だったので、実際に舞台になることが決まっていない段階での純然たる戯曲の書き下ろしという意味では、今回が初ということになる。もっとも、すでに多くの機会に本人の口からも触れられているように、古川は高校、大学と自ら演劇活動を行なっており、そこでは旺盛に劇作もしていたということなので、これはあくまでも小説家になって以後の作品歴ということではあるが。

では、古川が戯曲『ローマ帝国の三島由紀夫』を書くに至った経緯とは？　これにはいささか長い説明が必要となる。

私は二〇一七年から二〇一八年にかけて、オーナーの一人として運営に携わっている東京・三鷹のSCOOLというスペースで、古川日出男の朗読イベントのシリーズを企画した。「フルカワヒデオ、戯曲を読む！」というものである。同シリーズは数ヶ月ずつを挟んで都合四回行われた。内容は以下の通りである。

二〇一七年七月二二日　第一回「オスカー・ワイルド『サロメ』を読む！」

二〇一七年十一月二三日　第二回「三島由紀夫『近代能楽集』を読む！」
二九一八年三月二四日　第三回「アルベール・カミュ『カリギュラ』を読む！」
二〇一八年六月三〇日　第四回「三島由紀夫『サド侯爵夫人』を読む！」

それぞれ一日一回限りのイベントだった。周知のように古川の朗読は強烈にパフォーマティヴかつシアトリカルであり、自作朗読のイベントは数多く行なっているが、この企画のポイントは、彼が他者による既存の戯曲を朗読する、ということだった。それも演劇史に残る名作戯曲と呼ばれる作品の中から、古川に個人的に特に好きなもの、出来れば自作へのインスパイアとなり得るものを選んでもらい、それを彼が声に出して読む、という試みである。それぞれの朗読の後には、私が聞き手となって、古川になぜこの戯曲を選んだのか、それは彼にとって如何なる意味を持っているのかを話してもらうトークも行なうことにした。おおよそこのような枠組みだけを決めておいて、あとは古川本人にすべてを任せたのだが、結果としてこのシリーズは、幾つかの点で驚くべきものとなったのだった。

まず第一に、それは単なる「朗読」とはまったく異なるものになっていった。それは文字通りの意味で「上演」だった。第一回の『サロメ』からして、以前から古川のコラボレイターのひとりであるワワフラミンゴ所属の女優、北村恵が古川とともに登場し、ワイルドとは一見無関係な寸劇を行なったかと思えば、古川が朗読を進める間、北村はなぜか覚束ない手つきで（彼女は料理が不得手なようだった。いやあれも演技か？）カツ丼を会場内で作り始め、出来上がった食事を古川が観客の前で食してみせるのがクライマックスという（北村はもちろん朗読にも加わった）謎としか言い様のない舞台が披露されたのである。しかも古川は、薄い文庫本とはいえ『サロメ』を全編読んでしまった。

　だがそれはまだ序の口であったことが回を追うにつれてわかっていった。第二回の『近代能楽集』は、さすがに全編を読むわけにはいかなかったが、その代わりに古川が彼の小説『ミライミライ』のＤＪ産土こと三田村真さながらに『近代能楽集』をリミックスし（「三田村真」は古川の『とても短い長い歳月：THE PORTABLE FURUKAWA』ではフルカワの小説家としての二〇年をリミックスしていた）、と同時に、はっきりと「フルカワヒデオ」による「ミシマユキオ」への対決姿勢が表明されたのだった。古川、北村に加えて、やはり以前からの協力者である画家の近藤恵介が参加し、朗読も行ない、上演時間の間に作品を描き／造り上げた。それは「ミシマ」の依代と呼ばれることになる。二回目にして「戯曲を読む！」は「劇」としての相貌を露わにしつつあった。

　第三回『カリギュラ』では四人目として映像作家の河合宏樹が座組に加わった（彼もまた長年古川のパフォーマンスを撮ってきた人物である）。河合の参加によってリアルタイムでの撮影＝映像の要素が導入され、舞台はますます重層的になった。そしてカミュの戯曲は四人がかりで全編読まれた。上演は二時間を超えたが、冗長さや退屈さは微塵もなかった。私は彼らのことを「劇団フルカワヒデオ」と呼ぶようになっていた。「ミシマの依代」はそこにあり、得体の知れない存在感を放っていた。

　第四回、いちおうの最終回としてふたたび「ミシマ」が召喚された。今度は古川曰く当初から本丸はこれと決めていたという『サド侯爵夫人』である。ここで更にＳＣＯＯＬの店長、土屋光（私の部下でもある）もメンバーとして参加、上演中に食材を買いに近くのスーパーまで出かけて戻るまで河合のカメラが随行して実況するといった斬新な演出（実は録画だったのだが）が導入された。今回調理されたのは親子丼である。もちろん「ミシマの依代」も登場し、これまでの四回はすべてが裏で繋がっていたことが示唆されて「フルカワヒデオ、戯曲を読む！」は大団円を迎えたのだった。

　ありうる誤解のために言い添えておくと、次第に座組が増えていったからといって、メンバーがそれぞれの戯曲において固定された「役柄」を演じたということではない。朗読は配役とは異なる論理によって参加者に分与されていた。基本的には古川が台詞を読み、主に北村がト書きを読む。他の者は随時加わる。ここが重要なポイントなのだが、古川はけっして「演劇」をやったわけではなかった。それはあくまでも「朗読」の「上演」というパラドキシカルな様態に留まっていた。それは間違いなく意図的な制御だった。

　各回のアフタートークにおいて、古川は少しずつ目論みを語っていった。相手取っているのは第一に「三島由紀夫」なのだということ。これらの試みは最終的に古川自身の新作戯曲へと結実するのだということ。しかしそれは古川の「演劇」への帰還（？）を意味するのではなく、彼はどこまでも「小説家」として「劇」に挑むつもりなのだということ。最終回のトークで、彼は私に、これから向こうひと月ほどを掛けて戯曲を書き下ろす、と宣言した。彼はこれまでも常に計画通りに事を運んできた。そして実際、それから二ヶ月後に戯曲『ローマ帝国の三島由紀夫』が「新潮」に発表されたのである。

　経緯は以上である。では『ローマ帝国の三島由紀夫』とはどのような作品なのか？

　一読して私は心中で喝采を送らずにはいられなかった。そこには「戯曲を読む！」で約一年間を掛けて追求されてきた試行群が、驚くべき明晰さと大胆さで一本の「劇」へと昇華されていた。まず特筆すべきことは、この長編戯曲（原稿用紙二一〇枚＝八万四千字ある）が「一幕もの」であったことである。古川はメガロマニアックな（そしてその途方もない誇大妄想的意匠を蜷川幸雄が逐語的にリアライズしてみせた）『冬眠する熊に添い寝してごらん』から一転して、一台の四ドアの車、ほとんどただそれのみを舞台に置き、おもむろに劇を開始する。進行するにつれて、この車への出入りが見事な演劇的装置と化してゆくさまを読者＝未来の観客は目撃することになるだろう。どんな物語であるのかは、題名が端的に示している。登場人物は六人。ユキコ、サンボンギ、マサハル、ヤマノウエ、ヤマノウエ妻、オノ。その列挙に続いてごくシンプルにこうある。

所
地底（イタリア、ローマ）

そう、舞台はローマの地下空間。しかしそこには「川」が流れている。地下水路なのか。いや違う。それは「音」だけの「川」なのだが、しかし「実在」している。ユキコという名前はもちろん、漢字で記されれば由紀子なのだ。名字はむろん三島である。だがその来歴は一筋縄でいかない。ともあれユキコはローマで観光ツアーのコンダクターをしていたのだが、或る日或るとき、バスが穴に墜ちた。乗っていた四十三名は無事助かったが、ひとりだけ、ユキコだけが、消えた。そしてバスを追うように一台の車も消えた。それを運転していたのがサンボンギで、実はここには後でわかる因縁があるのだが、ともかくユキコとサンボンギはそれ以来、ローマの地底にいる。

そこに「先住民」であり「国際政治学者」を自称するマサハルが、それから基本は老夫妻なのだが自在に若くなったり老いたりするヤマノウエとヤマノウエ妻、更に後半になって「亡霊」を自称するオノが次々と現れる。しかもこの劇の中で彼女らはずっとそのままでいるわけではない。そこにやがて『サロメ』の物語が重なってくる。『カリギュラ』の時代も重なってくる。ヤマノウエ夫妻はユキコの両親に変身したりもする。いまがいつなのか、まったくもって判然としなくなっていく。ゆうに二千年以上の時がそこに集約されていく。どのようにして？　悲惨と、悲愴と、悲劇と呼ばれる複数の出来事を接ぎ穂するようにして。

「幕が開いた瞬間が《始まり》ではない」と古川は書きつける。「同様に幕が下りる瞬間が《終わり》ではない」とも。読み終えて私は心中で瞠目しないではいられなかった。もとより古川日出男の小説は時空間を尋常ならざるスケールで跳び回る。それは空間的には地球規模、時間的には人類史に匹敵する。この戯曲で古川は、それと同じことをやってのけている。しかし敢えて舞台を極度にミニマライズした「一幕もの」として。

　それがＳＣＯＯＬという小規模なスペースで行なった実験と繋がっているのかどうかはわからない。しかし「ローマ帝国の三島由紀夫」は、誰に頼まれたわけでもなく、具体的な上演も予定されていない、つまりいまのところはただ読まれるものとして存在しているだけのその戯曲は、だがまさに読まれることによって——そう、あの「川」のように！——その「世界」を立ち上がらせ、読者＝観客それぞれの脳内に敢然と実在し始めるのだ。しかもそれは、あっけなく「現実」へと抜け出てきてしまいそうな予感をも秘めている。

　だからそれまでは、この戯曲は読まれるものとして、出来得るならば朗読されるものとして、声に出して読まれるべきものとして、在る。彼ら、ではなく、私たちによって。

3 — 新しい演劇はどこにあるか?

「演劇2・0」への／からの道程

1.

今年（二〇一〇年）の岸田國士戯曲賞が柴幸男の『わが星』に決まったと聞いたとき、私の脳裏に閃いたのは「ああ、これで一挙に演劇2・0が来ちゃったな」という感慨だった。なんでも「2・0」を付ければいいというものでもないのはもちろんだが、しかし柴の受賞はちょうど五年前、二〇〇五年に岡田利規が『三月の5日間』で岸田賞を貰ったときのインパクトを上回るほどのさまざまな影響を、今後の「演劇」に及ぼしていくのではないかと思うのだ。大袈裟ぶって言うのではなく、それはある意味では『わが星』という作品の評価や、柴幸男という劇作家・演出家の才能といった個のレベルを超えた、ほとんど歴史上の結節点とも呼ばれ得るような重大な出来事でないかとさえ思われる。

よく知られているように、岡田利規とチェルフィッチュが『三月の5日間』で打ち出したスタイルは、平田オリザのいわゆる「現代口語演劇」の過激なアップデートというような意味で「超口語演劇」などと称された。奇しくも平田が『東京ノート』で岸田賞を受賞したのは岡田の受賞のちょうど十年前の一九九五年のことである。岡田が平田から受け継いで独自に発展させた演劇的思考＝試行は多々あり、この場で詳細に述べることは出来ないが、そのひとつを挙げるならば、「台詞」をリアルな「口語」へ過剰に漸近させてゆくことによって、従来の「演劇」において観客が「物語」と「演技」を相関させるための一種のブラックボックス的な機能を果たしてきた「心理」を、いまいちど批判の俎上にあげるということがあったと思う。
「演劇」に限らず、われわれは通常、何らかの「虚構」を鑑賞する際に、そこに現実には存在していない「心理」を多かれ少なかれ推察している。そこに泣いている人物が居れば、演じている役者がほんとうはまったく悲しくなどないことは百も承知でありながら、観客はその涙に感情移入するし、その涙の理由や意味を考えてしまう。そうすることによって「物語」が成立する。つまり「演技」とは、そこには無い「心理」を観客の脳内に立ち上がらせるための装置であり、それに成功した場合に「演技」としての高い評価を与えられる。「登場人物＝役柄」への同一化、そして共感は、もっぱら「心理」的な納得を軸足に行われる。

　だが、このとき「演技者」と「観客」のあいだで受け渡しされているとされる「心理」は、実はブラックボックスでしかない。「演劇（虚構）」における「心理」の「納得」とは、あえて言うなら共犯的な「錯覚」の別名である。平田オリザは、この「錯覚」ということを明確に認めた上で、いわゆる「真に迫っている（がゆえに心理的に納得する）」というのとはまるで異なった、新たな意味でのリアルな「演技」を自覚的に構築しようとし、そしてそのような、いわば非＝「心理」的な「演技」によって紡がれる「新しい演劇の物語」を提示してみせた。

　そしてそのベクトルを、岡田利規は、平田よりも更に若い世代の「リアル（な口語）」へとラディカルにトランスフォームしたわけである。『三月の5日間』から、最新作『わたしたちは無傷な別人であるのか？』へと至るチェルフィッチュの歩みは、平田によって分断された「演技」―「心理」―「物語」という連結の再検討・再考であり、ある意味では再結線でもあると言える。平田は「ブラックボックス」としての「心理」を、あくまでも機械的／技術的に操作することを志向してきたが（これは「ロボット演劇」にまで繋がる）、岡田は平田理論を踏まえつつも、（それでも）なぜ人は「心理」を必要とするのか、そもそもいったい「心理」とは何なのか、という根源的な問いに拘泥しているようにも見える。それはそのまま「演劇」とは、「物語」とは、「虚構」とは、そもそもいったい何であるのか、という問いでもあるだろう。

平田オリザから岡田利規へと連なる問題意識とは、ひとつには「演劇」の「心理主義」への挑戦である。そして「心理」を問い直すことは「演劇」を問い直すこととイコールになる。このようなラディカリズムは、スタイルや方法論の違いこそあれ、チェルフィッチュに限らず、いわゆる「ゼロ年代」の半ば頃から相前後して登場して来た、前田司郎の五反田団や岩井秀人のハイバイ、松井周のサンプル、多田淳之介の東京デスロック、三浦基の地点、中野成樹＋フランケンズ、タニノクロウの庭劇団ペニノ、関美能留の三条会、等々も、多かれ少なかれ持ち合わせていると思える。また、更に若い世代に属する、多くの意味で「ポスト・チェルフィッチュ（それはすなわち「ポスト・ポスト・青年団」でもある）」とでもいうべき、神里雄大の岡崎藝術座や、快快（ex小指値）、そして柴幸男のtoiやままごと等にも、それは脈々と受け継がれている。

繰り返すが、この流れに共通しているのは、「演劇」のドラマツルギーや感動を長らく底支えしてきた「心理」の無根拠さを潔く認め、その前提を疑うところから（再）出発しながら、なおかつそれでも「演劇」を信じようとする姿勢である。たとえばそれは、演技することへの違和感＝恥ずかしさの露呈や、演技の位相の多元化、発話の極端な異化、発話と身体の分離であるとか、プロットの遊戯性／ゲーム性の過度の強調、エピソードの断片＝破片化、メタメタ（…）演劇、等々といった、きわめて多様な形を採っている。それらは、ともすればこれみよがしな（そして必ずしも成功とも有意義とも思われないような）形式上の実験であるかにも映り、それゆえの批判もあったりするのだが、がしかし、それは古き良き「心理主義」をいったんカッコに括っても「演劇＝物語＝虚構」は成り立つのか、という果敢で真摯な取り組みだったのだ。

平田オリザが切り拓き、岡田利規が加速させた、以上のごとき「反・心理」の系譜は、疑いようもなく、いま現在の「演劇」のシーンにおいて、非常に大きなプレゼンスを誇っている。だが、その一方で、当然のことながら、逆に「心理」への「疑い」の方をカッコに括る、というラインも存在している。言い換えればそれは、平田―岡田のベクトルがもっぱら問題にしてきた「演技すること」そして「物語ること」の無根拠性については、ほぼそのままおおらかに受け入れておいた上で、むしろ「物語られていること」を、そしてそこに仮構されている「心理」の方の中身を、深く掘り下げてゆこうとするベクトルである。その代表的な担い手は、たとえば本谷有希子であり三浦大輔ということになるだろう。

いうなれば平田オリザに対して松尾スズキから流れ出すような系譜だが、一般的な認知度や集客という面からすると、こちらの方が「反・心理派」よりもはるかにメジャーであることは言うまでもない。もちろん、たとえば三浦大輔の演出には平田オリザからの種々の影響（同時多発会話など）も伺えるが、ポツドールがドキュメンタリー仕立てや無言劇といった過激な試みを経た末に、人間たちの欲望のドス黒さやしょうもなさをつぶさに描く伝統的とも思えるスタイルに回帰した際に、あるいは本谷有希子が、公演規模と人気を高めながらも、終始一貫して、肥大化し堂々巡りを繰り返す「自意識」との格闘、より精確に述べるなら「自意識との格闘」にどうしようもなく囚われてしまうさまに拘泥し続けるにあたり、とりあえず「物語」を育む「心理」をアリにしておくことを選んだのは（それは「疑い」が存在しないということではなくて、おそらくは選択の問題である）、何よりも松尾と大人計画の成功が、いうなれば「負のエンターテインメント」とでもいうべき、通常は皆が見ないで済まそうとしているような、人間の心が抱え持つ諸々のネガティヴ・ファクターを真正面からテーマに選んでも、悪い意味での「文学」にはならないで（しかしそれらは同時にすぐれて「文学」的でもある）大衆性を獲得し得るという格好の先例としてあったからだと思われる。

三浦が作・演出し松尾が出演した『裏切りの街』にせよ、「劇団、本谷有希子」の『甘え』にせよ、題材や物語だけを取るならば、浮気がバレるだけの話を三時間に渡ってお送りする作品であったり、罪悪感に縛られた娘が反作用的に暴走する物語であったりと、こう言ってよければ「物語られていること」は往々にして卑俗かつ歪なのだが、にもかかわらず、結果としてはどちらも小劇場のスケールを超えた人気を博している。それは何よりもまず、三浦や本谷が自らが選んだテーマを構成する「心理」に、ほとんど偏執狂的なまでに徹底的にこだわってみせているからに他ならない。作劇にも演出にも如実に反映されている、この「こだわり」がもたらす豊かさと面白さは、ともすれば「反・心理」の側の「演劇」が、「物語られていること」すなわちテーマの次元ではいくぶん表層的に見えてしまうことがあるのとは対照的だと言える。

「心理」に（そして「物語」に）疑義を呈するか、それらをとりあえず信じてみせるか、大摑みで捉えれば、「ゼロ年代」以降の「演劇」の状況は、この古くからある二つのラインを、ソリッドに際立たせてゆくプロセスの線上に位置していると考えられる。もちろん、両極は完全に対立しているわけではなく、そこかしこで互いに入り交じっているし、どちらかに極端に偏ることなく、「心理」へのカッコを場合に応じて閉じたり外したりしながら、「心理派」と「反心理派」のあいだで、ウェルメイドな作品をコンスタントに発表している者らも多い。

さて、ここでようやくはじめの話題に戻るのだが、柴幸男『わが星』の岸田賞受賞は、このような見取り図に大胆な変更を迫るほどの「事件」であったとさえ思える。台詞とラップが渾然一体となり、最初から最後まで音楽（トラック）が流れ通しの『わが星』は、toi時代から柴が試みてきた『あゆみ』や『反復かつ連続』といった「形式（構造）＝演劇＝作品」の発展形だと言える。柴の作品には「心理」も「物語」もある。『わが星』に涙した観客は多いことだろう（私もそのひとり）。だが、その「心理」や「物語」は、平田オリザや岡田利規が撃とうとしているものとも、三浦大輔や本谷有希子がアリにしているものとも、おそらくはまったく異なっている。

柴がやろうとしていることは、ちょうど『わが星』の音楽を担当した三浦康嗣（□□□）がミュージシャンとして行なっているのと同じく、一言でいうならば「プログラミング」である。これはコンピュータのプログラムという意味ではなくて、もっと広い意味での「初期条件とルールの設定」と「演算」ということである。そこにはあらかじめ「心理」も「物語」も、通常の意味では存在していないのだが、しかし「プログラム」を走らせると（そしてそれが上手くゆくと）それらが見事に生成される。肝心なことは、それは従来の「観客」の感情操作としてのテクニカルな作劇術・演出術とは決定的に違うものであり、そしてまた同時に、そこに現出する感覚が、ベタな言い方をするなら「ゼロ年代」と「それ以後」に漂う空気と、驚くほどにマッチしているということなのである。

柴幸男の登場によって、「演劇」は（肯定的であれ否定的であれ）「心理」と「物語」を扱う時代から、「プログラミング」の時代へと一気にアップデートされた。そしてきわめて興味深いことは、そんな柴が、世代的にもキャリア的にも彼に先行する何人もの劇作家を飛び越えて、いきなり岸田賞を与えられてしまったという事実である。幾らなんでも、もう少し時間がかかると思っていたのだ。だがとにもかくにも、時計の針は著しく進められてしまった。

「演劇2・0」とは、ざっと以上のごとき事態を指している。今後どうなってゆくのかはわからないが、すでにより若い劇団からは「ままごと以後」の「プログラミング派」とでも呼ぶべき動きが出てきているように思える。これに対して、先行世代のレスポンスや変化も当然起こってくることだろう。個人的には、ますます百花繚乱の様相を呈してゆくことを期待している。

2.

「1.」の文章でも断っておいたことだが、私はなにもなんでもかんでも「Ver.2・0」とかつければ何かを言ったことになるとか、盛り上がるとか思っているわけではない。端的に『わが星』が他の候補作よりも戯曲として優れていると選考委員が判断したから、受賞したということに過ぎないのであって、そこから何らかの徴候を殊更に読み取ろうとするのは愚の骨頂であり批評の横暴である、という観方も存在するだろう。たまたまいま、この文章を書いているのは第五十五回岸田國士戯曲賞の選考会当日であり、あと数時間後には今回の受賞者が決まっている筈なのだが（だが私はそれ以前にこれを書き上げてしまうつもりでいる）、もちろん『わが星』と何らか相通じるようなタイプの作品が賞を獲るだろうなどと確信しているわけでもない。だがしかし、多少の時間が経過した現在もなお、私は先に提示したような考えを変更すべきとも撤回したいとも思ってはいない。やはり「演劇Ver.2・0」は刻々と進行中だと思うからだ。

「心理」と「物語」を生成する「プログラミング」が鮮やかに成功するということは、実のところ、私たちの思考や感情自体が、一種の「プログラム」の作動のようなものとして働いている、ということでもある。これは脳科学の次元でなくとも、もっと素朴な心理学や行動経済学的な知見においても確認できることである。つまり私たちが『わが星』に感動し涙するのは、徹頭徹尾アルゴリズム的な、言い換えるとベタなことなのだが、私が言いたいことは、それで何がいけない？ということなのだ。私だって初演を観てビショビショに泣いたのだ。

私がこの、きわめて「プログラミング」的な、柴幸男が体現する「演劇Ver.２.０」を好ましく頼もしく思うのは、それがもうひとつの、そしてこちらこそ忌むべきベタ＝「共感」という装置に敢然と背を向けているように見えるからに他ならない。あらゆるフィクションにとって「共感」こそはもっとも安易な詐術である。柴幸男がやろうとしていることは、人間の感動を「ねえ君もそう思うでしょ」と「思わず知らずそう思ってしまう」とに分けて、前者に逃げることなく、後者を如何にコントローラブルに実現してゆくか、ということだと思う。そしてこれは、結構むつかしいことなのである。

『わが星』は、柴幸男のプログラムが奇跡的なレベルで完璧に作動した、すこぶる感動的な作品である。

3.

ＳＦ的要素を取り入れた演劇というと、とりあえず大メジャー（野田秀樹とか松尾スズキとか）を差し置けば、たとえば前川知大が主宰するイキウメであるとか、上田誠が主宰するヨーロッパ企画といった名前が挙げられるだろう。ゼロ年代以降に登場した演劇人の多くは、そのひとつ前の世代にあたる九〇年代を代表する平田オリザ、宮沢章夫、岩松了など「静かな演劇」と呼ばれた劇作家・演出家たちに比して、格段にサブカルチャーとの親和性が高い（これは直前のディケイドに対する一種の揺り戻しとも考えられる）。彼らが好んで導入するさまざまなガジェット、アイテムのひとつとして「ＳＦ」もある、ということなのかもしれない。ＳＦをジャンルというよりもプロットの雛形や舞台設定のパターンのことだと捉えるなら、それは演劇の（演劇に限らずとも）ナラティヴに新鮮味を与えるために有効な刺激剤のひとつである。

しかしここではもうすこし偏った話をしてみたい。かつて「セカイ系」というキーワードがあった。いまでもある。この言葉の定義と用法はやや錯綜しているが（錯綜させている人達がいる）、とりあえず東浩紀責任編集『美少女ゲームの臨界点』の編集部作成の注にある説明を引いておくならば、「セカイ系」とは、

「主人公（ぼく）とヒロイン（きみ）を中心とした小さな関係性（「きみとぼく」）の問題が、具体的な中間項を挟むことなく、「世界の危機」「この世の終わり」などといった抽象的な大問題に直結する作品群」

のことである。筆者は、セカイ系的想像力は、そう呼ばれている作品群だけではなく、ゼロ年代の表現のほぼ全般に見出されると思っている（セカイ系への批判でさえセカイ系の一種である）。そしてそのこと自体は良い事でも悪い事でもない。いや、良いセカイ系と悪いセカイ系があるとでも言ったらいいか。そして「良いセカイ系」であり、かつ「ＳＦ」でもある最近の「演劇」の傑作として、柴幸男の作・演出による『わが星』を挙げることができる。

柴幸男は一九八二年生まれ。二〇〇九年秋に初演された『わが星』は自らの劇団ままごとを立ち上げての第一回公演であり（その前にtoiでの作・演出歴がある）、この作品によって第五十四回岸田國士戯曲賞を受賞した。以前から柴は『あゆみ』『反復かつ連続』などといった短篇劇において、厳密な形式的ルールによって「時間」を巧みに操作するゲーム的な志向を示していたが、『わが星』はいわばその集大成とも言える作品となっている。全編、□□□（クチロロ）のフロントマン三浦康嗣の手になる、時報のカウントをベースとするポップでグルーヴィーな音楽（□□□のアルバム『everyday is a symphony』収録曲が元になっている）が流れ、役者たちはそれに合

わせてラップさながらにリズミカルに台詞を言う。ダンスの要素も入ったこの芝居は、きわめてユニークな一種のミュージカルである。

だが興味深いのは方法論もさることながら、そこで物語られるストーリーである。この作品は、ちぃちゃんと呼ばれる少女と、その家族、父、母、祖母、姉の物語である。ちぃちゃんには月ちゃんという友だちができて、ふたりの人生が、なんとその終焉まで矢継ぎ早の寸劇で描かれたりもするのだが、実をいうと、それは同時に地球（ちきゅう）と月のことでもあるのだ。つまり『わが星』は、ある平凡な人々の話と、ある惑星の存亡の話とが、終始重なり合ったまま進行してゆくのである。極大スケールのダブルミーニングであり、そしてこれこそ究極のセカイ系である。どことも知れぬ時空間で、ちぃちゃんの一生をずっと見守っている先生と生徒がいる。生徒はやがて、すでにその命を終えてしまったかもしれない「ちぃちゃん＝地球」に一目会おうと、光の速さを超えて旅立つ……。

『わが星』はおそらく、演劇史上もっともスケールの大きな作品である。そして同時に、とりたててドラマチックなことが起きるわけでもない、ささやかな作品でもある。地球の存亡を描いたSFにして、何でもない日常を肯定するウェルメイドストーリー。先生の台詞の中に「スイングバイ」という言葉が出てくる。これは「天体の万有引力を利用して宇宙機の運動方向を変更する技術」（ウィキペディアの解説より）のことである。そして柴幸男とままごとの『わが星』に続く作品は、まさに『スイングバイ』という題名だった。この舞台では、或る会社の命運が、人類の進化の歴史に丸ごと重ね合わされる。社内のエレベーターが、タイムマシンのように機能するという趣向が面白い。柴幸男はここでも徹底したダブルミーニングを貫くことで、セカイ系的想像力のもっとも好ましい形での発現を示していた。

　柴幸男と同世代には、他にも注目されている演劇人が数多くいる。彼らはあの「酒鬼薔薇聖斗」とおない年であることから、二〇〇九年春に「キレなかった14才♥りたーんず」という総タイトルでの演劇祭を催した。参加したのは、篠田千明（快快）、神里雄大（岡崎藝術座）、白神ももこ（モモンガ・コンプレックス）、柴幸男、杉原邦生（KUNIO）、中屋敷法仁（柿喰う客）の六名（中屋敷を除く五名が一九八二年生まれ、中屋敷のみ八四年生まれ）。また、同企画には参加していなくとも、この世代の近辺には才能ある劇作家演出家が多い。彼らの作風は当然のことながらヴァラエティに富んでおり、年齢が近いからといって一括りに出来るものではないが、おそらく幾つかの共通点を見出すことは可能である。たとえばそれは、ジャンル／スタイルの混交であり（彼らの作品はしばしば「演劇」や「ダンス」と他ジャンルのキメラの様相を示す）、語りの断片化への志向であり、既存のドラマツルギーへの懐疑であり、そして一種の集団性の強調である。もちろん、それぞれの団体やキャストには、そのひと自身に固有の魅力によって人気を博している者も居るが、どちらかといえば、誰かが突出した存在感によって舞台を牽引するというよりは、広い意味でのチームプレイが重視される傾向が強い。或いは作品の基本構造自体が、既にしてキャラクター依存とは逆立している場合が多いように思える。

　ここにはおそらく、彼らに先行する、たとえばチェルフィッチュの岡田利規の、更にその前の世代を代表する青年団の平田オリザの、いわば「アンチ・キャラクター」的なスタンスからの影響が伺える。平田も岡田も、役者が彼もしくは彼女独自の魅力によって際立った存在感を誇示することをよしとしない。彼らにとって俳優とは、自らの作品を構成するための、代替可能なピースに過ぎない（誤解を招く書き方かもしれないが、これはだからといって平田や岡田の役者軽視を意味するわけではない）。言い換えるならば、彼らは特定の「誰か」に頼る、すなわち「その人間がその人間である」という自同律を作劇や演出の前提条件に置くということをしようとしないのだ。

そしてそれは「キレなかった14才」の世代になってくると、見方によってはよりプリミティヴでナイーヴな、ある種の牧歌的な集団創作の形態を取ったりもする（たとえば快快はその好例だろう）。

しかしここで重要なことは、単にクリエーションの仕方の違いではない。通常「演劇」とは、「誰か＝役者」が「誰か＝役柄」を演じる、という形式を取る。岡田利規はチェルフィッチュにおいて「役者」と「役柄」を切り離し、交換可能にした。しかしこのとき、従来の「演劇」には存在していた権能を剝ぎ取られているのは「役者」だけではない。「役柄」つまり「物語の登場人物」も同様に、その根拠を揺るがされているのだ。『三月の5日間』『フリータイム』『私たちは無傷な別人である』『ゾウガメのソニックライフ』と連なるチェルフィッチュの実験が過激なのは、それが「誰かの物語」であることを拒絶し、いうなれば「他の誰でもあり得る誰か（たち）の物語」になっているからである。

「キャラ性」は、実在の人物にも虚構の存在にも付与され得る。しかし岡田はその両方を退けており、それは「キレなかった14才」の、たとえば『リズム三兄妹』『古いクーラー』『街などない』の岡崎藝術座における神里雄大の試みにも、かなり屈折した形ではあるが、はっきりと受け継がれている。神里の作風を一言で述べるのは非常に難儀だが、『古いクーラー』での、役者たちがただ順番に出てきては「古いクーラー＝役割を終え（させられてしまっ）た存在」としての自分の話をエキセントリックに延々と語る、という極端な趣向などは、一見するとまさに「キャラ」に頼っているかに見えながら、実は舞台上に居る誰もが「他の誰でもあり得る誰か」でしかあり得ないという冷徹な原理を劇の内側でも外側でも貫徹することで、数多の「特定の誰かが特定の誰かを演じる」という「演劇」の常識に対するクリティカルな異議申し立てになっている。

さて、ここでいきなり伊藤計劃の話になるのだが、筆者が、彼が遺した幾つかの作品が、これほどまでに多くの読者を得ている状況に対して、もちろんおおいに喜びつつも、どこか不思議な気がしているのは、彼の小説には、いわゆる「キャラ性」と呼べる要素が、明らかに意識的に欠落していると思えるからである。『虐殺器官』にも『ハーモニー』にも、巷で人気のフィクションでは猛威をふるっているキャラクタライゼーション（＝キャラ立て）が、ほとんど感じられない。いや、クラヴィスや霧慧トァンに存在感が乏しいというのではない。彼や彼女の苦悩と、そのギリギリから発される言動は、読者に強い感銘と深い余韻を与える。だがしかし、そこに刻印されているのは、やはり「キャラ」とは異なるものであるというのが、筆者の認識なのだ。

伊藤計劃が行なった事とは、「この世界」に対する切実でリアルな視線を出発点として、アナライズとスペキュレーションを緻密かつ大胆に展開してゆくことで、ひとつの「ありうるかもしれない世界」を創出すること、そして、その「世界」に「誰か」を埋め込み、その「誰か」の「物語」を語ること、だったのだと思う。「世界」は自ら語り出すことは不可能だから、彼は「誰か」に語らせることを選んだのだ。彼が創り出した「世界」は途方もなく酷薄で非情なものだった。その酷薄さと非情さを物語る役割を背負わされた「誰か」は、したがって、自分がこの「世界」の、この「物語」の登場人物であるということそのものを、運命として受け止めることになる。

「キャラ」とは個別性の徴である。それを強調したり立たせたりするということは、誰かを「他ならぬこの者」として選別することである。それを伊藤計劃は退けた。なぜならば、「誰か」が、この「世界」に在るということが悲劇なのではなく、それ以前に、この「世界」が在るということが悲劇なのだからだ。だからそれは「他の誰でもあり得た誰か」によって物語られるのでなければならない。この点において、伊藤計劃は疑いなく、おそろしく倫理的な作家だった。彼は自ら設定した舞台上で「キャラ」を転がすことも、そうすることで読者が安易なレベルで登場人物に共感・同一化することも、厳しく拒否した。そして、そのことによってこそ、他ならぬ「この世界」の痛みを抉り出してみせたのだった。

私は、無理矢理に伊藤計劃と演劇の話題を繋げようとしているわけではない。だが、とりわけゼロ年代以降に急速に各ジャンルに蔓延した「キャラクター性」に、意識的にか無意識的にか背を向けた、或る「他の誰でもあり得た誰か」による「物語」という一点にかんしては、紛れもない共通項があると思える。なぜならば、このような要素は、筆者の知る限り他のジャンルでは、ほぼまったくといっていいほど見当たらないからである。

そしてここに、『わが星』について述べた「良いセカイ系的想像力」を組み合わせてみれば、もしかすると「ゼロ年代」以後の現在（テン年代）における、数少ない貴重なオルタナティヴな表現の可能性がほの見えてくるようにも思われるのだが、もはやこの先に踏み込むだけのスペースは残されていない。

岡崎藝術座『隣人ジミーの不在』

私が最初に観た岡崎藝術座（以下岡崎）は『リズム三兄妹』（二〇〇八）だった。続いて『ヘアカットさん』（二〇〇九）、それから『古いクーラー』（二〇一〇）、それから『街などない』（二〇一一）、それから『レッドと黒の膨張する半球体』（二〇一一）、それから『アンティゴネ／寝盗られ宗介』（二〇一二）と欠かさず観てきて（再演は除く）、今度の『隣人ジミーの不在』で数えてみたら七本目であった。それ以外に神里雄大（以下神里）個人名義やコラボレーションでの作品などもある。それらも大方観ていると思う。だが、これまで纏まった文章を書いてみたことはなかった。どうしてかというと、岡崎について書くのはむつかしいからである。

神里の舞台は変わってるとよく言われるらしい。それは誉め言葉の場合もあれば貶しであることもある。私は彼の作品が「変わってる」とは思わないが、なぜ「変わってる」と言われるのかはわかる。それはひとつには相対的な評価であって、確かに岡崎は同世代／同時代の他のいわゆる小劇場演劇とはまったくと言っていいくらい似ていない。もちろん先行者からの何らかの影響を感じさせるところもあるにはあるが（たとえばチェルフィッチュ）、その影響のされ方がまた他と全然似ていないのである。一言でいえば際立っている。だがその際立ち方もユニークなのだ。

それともうひとつ、岡崎が「変わってる」と言われがちな理由として考えられるのは、他者や他作との比較の問題とはまた別に、たぶん劇というか話というか語りのあり方として、最終的に、結局何を言いたいのかよくわからない、ということがあったりするのではないかと思う。部分部分では面白がれるのだけれど、全体としてはどうもわからない。しかも、わからないという印象が、失敗とか未熟によるものではなくて、明らかに狙ってのことであるようにも思われてくるので、尚更わからなくなってしまう、といった具合。私はこのような「変わってる」「わからない」という感想を、無理のないことだとも思うと同時に、本当はそうではない、むしろ全然違う、とも考えている。なのでこの小文では、そのことを書いてみる。

『隣人ジミーの不在』には役者は三人しか出てこない。「山尾」と「海子」は夫婦で、夫は念願叶って妊娠した若い妻の浮気を疑っている。というか妻のお腹の子が自分の種ではないのではないかと半ば信じている。「海子」はそれは貴方の妄想だと取り合おうとしないが、「山尾」は妻の社交ダンスのパートナーがその相手だと思い込んでいる。開幕ひとしきり夫婦の言い争いがあって、場面はダンスの発表会となる。審査員の「雨永」が講評として延々と「女性に対する男性の態度」について述べ立て、それから「海子」を呼びつけて、意味深な会話を交わす。「海子」は自分の母親の不倫について告白する。母の「倫子」の浮気相手は近所の居酒屋「鶏部族」の店主「火藤」だ。「海子」は「鶏部族」に行き、評判の鶏料理に舌鼓を打ち、思いがけぬ「火藤」の魅力に陶然となり……

さて時は流れてすでに子供は生まれている。「山尾」は「海子」を激しく糾弾している。「いったいあの子供はなんだ」と。「おまえ黒人としただろう」と。妻は否定する。唐突に彼女は「言ってなかったけど、私の先祖、オイディプスなんだよ」と告げる。「山尾」は自らの境遇を訴えようと「いのちの電話」の「川人」に会うことにする。「山尾」は「川人」にテーブル上の物を使って状況を説明しようとするが、なかなか要領を得ない。唐突に「川人」が「海子」の浮気相手を「ジミー」と呼ぶと、山尾は「その名前はまずい」と言う。「川人」は子供を「クロマティ」と呼んで、その行く末を想像する。肌の色とかのせいで居づらいなら他の国に行けばいい。ソウルあたりに行けばいい。ソウルで会った日系の女とベッドインした「クロマティ」は七色に光り出す。ここで休憩。

　第二幕になると。どうもかなりの時間が流れているようだ。場所は沖縄である。なぜか顔にペイントを施している「山尾」は路上で「河本」という男に声を掛けられ、競馬に誘われる。馬主だというが怪しげな「河本」は「大アジア連合」とか「ソウルのクロマティオ正教会」とか「山尾」にとっては謎のタームを口にする。そこに待ち人の「宮里」が現れる。彼女は保険調査員で、iPhoneをひったくられた「山尾」の案件の聞き取りをしたいと言う。話をする喫茶店に着くまでやたら延々と歩かされる。「宮里」は「山尾」に事の次第をむやみとしつこく詳細に聞きただす。その店はやけに外国人が多い。「宮里」は「海子」そっくりだ。「山尾」は唐突に彼女に「今度こそおれたちの子どもを作ろう」という。「宮里」は答えない。そこに店内イベントが始まる。落語家「平服亭吊る弁」が登場し、一席やる。客のほとんどが外国人だ。落語が終わる。みんないなくなって「山尾」だけが舞台に残される。とまあ、ざっとこれが『隣人ジミーの不在』という舞台である。

　故意にあらすじ風に記してみたが、これではこの作品の少なくとも五十％以上を占めていると思われる「演技」の相が全然見えてこない。「山尾」を演じる山縣太一、「海子」「宮里」を演じる稲継美保、「雨永」「川人」「河本」「平服亭吊る弁」を演じる武谷公雄、いずれも驚嘆すべき技量と度量を見せつけてくれ、三人が三人とも絶対に他の役者とは交換不可能だと確信させる。たぶん一種の当て書きなのだろう（或いは逆行的に「当て書き」になってしまっている）。三人のパフォーマンスを観ているだけでも、この舞台は十二分に成立している。

　もとより岡崎の武器のひとつが、強調を超えた過剰、異化を超えた異常、諧謔を超えた逸脱を特徴とする「演出／演技」であることは言を俟たない。だがそれは観る／見るしかないものだし、見れば／観ればわかることだ。なのでそれはそれとして、以上のごとき筋というか設定というか物語が、いったい何なのか、ということを考えてみるべきだろう。それはつまり「隣人」と「ジミー」と「不在」とは何か、を問うことでもある。

ここで、最初に述べた岡崎の「わからなさ」という問題に触れておかねばならない。なにゆえに神里の芝居は、しばしば「何を言いたいのかよくわからない」とされるのか。私は彼にはむしろ「言いたいことがちゃんとある」と思う。敢えてテーマとかメッセージという言葉を用いるなら、神里／岡崎は同時代／同世代の演劇において相対的に見てもテーマ性メッセージ性を強く含有している。それはいまから思えば『リズム三兄妹』の頃からそうだったのだ。誤解を畏れずに言えば、岡崎の作品はきわめて政治的な演劇、社会的コミットメントを内在させた舞台芸術である。

だがそれは多分に、というかすべてが、神里という個人の実感のようなものから出発している。それはちょっとした違和感であったり、ちょっとしてない大きな疑いであったりもするだろう。たとえば労働とか雇用とか機会をめぐる問題系がある。或いは「日本」と「日本の外」をめぐる問題系がある。神里自らのアイデンティティの問題と「アイデンティティという問題」がある。それらのモチーフは繰り返し繰り返し岡崎の舞台に潜在している。

だがしかし、それをそのまま「わかりやすく」描くことが、神里には出来ない（したくない）。その理由は、私が思うに、差し当たって二つある。神里にとってテーマとかメッセージとこっちが呼んでいるようなものは、しかし「主張」とは違う。彼の内に、なんらかの確定的な意見が醸造されてきて、それを作品を通じて赤裸々に述べようとしているのでは全然ない。と同時に、それはいわゆる「問いを発する」というだけのことでも断じてない。むしろ神里は「問い」の提出だけで善しとするような風潮を嫌っている筈だ。つまり演劇を使って何か重要な主題を思考するという、それ自体としてはアリだし時には有効でありもする方法と、彼のやり方は違っている。神里には考えていることも思っていることもあるが、彼にはそれを素のままで出しても得るものはほとんどない、逆に大切なものを喪う虞れさえある、ということがよくわかっている。しかし彼は間違いなく、言いたいことがあって演劇をやっているのだ。だから彼はわかりやすいわかりやすさに敢然と背を向け、結果として「わからない」という感想、彼にとっては不本意な感想を得もすることになるのである。これはジレンマでありパラドックスである。だが、それこそが岡崎の魅力でもあるのだ。

それからもうひとつ、神里はひとつの作品でひとつのことだけを言う、ということへの不信感が、たぶん非常に強くある。彼は同じ舞台に、幾つかの、必ずしもぱっと見には連関しているとは思えないかもしれないテーマとかメッセージみたいなものを入れ込まずにはいられない。だから或る主題に沿って理解しようとすると、他の要素の存在意義が不明だったり、思い切り矛盾しているように見えてしまったりする。だが神里にはそうすることしか出来ないし、おそらくはそうすることが、作品とか表現と呼ばれるものへの自分なりの忠心だと思っているのだと思う。

こうして岡崎の舞台は、ややこしくわかりにくくなってゆく。いわばそうなるべくしてなっている。素直に真面目にやろうとすればするほど、そうなってしまうのだ。

さて、こうなると、頑張って「隣人」と「ジミー」と「不在」の謎解きをしてみせることが、それが当たってるかどうかとは無関係に、真に意味のあることなのかどうかは、やはり疑問である。大体これは「アメリカ」との話なのか、それとも「韓国」との話なのか。あと「不在」というのなら、三人しか役者が居ないからだけでは必ずしもない、幾人かの登場人物のあからさまな舞台上での「不在」には、何ごとかが仕掛けられているのか。

ひとつだけ確かなことは、そこには唯一無二の正解はない、ということである。それはここまで書いたことでも明らかだと思う。そして、岡崎について書くのはむつかしいというのは、要するにこんな感じなのである。

快快『Y時のはなし』

『Y時のはなし』は、快快（faifai）が、まだ小指値（koyubichi）という名前だった二〇〇七年夏に発表した中編『R時のはなし』を全面的にブラッシュアップし、新たなエピソードも付け加えたりした結果、タイトルを改め、実質的に新作として完成されたものである。そして何を隠そう『R時のはなし』は、僕が初めて観た彼女たちの作品だった。といっても映像でだけれど。

一貫して小指値＝快快の良き理解者であるダンス批評家の木村覚さんが、たぶん二〇〇七年の秋だったと思う、当時、演劇やダンスの現在形を自分なりに勉強中だった僕に（現在も勉強中）、手焼きのＤＶＤを貸してくれたのだ。だが、初見の印象は……すごくオモシロそうなんだけど、ベタ撮りの映像だけだとイマイチよくわかんないなー、という感じだった。そこで二〇〇八年はじめに岩井秀人（ハイバイ）の原作による『霊感少女ヒドミ』を観に行ってみたところ、ほとんど不意打ちのごとく、そのプレイフルかつジョイフルかつ素晴らしくデリケートなセンチメントに思わず感涙してしまい、自分の雑誌「エクス・ポ」でコンテンツを依頼しようと思い立ち、すぐさま連絡を取り、しのだ（篠田千明）と会ったのが直接のファースト・コンタクトだったと思う。

以来、快快に改名後最初の公演『ジンジャーに乗って』のアフター・トークに出たり、向こうのイベントでＤＪしたり、こっちのイベントでパフォーマンスしてもらったり、しのだにＨＥＡＤＺのバンドＡＮＩＭＡのＰＶを監督してもらったり、海外のフェスで一緒になったり、ひょんなことから我が社のデスクだった河村アニー美帆香が快快の制作を兼務することになったり、などなどの流れの末に、いまこうしてＨＥＡＤＺの新レーベル「play」の第一弾として『Ｙ時のはなし』のＤＶＤヴァージョンをリリースするに至ったわけなのだ。『Ｙ時のはなし』の音楽はＨＥＡＤＺから自作をリリースしている蓮沼執太であり（公演中にはスペシャル・ライヴも行なわれた）、彼はこの文章の横だか上だか下だか裏だかにもう一本のライナーを書いている筈である。サウンドトラックを含む蓮沼君のＣＤも追って発表の予定だ。

さて、快快の魅力とは何なのだろうか？　というかこれはもうゴチャゴチャ言うよりも、このＤＶＤをプレイしていただければ一目一聴瞭然だと思うわけだが、ほんの少しだけ言葉で語ってみたい。

敢えて一言で述べるなら、それは「コドモのプレイ」の魅力だと思う。コドモというカタカナには、当然ながらメンバーは年齢的にはすでにとっくに子どもではないという事実と、桜井圭介さんの言う「コドモ身体」以後、という意味が掛けられている。『Ｙ時のはなし』は文字通りコドモが出てくる話だが、そうでなくても快快の作品にはチャイルディッシュな雰囲気が濃厚である。童心、無垢、ピュア、ナイーヴ、などといった言葉で形容されるような、この世界にあるネガティヴィティを根本的に力強く自然に退けているような態度。この意味で快快は、否定性を媒介に闘争的／戦略的に振る舞おうとする、いわゆる「ゼロ年代」的なるものとは対極にあると僕は思っている。

「コドモ身体」とは従来のコンテンポラリー・ダンスにおけるコントローラブルなハイ・アート感に対して、桜井さんがニブロールやチェルフィッチュの「カラダ」を指して表したものだが、快快の「カラダ」は、まちがいなくそのベクトルの線上にありながら、各人のリアルな無意識と、それと矛盾しないクールな客観性とに同時に立脚したものとなっている。制御よりもグルーヴを重視し、ステージ上での（或る完成形を思い描いた）表現と、クラブのフロアでカラダがつい動いてしまう感じとの中間領域に位置するようなユニークな身体のあり方。それでいながら、自分のカラダがどこかでモノとしても見えているような、一種突き放した感覚もある。小指値時代から持っていた、この感じはすでに快快以後に出てきたより若い世代にも大きな影響を及ぼしていると思う。でも、そんなコドモさは、ともすれば幼稚さであるとか、未熟さであるとかいった批判的な評価をも受けやすいのは確かだ。そこで「プレイ」である。playには演劇という意味と遊戯という意味がある。実際のところ快快の作品には常に、まず誰よりも本人たちが楽しく遊んでいるような雰囲気がある。その多幸感とプチ祝祭感はハンパではない。

だがしかし、たとえばストリートとかクラブとかで仲間内で騒ぐことと、それを未知の観客たちの前で、彼ら彼女らと一緒にすることのあいだには決定的な違いが実はある。快快は演劇＝プレイで遊んで＝プレイしてるわけではない。もっとラディカルに、遊戯と演劇がほんとうの意味でひとつのものになるとは一体どういうことなのか？という相当に難しいトライアルに、果敢に、だがもちろんプレイフルに、挑み続けているのだ。

だから快快がやっていることを単なるお気楽なお遊びであるとか、そこに出現し躍動する身体を、ただのだらしなさと思ってしまうと、致命的な誤りをおかすことになる。コドモのプレイというのは、この言い方が孕み持つ批判されやすさに対する反語的な意味合いを込めて敢えて言っているのだ。プレイフルでジョイフルであることと、シリアスであることは矛盾しない。いや、フツウは両者は相反するものと思われているのだが、快快は奇跡的に、そこを繋いでみせている。

大袈裟に言うのではなく、それは「世界」に対する態度表明なのだと思う。どう考えたって、いま、ここで生きることが、無前提にハッピーであるわけがない。「世界」には問題が山積みで、ほとんど問題しかないと言っても過言ではなく、解決の糸口は全然見えない。けれどもだからといって、「ここに問題がある」と指摘するだけでは、「問題はヤだ」と声高に憤ってみせるだけでは、もはや何も変わらない。「問題」を何とかするために、「世界」を変えるためにこそ、発明されるべきプレイがあるのだ。快快がやっていること、やろうとしていることは、そういうことなのだと僕は思う。

「世界」の酷薄さから目をそむけることなく、しっかりと瞳に映しながらも、逃げも隠れもイジケもせず、本気で遊び、踊り、笑ってみせること。そしてそれを続けること。ネバー・エンディング・ハッピー・ワールド・エンド（終わることのない世界の幸福な終わり）。『Y時のはなし』は、そんな快快の魅力とユニークネスが凝縮して詰まった紛れもない傑作である。

私の（偏）愛する劇団たち

　再三あちこちで語ってきたように、私が結構長いブランクを経てふたたび舞台に足繁く通うようになったのは、ゼロ年代後半からのことである。だからまだまだ観劇素人も同然なのですという言い訳というか方便というか恐縮も、数えてみたらすでに七年くらい経っているのでそろそろ通らないのかもしれない。いやお前などまだまだ素人以下であると断じる向きもあろうが、とりあえずここ最近は毎年年間三桁ぐらいの数の舞台を観てしまっているのだから、それはそれなりにお気に入りの劇団だって増えてくるというものである。

　雑誌「ユリイカ」演劇特集に何を書こうか少し迷ったが、あんまり大上段な論を弄する気にはいまはちょっとなれないので、巻末に載っているらしい「この劇団がすごい」リストには入っていないのではないかと思われる（というか入ってないことは実は知っているのだが。もちろんそこに入ってる中にも好きな劇団は沢山ある。あといちおう言っておくと、この特集のどこかにやはり載っているだろう座談会に出ている今年の「フェスティバル／トーキョー公募プログラム」の参加劇団もとりあえず入れていません）、私が偏愛する劇団を幾つか紹介してみたいと思う。

　ところで私が色んな劇団を自分なりに発見していったプロセスは、かつて好きな音楽を掘っていったときと似ているといえば似ている。まだインターネットがなかった時代、頼りになるのは音楽雑誌と、それ以上に個々のレコードに付いている文字情報だった。そこに知らない気になる名前があればそれを探す調べる聴いてみる、という滅法アナログなやり方で、自分の内に情報を蓄積していったものである。

演劇の場合、これはいわゆる当日チラシに相当するのではないかと思う。ふたたび舞台に通うようになったとき、あの席にドサリと束になって置かれている大量のチラシに愕然とした。たぶん昔からあんなだったのだろうが、忘れていた。私はほとんど手持ちの知識を持っていなかったので、その束をためつすがめつし、ちょっとでも気になる公演はとにかく一度観に行ってみるというやみくもな方針を取ることにした。当然あたりはずれはあり、はずれと思ったものではいまや名前も覚えていない劇団も多々ある。まあそれが五年以上続いているわけだから、繰り返し観るようになった劇団は、やはり自分にとって何ものかではあるわけである。

というわけで、そんな私の好きな劇団の紹介をつらつら書いていくことにしたい。

まずはバストリオ。今野裕一郎が主宰と作演出を務めるユニット。二〇一〇年から本格的に活動を始動、と劇団ＨＰにはある。今野は宮沢章夫氏が教鞭を執られていた頃の京都造形芸術大学映像・舞台芸術学科の出身で、所属女優の橋本和加子も同じ。今野は遊園地再生事業団に映像担当や俳優として参加しており、橋本も『トータル・リビング　１９８６－２０１１』に出演していた。やはり中心女優である上村梓も同作に出演していたし、宮沢氏と関係の深い劇団ということになるだろう。確か私がバストリオを知ったのも遊園地の公演でチラシが入っていたのではなかったかと思う。だがそれは演劇の公演ではなかった。今野はバストリオとして自主制作映画も発表しており（彼は京都造形で故・佐藤真にも学んでいる）、私はふと興味を惹かれて『ゴーストアース』『生きている』『信じたり、祈ったり』というビデオ映画の上映会に行ってみたのだ。

そしてそれはとてもよかった。バストリオの演劇公演を観たのはその後だ。しかもいきなりアフタートークに招かれた。つまり初めて舞台作品を観て、すぐに今野裕一郎と喋ったわけである。いったい気に入らなかったらどうするんだよとは思ったが、でも私はもしかして貶されてもいいから私と話したいと思って声を掛けてくれるというのは何事かだと思ったし（それは自信とか確信と呼んでもいい）、どっちにしろ観には行くつもりだったからＯＫしたのである。

そして『絶対わからない』というその公演はとても面白かった。だが映画とは結構感じが違っていた。どちらも同じような人たちが出ていたのだが、映画はとりあえずちゃんと設定と物語があって、その意味でのわかりにくさはない。だが演劇になったら、全体として語りというか構成が極端に断片（断章）化／レイヤー化されており、つまり一定の明快なストーリーを持ってはおらず、役者は皆、複数のキャラクターを（しかも相互に浸透させつつ）演じているように見える。印象的な台詞や、意味ありげなやりとりが、現れては不意に中断し、まったく別の（ように思える）挿話へとシームレスに接続されてゆく。少しずつドラマのようなもの、どこかへ向かっていこうとする説話のベクトルがほの見えてはくるのだが、かといってはっきりとした像を結ぶことはない。だが、にもかかわらず、散漫な印象はほとんど受けない。むしろそこにあったのは、自分でもなんだかよくわからない、だが何かひどく重要なことを、手探り手探りしながら何とかして言おうとしているような、切実な感覚だった。私は好感を持った。

そしてそれから『Rock and Roll』『Very Story, Very Hungry』と次々と打たれてきた公演でもアフタートークに招かれ、あれこれ話してきたのである。バストリオを観ると、私がいつも思い出すのは、演劇よりもむしろ小説である。ブローティガンとかヴォネガットとか、初期の高橋源一郎とか。役者たちが立っているのはあくまでも「いまここ」でありながら、あっけなく時代も場所もはるかに踏み越えていき、気づいてみたら何世紀も昔の遠い異国の物語らしきものが紡がれていたりすることもある。日常性とファンタジーが境目抜きに溶け合っている。だが、それはやはり「いまここ」に流れる名状し難い何かを摑み上げようとするためなのだ。リアルのための寓話。今野が宮沢章夫から受け取った手捌きのひとつはこれだろう。

バストリオの演劇には多様な要素が入っている。映像、装置、音楽（近作の幾つかは『トータル・リビング』も手掛けた杉本佳一が担当している。彼は私のレーベルのアーティストでもある）、『Very Story, Very Hungry』ではダンスも導入されていた。それゆえに観客によっては取っ散らかっている、無意味に混乱していると思う人も居るようではある。だがけっしてそうではない。あらゆるピースがバラバラのままで一枚の巨きな絵を描いたとき、バストリオは真に傑作と呼びうる舞台を実現することだろう。

次はブルーノ・プロデュース。主宰と構成演出は長身細身の橋本清。橋本は東京デスロックで多田淳之介の演出助手を務めてもいる。私が最初に観たのは北村薫原作の『ひとがた流し』だった。三人の女性の四半世紀に及ぶ物語を、まだ物凄く若い役者ばかりの、しかもデスロック直系の劇団がどうやるのかと思って出かけたが、多田淳之介譲りの異化演出も確かにあれこれ試されてはいたが、二部構成三時間半にも及ぶ長い上演のラストに向かうにつれ、おそらく敢えてシンプルな芝居へと収斂させてゆくという狙いがなかなか上手くいっており、役者の好演も相俟って、次も観てみようという気にさせられた。

しかしその後、橋本とブルーノは「ドキュメンタリー・シリーズ」と総称される小規模公演を、かなり短いスパンで積み上げてゆく。『カシオ』『ワールド・イズ・ネバーランド』『サモン』『ラクト』『くんちゃん』『空とくじら』と計七本も行なわれた同シリーズを、私は地方公演だった最後の『空とくじら』以外はすべて観劇した。「ドキュメンタリー・シリーズ」というのはどういうことかというと、まず出演する役者たちに一定のテーマ（「小学生の冬の生活作文」「青春」「病気」など）で、それぞれの実体験や想い出の聞き取り（インタビュー）を行なう。そこで出て来た数々のエピソードを橋本がテキスト化し、それらを繋げて一本の芝居にするというものである。

つまり「ドキュメンタリー」というのは、昔のポツドールとかいまのリミニ・プロトコルとかPort Bとかがやっていることや、映画で言うところのドキュメンタリーとは些か意味が違っていて、要するに「事実（の記憶）を基盤とする演劇」「フィクションの要素を基本的に排除した演劇」ということだと思われる。

実際の舞台でも役者たちは自分自身の記憶を元にした、いずれもささやかではあるが、甘酸っぱかったり切なかったりほのぼのしたり、あるいは思いのほか深刻だったり哀しかったり痛々しかったりするような、さまざまなエピソードを演じている。こう書くとなんだか大して面白くなさそうに思うかもしれないが、橋本の構成の巧みさと、涌井智仁によるリズミカルでリリカルな音楽の卓抜な効果、語られる挿話の意外なまでの豊かさと味わい、そして何よりも若い俳優たちの魅力と頑張りによって、なんともチャーミングな演劇になっているのだ。

観客にとっては、それが事実なのか作りごとであるかという線引きは、最終的にはあまり関係ない。そこで語られているのが「事実だから」感動するが「虚構だから」引いてしまう、というようなひとは、そもそも演劇鑑賞には向いていないだろう。橋本によると、彼自身の「ドキュメンタリー」はひとつも入っていないし、彼が作った話を付け加えたりもしていないそうだが、それがフィクションなのかドキュメンタリーなのかということとは別に、私は橋本清の作品はとても好ましい演劇作品だと思う。その後、橋本はブルーノ・プロデュースとしての活動を休止したが、二〇一六年に小田尚稔の演劇『是でいいのだ』に俳優として出演、その後は綾門優季（キュイ）戯曲の演出や、演劇批評家／ドラマトゥルクの山崎健太とのユニット「y/n」での活動など、新たな試みを行なっている。

三つ目はシンクロ少女。主宰の名嘉友美が作演出を務めている（彼女は出演もする）。前から奇妙な名前が気になっていたのだが、実際に観れたのは二〇一一年秋の『未亡人の一年』が最初だった。そして驚いたのは、シンクロというのがまんまその意味であったことである。全編がそうというわけではないが、場所や時間の離れた複数の場面が舞台上で同時に演じられ、互いに別々のセリフの端々が時々シンクロする。それは深い意味を担わされていることもあれば、ただの言葉遊びのように思えることもある。

だが私はこの手法に感心したというよりは、名嘉の作劇に魅力と個性を感じた。だいたいが恋愛沙汰がテーマになっていて、それも不幸だったり失敗だったり後悔だったり、摑みとしてはかなりイタいというかドイヒーな話であったりするのだが、ここ一番になると豪速球に近い純情がどわどわと立ち上がってきて、思わず感涙させられそうになる。かなり複雑な人間関係が描かれており、人物同士の感情の交わり具合も一筋縄でいかない。いつも始まって暫くは、どういう話なのかを把握するのにやや苦労するのだが、いつのまにかドラマにまんまと乗せられている。もちろんやはり若い劇団ゆえの覚束なさも多々あったりはするのだが、「演劇」の「劇」の部分で勝負しようという志はしかと伝わってくる。ベタな音楽の用い方も絶妙である。泉政宏、横手慎太郎、中田麦平という三人の所属男優は最近、他の若手劇団の客演も次々とこなしており注目である。名嘉友美は、本谷有希子や三浦大輔といった「ネガティヴ・エンターテインメント」の後継として、今後の更なる飛躍が期待される才能だと思う。

続いてナカゴー。鎌田順也が作演出を務める劇団である。彼らを知ったきっかけはよく覚えている。長嶋有氏から聞いたのだ。彼の教え子だったのだという。佐々木さんもチェルフィッチュばっかり観てないで笑ナカゴーがオモシロいよ！みたいなノリだったと記憶している（違ったかもしれないが）。人から薦められたらすぐ観に行く。そしてやはりオモシロかったのだ。枡野浩一氏や米光一成氏もシンパであるらしい。

いつも割と決まったパターンがあって、だらだらまったり日常系の設定から大抵は始まるのだが、次第にシュールというか不条理というかナンセンスというかスラップスティックというかストレンジな展開になり、終盤に向けて激しくエスカレートする。何度も観た気がするのは、いわゆるエクソシストというか、人物のひとりが突然何かに憑かれて暴れ出し、舞台を壊さんばかりの勢いでムチャクチャの限りを尽くすのを、他の連中がどうにかして抑えようとして四苦八苦、というパターンである。しかもこのパターン自体がどんどんエスカレートしていって、二〇一二年七月の『黛さん、現る！』では、エクソシスト的シーンが延々と、まさに延々と、いつまで経っても全然終わらず、観客である私たちを笑いを越えて恐怖のどん底に叩き落とした。

しかしもちろん、ただムチャをやってみせているだけではない。そんなワルぶった単細胞と鎌田順也は全然違う。ここには明らかに緻密な計算と巧妙な戦略、そして紛れもない自信が覗いている。断じて思いつきなどではない（あるいは最初は思いつきみたいなものだったかもしれないがいまはまったくそうではない）。観劇玄人が好むような深遠なテーマや社会性や演劇論的仕掛けや共感を呼ぶ機微などはかけらも見当たらないが、失笑苦笑爆笑必至のハイレヴェルなギャグセンスと、いずれもイイ顔揃いの劇団俳優たちの愛らしさもあってか、行くたびに集客はどんどん増えている気がする。とにかく現在、際立ったユニークネスを放つ存在であることは間違いない。ことによるとネクストシーンの台風の目はナカゴーかもしれない、という気さえしている。

偏愛という言葉にもっともふさわしいのは、私にとってはあひるなんちゃらということになるかもしれない。関村俊介が作演出（と出演）。或る意味でナカゴー以上に、ミニマルテクノ並みに毎回同じような作品だったなあと思うのだが、何故か次も観てしまう。むしろかなり楽しみにしている。そしていつも満足する。つまり大好きなのである。ミニマルテクノ並みの中毒性がある。ごく平凡なマンションの一室が舞台であることが多く、ごくごく平凡と言ってよい人たちが出て来るのだが、中にひとりふたりいささか性格的にやや変わった人間が紛れ込んでいる。サックリとした雰囲気で突然かなりトンデモないことやまるきり意味不明のことを口にする。マトモな方の人がそこに思わずツッコむ、というやや漫才的なやりとりがベーシック。そしてちょっぴりSF的な出来事（UFOが飛来するとか）が起きたりするが、ほとんど盛り上がることはない。すこしだけおかしな日常に非日常が呑み込まれてゆく、なべて世はこともなし、ことがあってもこともなし、そんな芝居である。

「〜だよ」という妙に歯切れの良い語尾を、男女問わず頻繁に使うのが特徴で、慣れると変にクセになる（つい真似したくなる）。柴幸男の名作『わが星』で母親役を好演していた黒岩三佳は、あひるなんちゃらの看板女優だった（二〇一二年十月に退団）。彼女は私が観た公演では、常にトンデモ人物をやっていた。つくづく役者さんてすごいなあ、と思ったものである。私はあひるなんちゃらを観て批評魂がうずくことはないが（そして関村俊介にもそんなつもりはたぶんないだろう）、しかしこれからも公演は観るつもりだ。偏愛のゆえんである。

さて、最後は個人名だが、小嶋一郎。彼は近畿大学文芸学部舞台芸術専攻卒の演出家である。同大で知り合った脚本担当の松山賢史と旧劇団スカイフィッシュとして活動、二〇〇八年に『適切な距離』で日本演出者協会の「若手演出家コンクール」優秀賞を受賞。その後スカイフィッシュを解散し、日本国憲法をテキストに使用した作品『日本国憲法』で京都芸術センター「舞台芸術賞」大賞を受賞した。そして同作と新作『自殺対策基本法』で二〇一〇年の「フェスティバル／トーキョー公募プログラム」に参加した。私が観たのはこの二本が最初である。ちなみに松山賢史作の『適切な距離』は大江崇允監督によって映画化され、二〇一二年秋に公開された。

『日本国憲法』『自殺対策基本法』はタイトル通り、実際の法律の文言を「台本」として使用し、演出する、という試みである。しかし小嶋の演出は、言葉から意味内容を剥奪し、更には発話を音声へと、音響へと無惨に変容させてしまうことで、音を発する役者たちの身体のなまなましさと弱さを晒け出すことによって、逆接的に

「法」の存在を浮かび上がらせようとするものだった。このトライアルが十二分に成功していたかどうかはともかくも、いまどき珍しい政治性を隠さぬスタンスが印象的だった。

東日本大震災を経て、彼は女優の黒田真史、弓井茉那との共作という形で『250km圏内』を発表した。この公演にかんしては『批評時空間』第十一章に書いたので、ここでは繰り返さない（出来れば読んでください）。そして小嶋一郎の現時点での最新作が『No Pushing』である。この作品は、幾つかのプロセスを経て、二〇一二年九月にこまばアゴラ劇場でひとまず上演された。ひとまずと書いた理由は後で述べるが、前作同様、出演者の黒田、山田宗一郎との連名でクリエーションされた『No Pushing』は、表面的には演劇よりもダンス・パフォーマンスに近い作品である。ほぼ何も無い舞台空間で、男女がコンタクト・インプロヴィゼーションのような組体操のようなプロレスの技のような奇妙な絡み合い（だがそこには不思議なほど性的含意は感じられない）を続けながら、時おり言葉を発する。それは独白のようでもあり、対話のように聞こえる部分もある。実はそれは川上未映子の「三月の毛糸」の引用である。

小嶋はスカイフィッシュ時代から既存のテキストを上演台本としてそのまま使うという実験をしていたそうだが、これもその流れにあると言えば言える。だが方法論としては、ここでは身体表現としての要素が非常に強く入っている。実際、それはコンテンポラリー・ダンスとして観ても極めてユニークな仕上がりとなっており、その後、黒田、宮山知衣の女性二人による短縮ヴァージョンで千代田芸術祭「3331EXPO」の公募企画「おどりのば」にエントリーされ、見事スカラシップを獲得している。しかし、私は『No Pushing』も「演劇」として観ることが出来る、いや、むしろこういうものこそがいま現在の小嶋一郎にとっての「演劇」なのだろうと思っている。新たな武器を手にした彼が、これからどんな作品を出してくるか、私は心待ちにしている。

思いつくままに書いてきたが、まだまだ私の（偏）愛する劇団は沢山ある。あくまでも限られた文字数と時間の中で頭に思い浮かんだ人たちなので、全部消去してもう一度最初から書き出したら別の劇団が出て来る可能性だってある。それにいまでも劇場に行くと席には小山のようなチラシの束が置かれていて、その中にはまだ私の全然知らない劇団の名前が溢れかえっている。こう書いている瞬間にも、どこかで新たに私が近い将来に愛することになる劇団が旗揚げされているかもしれない。

とはいうものの、ここに挙った名前が、演劇界にとってとか演劇史にとってとか小劇場シーンにとってとか演劇ファン小劇場マニアにとってとかはっきり言ってよくわからないが、少なくとも私個人にとっては、次回公演を心から待ちわびる存在であることは確かである。

はえぎわ

はえぎわは、ノゾエ征爾が主宰する劇団である。ノゾエは、はえぎわが二〇一一年七月に初演した『〇〇トアル風景』によって、第五十六回岸田國士戯曲賞を受賞した（矢内原美邦（ミクニヤナイハラプロジェクト）『前向き！タイモン』、藤田貴大（マームとジプシー）『かえりの合図、まってた食卓、そこ、きっと、しおふる世界。』と同時受賞）。

僕がはえぎわを知ったのは数年前のことだが、さまざまな才能が揃う現在の演劇シーンにあって、ちょっと他にはないユニークさを持っていると思うようになったのは、ここ数作によってである。とりわけ『〇〇トアル風景』にはしたたかに感動させられた。岸田賞戯曲は単行本化されるのだが、僕は本は持っていないので、記憶を頼りに書くと、まず始まりは、舞台の床、奥と左右の壁が、すべて黒板みたいになっていて、しかしまだ何もかかれておらず、他にはほぼ何もない。役者たちがひとりひとり出てきて、色違いのチョークで、文字や絵をかいてゆく。ドッジボール、バスケットボール、サッカー、バレーボール（但しボールはない。フリだけ）、描いては消し、また描いて、そうしてやがて台詞を口にし、動き出して、次第に人物の設定や互いの関係なんかがわかってきて、物語が形造られてゆく。文字も同じで、どうして書かれたのかわからなかった言葉が、後になって意味を持ってきたりする。つまり、リアルタイムの書き割りと吹き出しによってストーリーが紡がれてゆく、そんな芝居だった。

ノゾエはこの手法を『ガラパコスパコス』でも用いていた。実際観てみると、非常に効果的なアイデアで、あれよあれよという間に、作品世界に巻き込まれてしまう。相当な稽古を経なければ、出来ないことでもある。

　だが、はえぎわが素晴らしいのは、このような形式的な側面のみによるのではない。そうして語られてゆく物語が、そこから滲み出る登場人物たちの人生が、なんとも言えず味わい深いのである。悲喜こもごもというか、ペーソスというか、一種の群像劇なのだが、すべてが語り尽くされるわけではないし、何か結論に向かって収束してゆくのでもないのだが、思わず笑ってしまったり、貰い泣きしてしまいそうになったり、主張や主題があるというよりも、なんとなくさりげなく、いろんな人間たちのささやかな喜怒哀楽が描き出されてゆく。オフビートなのだがセンス抜群、劇のラストには、出てきたひとびとの皆を好きになり、忘れがたくなっている。つまり、方法論と物語性とテーマが、見事に溶け合っているのだ、それもすこぶる個性的に。

　岸田賞受賞第一作となった公演『I'm (w)here』では、役者＝登場人物たちの自己紹介が、いつしか物語に移行しているマジックが鮮やかだった。これは「居場所」の話である。たとえ居場所がなくなりそうになっても、いま、居るところはある、そんなことを伝えようとしているような物語。

　ノゾエ征爾は紛れもない才人だが、ただの才人ではない。話したことはないが、彼は良い奴なんだと思う。

「ことば」の彼方へ？――フェスティバル／トーキョー12

われわれの抱える問題のひとつは、失語さえ発語出来てしまう、ということである。或いはこう言ってもよい。われわれは発語することでしか失語という体験を表現出来ない。

それが「表現」でなければ、ただ黙っていればよい。そもそも失語とはそういうことだろう。だが、失語の沈黙を単なる怠惰や無為と見間違えられたくないとき、われわれはこう言うのだ。「わたしは言葉をなくした」と。このあからさまなパラドックスは、しかし殊更に糾弾されるようなことではなく、人間として、ごくごく当たり前の反応であり、よくあることであると言えばそれまでだが、しかし失語の発語という逆説を義務や権利と取り違え、そこに紛れもなくある筈のやむにやまれなさを忘却していったとき、その者は自らの「表現」に溺れ、胸を張って「わたしは言葉をなくした」と言い放ち言い募ることになってしまうだろう。ほんとうは戸惑いや恥辱を内に感じながら、それでもそう述べるしかない、ということであるのに、何かを言ったつもりになっているのだ。その姿は醜い。だがその者は自らの醜さを知らない。そうならないようにするためには、失語の発語という奇妙だが切実な行為を、そこに潜む意味を、何度となく問い返し、ただ発語しないという選択肢を折り曲げて、どうして「わたしは言葉をなくした」と述べないではいられないのかを、まず自分自身に対して、絶えず証明し続ける必要がある。もちろんその問いと証明のあり方は、一通りではないのだが。

言葉に対する疑いは、誰にでもある。だがその疑い自体、言葉の助けによって為されていることなのだ、という言わずもがなのことはあるとしても、それだからといって疑いが無意味であるわけではない。いけないことは、さして考えもせず、試しも挑みもしないままに、言葉では表現出来ないものがある、と思い込んでしまうことであり、また同時に、言葉で表現出来そうにないものは、表現することが出来ない、と決めつけてしまうことだ。言葉の到達可能性と、その不可能性は、ひとりひとりにとっても、またわれわれやあなたがた、彼ら彼女たちにとっても、一本の固定された線で分たれているわけではない。

走り幅跳びという競技があって、助走をつけて地面を踏みしめて思い切って跳躍し、宙から降り立った砂地に足跡が刻まれるのだが、研鑽を重ねることで、或いは運がよければ、自分の足跡は僅かずつでも先に延びてゆく。視線を向けると、誰か別の者が刻んだ足跡がずいぶん先に見えていたりもする。あそこまで跳べた者がいるなら、自分にも届くかもしれない。いまは無理かもしれないが、いつまでも無理かもしれないが、だが実のところ半分以上は、跳べるかどうかよりも、跳ぼうという意志や跳べるかもしれないという希望の方が重要なのであり、つまりは跳ぶこと、跳び続けてみることに意味があるのだ。

そんな素朴な真理と、言葉による営み／試みは、どこか似ている。言葉では言えないものがある、というのも、言葉で言えないものは存在し得ない、というのも、等しく間違っている。もしくは、その両方が同時に真理となるようなどこかに、われわれのするべきことがあるのだ。

「ことばの彼方へ」。これが「フェスティバル／トーキョー12」のテーマだった。この言葉にかんして、F／Tプログラム・ディレクター相馬千秋が記した文章に、とりわけその最後の部分に、私は強い納得と共感を覚えた。それは「F／T11」や「F／T10」で同様に彼女が書いていた文章とは、比較にならないほどだった。肝の据わった、戦闘的とさえ言ってよい文章だと思う。ここに置かれている「彼方」という語は、誤解のなきように言い換えておくなら、無論のこと「いまここ」の別名なのだ。われわれは誰もが常に「いまここ」に縛り付けられている。「いまここ」からどうしても逃れることが出来ないという不自由を、如何に受け止め、造り変えて、逆転するか。そして「演劇」とか「舞台芸術」と呼ばれるものがやってきたこと、やろうとしてきたこととは、要するにそういうことではなかったか。

　そのためにはまず、相馬も書いているように、「いまここ」と、複数の、数多の「いつかどこか」との距離をはかることから始める必要がある。いやむしろ、そのような「距離」の計測それ自体が、作品になるのである。そしてその「計測」は、他ならぬ「ことば＝言葉」と、語られるべき何かとの「距離」をはかることでもあるだろう。

　この意味でも、主催と公募のプログラムを合わせて、エルフリーデ・イェリネクの戯曲が四本も上演されたということは、特筆すべきことである。地点の『光のない。』、Port Bの『光のないII～エピローグ？』、ヨッシ・ヴィーラーの『レヒニッツ（皆殺しの天使）』、重力／Noteの『雲。家。』。オーストリアのノーベル文学賞作家イェリネクは、邦訳も少なくないにもかかわらず、日本においては、海外文学市場においても、けっして有名な存在とは言えない。むしろマイナーな作家と呼んで差し支えないだろう。また、それも致し方なしと思えるほど、イェリネクの言葉は難解さをもって知られている。そんな彼女の時ならぬ特集上演の様相を呈したばかりか、四つの作品を併せた戯曲集がタイミングを合わせて刊行され、各劇場で相当な売れ行きを記録したというのだから、以前からイェリネクに関心のあった一読者としては、嬉しい驚きであった。

　すでに別の場所でやや詳しく述べておいたことだが（『シチュエーションズ』）、イェリネクは日本を訪れたことがない。彼女は主にインターネットや新聞、テレビのニュース等から得た情報だけを頼りに、東日本大震災と福島第一原発事故をテーマとする二本の戯曲――「光のない。」「エピローグ？」「光のないII」を書き上げた。彼女の住むオーストリアと日本の「距離」は歴然としている。「未曾有」とも「想定外」ともいわれた、取り返しのつかないあの一連の出来事に即応して言葉を発したイェリネクの姿勢は、偉大な作家であるがゆえの想像力であるとか、地球の小説家としての義務感とか権利とか、そういった理解では及びもつかない衝動と切迫感を持っている。
なぜウィーンから一歩も出ないオーストリア人の小説家が、敢て日本のことを書こうとするのか、という当然過ぎる問いは、まずもって彼女自身が自らに投げかけた問いでもあるだろう。しかし彼女は書いた。だとしたら今度は当然、なぜオーストリア人が書いた震災にかかわる戯曲を日本人によって日本で上演するのか、という問いが出て来ることになる。むろんこのことは海外の戯曲を上演するすべてのケースについて言えることではあるが、しかしなぜ、日本の、東京の、舞台芸術の祭典であるF／Tで、エルフリーデ・イェリネクの「光のない。」や「エピローグ？」を、日本の演出家が、わざわざ上演するのか、という問いは、扱われている題材ゆえにきわめてクリティカルなものであり、かかわった者たち全員が引き受けなくてはならないものである。

　そして、地点の三浦基も、Port Bの高山明も、二人に演出を依頼した相馬千秋も、それぞれのやり方によって、この紛れもない「距離の問題」を真摯に思考し、彼らなりに真正面から答えてみせている、と私には思えた。そこには必然性はなかったかもしれない。だが、理由はあったのだ。上演に立ち会ってみれば、誰もが深く納得せざるを得ない、凛とした理由が。

　言葉と距離、このふたつのテーマは、他の演目においても、さまざまなやり方によって、問いと答えが応酬されていた。数ヶ月に及ぶリアルとネットでの散発的な「上演」を経て、本番では分厚いドキュメントブックと暗闇の中で長時間不動で佇む役者たちのみを提示したマレビトの会『アンティゴネーへの旅の記録とその上演』の松田正隆、強度にナンセンスに見える展開の内に、われわれの「隣人」を徹底的に解体し尽くしてみせた岡崎藝術座『隣人ジミーの不在』の神里雄大、被災地への旅の中で二人の役者が書き留めたメモをそのまま台本とした『言葉』の村川拓也、どうしようもなく最低な生活をダラダラと送る若者たちを異様に淡々と描いたポツドール『夢の城―Castle of Dreams』の三浦大輔でさえ、この傑作無言劇を数年ぶりに再演するという試み自体に、言葉と距離の主題がありありと窺えた。

　海外からの出品作も、ハンガリーのクレタクール『女司祭―危機三部作・第三部』もイランのメヘル・シアター・グループ『1月8日、君はどこにいたのか?』もフランスのジャン・ミシェル・ブリュイエール『たった一人の中庭』も韓国のグリーンピグ『ステップメモリーズ――抑圧されたものの帰還』も、作品にもともと内在する「言葉と距離」が、二〇一二年の日本の東京で上演されることによって、更に増幅され、変調される結果になっていたと思う。実際、そこでは、外国語であるがゆえの字幕という条件でさえ、「言葉と距離」の問題提起になり得ていたのだった。

　よく知らないのだが、国際的なフェスティバルというものにも、大きく二種類の方向性があるのではないか。文字通りユニバーサルな空間として、世界中に散らばった複数の場の交点として機能し、「いまここ」であることをポジティヴに消失してゆこうとするベクトルと、あくまでも「その時その場」であることにこだわり、常にすでにローカルであるしかない前提と向き合いつつ、そこに召喚される複数の時空間とのパースペクティヴを晒け出してゆこうとするベクトルと。

　F/Tがどちらであるのかは明白だろう。それは極東の島国という「距離」の条件、日本語という「言葉」の条件によるものではあるが、それだけではない。これは明確な意志に基づく選択だと私は勝手に思っている。そしてその選択は、結果を出しつつある。

ミュージカルシアター2013

二〇一三年は広義の「音楽劇」と呼べるような意欲的な舞台が幾つも試みられた年だった。その中でも最も話題を集めたのは、サンガツが音楽を担当したチェルフィッチュの『地面と床』と、空間現代とのコラボレーションで制作された地点の『ファッツァー』だろう。まずはこの二作について書きたい。

岡田利規とサンガツの縁は深い。そもそも彼に岸田戯曲賞を齎した作品の題名『三月の5日間』は、サンガツの「五日間」という曲から採られている。サンガツはギタリスト／コンポーザーの小泉篤宏が率いるバンドで、「五日間」を含むファースト・アルバム『サンガツ』で二〇〇〇年にデビュー、何度かのメンバーチェンジを経て、現在に至っている。長編としては『地面と床』の前作に当たるチェルフィッチュの『現在地』でもサンガツは音楽を手掛けていたが、『現在地』のサウンドが徹底的に音数・音量を抑えた極めて静謐な佇まいであったのに対して、『地面と床』ではほぼ全編にわたりバンド・アンサンブルによる演奏・楽音・音響が鳴り響く。それは時として地響きを思わせる重低音であったり、パーカッションの激しい交錯であったり、台詞を覆い尽くさんばかりのラウドな音であったりする。

この作品にかんしては、初演前から岡田自身が「音楽劇」という位置づけであるとの発言を度々行なっており、小泉との長い時間を掛けた綿密な共同作業によって産み出された舞台と言って良いだろう。作品そのものについては別の場所で書いたのでここでは繰り返さないが（「本書P35）、精妙さと大胆さの同居する演戯と音響の空間は今後の更なる展開を大いに期待させる。

空間現代は二〇〇九年にデビューした3ピース・バンドで、これまでに二枚のアルバムを発表している。彼らは通常のライヴ活動とは別に、これまでに飴屋法水や大橋可也&ダンサーズ等と共同制作を行なってきた他、ギターの野口順哉はロロの三浦直之が演出／出演した堀辰雄原作の朗読劇『鼠』では生演奏で音楽を担当した。

『ファッツァー』はブレヒトが残した未完の戯曲で、第一次大戦中、地下室に潜伏して革命を待つ脱走兵たちの絶望的な状況を描いている。「地点語」とも呼ばれる三浦基独特の強烈に異化された台詞回しは、しばしば「音楽的」と評されるが、この舞台においては、空間現代のギター、ベース、ドラムスの一音一音が、六人の役者たちの一挙手一投足、発話の一語一語、その一音一音と、完全に渾然一体化しつつ進行する。そのダイナミズムは圧倒的で、チェルフィッチュとサンガツ同様、稽古段階から長期間を費やして造り上げたからこその、すこぶるインテンシヴな「音楽劇」となっている。いまのところ地点のアトリエ兼シアターである京都のアンダースローでしか上演されていないが、関西以外の観客もわざわざ足を運ぶに足る、おそるべき魅力に満ちた舞台である。空間現代が舞台の三方に位置してリアルタイムで演奏を行なうヴァージョンと、録音されたサウンドで上演されるヴァージョンがあるが、出来れば最初は生演奏の方で体験して欲しい。

『地面と床』と『ファッツァー』という二本の傑作以外にも、音楽を印象的に用いた舞台は色々あった。他の方の原稿では触れられていなさそうなものを挙げておくと、子供鉅人の『モータプール』は、黒田育世を振付に迎えた作品だが、黒田のパートナーでもある松本じろによる音楽が非常に素晴らしかった。京都を拠点とする子供鉅人は昨年の「フェスティバル／トーキョー」の公募プログラムで上演された『HELLO HELL!!!』など、関西の若手ミュージシャンたちを舞台に上げた賑やかな時代劇ミュージカルで知られているが、『モータプール』はやや趣きが違って、柴幸男『わが星』の感触にも似たノスタルジックで哀切なストーリーが、叙情性の高い松本じろのメロディに乗せて淡々と物語られる。作演出の才人、益山貴司の、もうひとつの顔が垣間見える好作だった。

それからもうひとつは、このところ矢継ぎ早に公演を打っている東葛スポーツ。『ドッグヴィル』『ゴッド☆スピード♯ユー！』『ツール・ド・フランス』と長編だけで三本もあったが、どれを取ってもとびきりユニーク。チェルフィッチュの佐々木幸子や松村翔子が何故かラップで台詞を言う「ヒップホップ演劇」なのだが、テレビドラマや映画、落語やお笑い、文学や音楽、果ては現今の小劇場シーンまでもネタにした、過剰なサブカル参照系のレイヤーの混濁具合には恐れ入る。主宰の金山寿甲の引き出しの多さと卓抜な批評的センスには注目である。役者たちのラッパーとしてのスキルも公演ごとに上がっており、ヒップホップのマナーによる一風変わった「演劇」として、二〇一四年の本格ブレイクを予感させる。

若手劇作家たち

二〇一四年現在、日本の若手劇作家たちは、まさに多士済々、百花繚乱の様相を呈していると言っていい。彼ら彼女らは、先行世代から受け継いだ、さまざまな要素・傾向を、独自のスタンス／スタイルで発展させながら、時代と状況に即した演劇を、それぞれに創り続けている。本稿では何人かを取り上げて、その作風や特徴をざっと紹介してみることにしたい。なお、若手という言葉の定義は曖昧だが、ここではとりあえず、おおよそ二十代から三十代の人たちと考えておく。

と、書いたそばから、いきなり例外になってしまうのだが、現在もっとも劇作家として存在感を発揮しているのは、七二年生まれの松井周だと思われる。彼は二〇一一年に『自慢の息子』で岸田賞を受賞したが、それ以後の活躍ぶりはめざましい。作・演出を務める劇団サンプルのコンスタントな新作／再演と並行して、昨年は文学座に書き下ろし戯曲『未来を忘れる』を提供、今年も間もなく上演される中上健次原作、松本雄吉演出による『十九歳のジェイコブ』で脚本を担当している。松井を若手に含めていいかは微妙だが、自身の演出とワンセットではない、ひとりの戯曲の書き手として高い評価と人気を得ているという点では、明らかに頭一つ抜きん出ている。松井の劇作には常に、日本演劇史への豊かな参照系と、同時代性への魅力的に屈折した問題意識がうかがえる。読み込める戯曲という意味では、当代随一の才能と言えるだろう。

当代随一と言えば、いまや掛け値無しに当代随一の人気劇団となったマームとジプシーの藤田貴大も、『かえりの合図、まってた食卓、そこ、きっと、しおふる世界。』での岸田賞受賞後、休む事なく走り続けている。『てんとてんを、むすぶせん。からなる、立体。そのなかに、つまっている、幾つもの。ことなった、世界。および、ひかりについて』『cocoon』『モモノパノラマ』『Rと無重量のうねりで』、これ以外にも一連のコラボレーション物など、その多作ぶりは超人的とさえ思える。どこかオブセッシブにも感じられる、強固に一貫した「喪失」の主題のリフレイン性には、時に戸惑いを覚えなくもないが、どの作品の言葉も緩みなく揺るぎなく鋭く立っているのは、流石と言うしかない。台詞を書くことに潜む魔物のようなものを、藤田はよくわかっていると思う。彼に望まれる次のステップは、マーム以外への戯曲の書き下ろし（と外部演出）だろうか。

さて、年齢的には松井周と藤田貴大のあいだに位置する劇作家たちが、このあとは続く。二〇〇九年春に開催された「キレなかった14才♥りたーんず」は、多くの意味で明らかに日本の演劇シーンのその後の展開を予告する、一種のメルクマール的な公演だった。そこに集ったほぼ同世代の六名の内、いまのところ岸田賞を獲ったのは『わが星』（二〇一〇年）の柴幸男だけだが、岡崎藝術座を率いる神里雄大も何度か候補になっている。現時点での最新作に当たる昨年の『（飲めない人のための）ブラックコーヒー』は、神里の持ち味である過剰な観念性が、台詞＝テクストの次元でいまや極点に達しつつあることをまざまざと示す、紛れもない傑作だった。彼の戯曲もまた、読むことを強力に促すものである（神里は二〇一八年に『バルパライソの長い坂をくだる話』で第六十二回岸田國士戯曲賞を受賞した）。

「りたーんず」に個人として参加していた篠田千明は二〇一二年に他の何人かのメンバーと共に快快を脱退したが、篠田と作・演出のコンビを組んできた北川陽子は新生快快の第一作『りんご』で岸田賞の候補に推された。快快は集団創作に近いスタイルで舞台を作ってきたこともあり、実際には多くの作品で台本を手掛けてきたわけだが、劇作家としての北川は、必ずしもそれ以前には注目されていなかった。というよりもおそらく本人自身、初めて「戯曲」というものに真正面から取り組んだのが『りんご』だったのではないかと思われる。母親の死という極めてプライベートな出来事を、私性から必死で遠ざかるようにして物語って行く『りんご』は、戯曲としてはまだ荒削りな所があっても、魅力的な作品だった。本稿執筆時（二〇一四年五月十日）、快快は新作『へんしん』の上演中である。筆者はまだ観れていないのだが、そこでの北川陽子が、劇作家として如何なる変化と進化を遂げているか、すこぶる期待している。

　近年は若手劇団の顔見せ的なオムニバス公演が、さまざまな形で企画されている。昨秋には、その内のひとつである東京芸術劇場主催の「芸劇ｅｙｅｓ」の番外編として、女性の劇作家／演出家を集めた『God save the Queen』が行なわれた。そこから二名を挙げておくと、まず鳥公園の西尾佳織。昨年の『カンロ』で初の岸田賞候補になり、注目度を上げている。話法や形式への極めて知的なアプローチと、西尾自身の問題でもあるのだろう「女性」性との格闘の身ぶりとが渾然一体となった作品世界は、ともすれば消化不良な感じもあったが、最新作『緑子の部屋』では独自のバランス感覚を見せており、今後の展開が楽しみである。

　もうひとり、Ｑの市原佐都子は、疑いなく現在もっとも注目されている存在のひとりだろう。彼女は二〇一一年、Ｑの旗揚げと同じ年に『虫』で第十一回ＡＡＦ戯曲賞最優秀賞を受賞している。ヒトとヒトならざるもの（虫と犬とか魚とか）の境界が融解し、性交と生殖の即物的な次元にまで還元されたいきものとしての痛々しくもイタい姿が、グロテスクなユーモアと情容赦のないアンモラルさによって描かれるその世界は、際立ったオリジナリティがある。若手劇団の例に漏れず、矢継ぎ早に公演を打っていることもあり、最近はややワンパターンに思える部分もあったが、最新の『迷迷Ｑ』では題名通り、良い意味での迷いが戯曲に刻印されており、この先、ことによると大きく変化するかもしれないと思わせる。

変化といえば、範宙遊泳の山本卓卓もいままさに変わりつつある。初期の試行錯誤を経て、短編『幼女X』から導入されたプロジェクション・マッピングで背景にテキストを映し出すというアイデアに手応えを感じた山本は、その後の『さよなら日本～瞑想のまま眠りたい～』、最新作『うまれてないからまだしねない』と、基本的に同じ手法を採用している。当然、字幕を駆使することは、演劇の本来的なあり方からすれば危険な要素もある。だが、いわば「読む演劇」を企図しているとも言える山本の試みは、いままでのところかなり成功している。テーマとしては、一貫して「いまここ、すなわち現在のニッポン」で生きることの困難と辛苦に真正面から向き合いながら、彼ならではの物語の語り方を見出した山本は、遠からず真に傑作と呼び得る作品を書き上げることだろう。

エンターテインメント的なツボもしかと押さえつつ、それだけに収まらないユニークな個性を持つ者としては、FUKAIPRODUCE羽衣の糸井幸之助と、子供鉅人の益山貴司が挙げられる。妙なミュージカル＝ミョージカルを標榜する羽衣の作品は、ほぼすべてが通俗的と言えば相当に通俗的な、だが同時にこの上なく切実な、男と女の愛と情と性のテーマを扱っている。だが、やはり糸井自身が手掛ける陽気で儚く麗しいメロディに乗って、それらが歌い／語られると、観客はベタであることは百も承知の上で、むしろベタであるがゆえに怒濤の感動を味わうことになる。多分に戯画化された人間たちの織り成す、悲喜こもごもの人生讃歌は、表面的な装い以上の普遍性を持っていると思う。『Still on a roll』『女装、男装、冬支度』などの最近の作品では構成に絶妙な仕掛けが施されるようになってきており、劇作上の方法意識は存外に高い。

この春、京都から東京に拠点を移した子供鉅人も、大勢の役者と音楽家が舞台狭しと歌い踊るスペクタクル的な一連の芝居で人気を博してきた劇団である。その猥雑でアナーキーな作風にはファンが多いが、全台本を手掛ける益山貴司の資質は、そればかりではない。痛烈なアイロニーを孕んだ寓話的な家族劇『バーニングスキン』（二〇一一年）、遠く過ぎ去った複数の記憶が交錯する哀切で叙情的な『モータプール』（二〇一三年）など、その視線はシャープで、クリアで、なおかつ温かい。劇作家としての益山は、まだまだ開けていない引き出しを持っているように思える。小さな物語のかけがえのなさを、大きなスケールで語れる、貴重な才能の持ち主である。

　その他、平田オリザの「同時多発会話」を過激にアップデートさせた濃密な会話と、震災後を明視し続けようとするアクチュアルな作品群で要注目の作者本介＝山本健介（ジエン社）、『三月の5日間』の語りの実験を「小説」的とも言える方法論で受け継いでいる、わっしょいハウスの犬飼勝哉、極度にナンセンスかつスラップスティックな作風で、多くのファンを獲得しているナカゴーの鎌田順也など、観られるべき／読まれるべき若手劇作家は、まだまだ沢山存在するのだが、残念ながら紙数が尽きた。

「演劇」とは何か？

演劇とは一体何なのか、いまもってよくわかっていない自分にとっては、何よりもまず第一に、ほらいまお前の目の前で展開しているのが、他ならぬ「演劇」なのだと、強烈な存在感を突きつけてくる舞台こそが、観るべき作品ということになる。また同時に、これが演劇なのか？　これも演劇なのだ、いや、これこそが演劇なのだ、と、数をこなせばどうしたって形成されてしまうこちらの演劇観を思いきり拡張したり改変したりしてくれる舞台もまた、ことのほか重要だと言える。おおよそこのような観点に立って、二〇一四年の上半期を振り返ってみるならば、どうなるか？

まず最初に挙げなくてはならないのは、アル☆カンパニー『失望のむこうがわ』、地点『悪霊』、新国立劇場『十九歳のジェイコブ』の三本である。近年、意欲的に若き才能を起用しているアル☆カンパニー（平田満、井上加奈子）が、ポツドールの三浦大輔を作演出に迎えた夫婦密室劇で、いかにも三浦らしい徹底して底意地の悪い執拗さが、二人の熱演によって強烈な劇的強度を獲得していた。アルカンパニーが数年前に前田司郎を迎えたときにも思ったことだが、明らかにベーシックな演技の質感が異なる三浦の演出によって、最初はやや不具合を感じるのだが、舞台が進行するにつれて急速にチューニングが合ってゆき、いつしか見事にハマっているという「演劇」ならではのスリルを味わった。

『悪霊』はドストエフスキーの大長編に三浦基が挑んだ野心的な舞台で、地点はいつも野心的ではあるのだが、原作小説の大胆な圧縮と編集、その加工変形のさまといい、超人的と言っていい役者たちの発話と駆動ぶりといい、音と光の独創的な変容の具合といい、現実／現在に忽然と出現する虚構／物語としての「演劇」の特異性を、いやというほど味合わせてくれた。地点はいま、何をやっても傑作になってしまう状態にある。

同じく原作ものの『十九歳のジェイコブ』は、中上健次の同名小説を、サンプルの松井周が台本にして、維新派の松本雄吉が演出した舞台。ジャズ小説としての、青春小説としての、そして或る時代を描いた風俗小説としての原作の魅力をしかと踏まえながらも、サンプルで追究している変態感や倒錯性を中上自体から引き出して極大化してみせる松井の才気と邪気の溢れる脚本と、松田正隆と組んだ昨年の『石のような水』に引き続き、ノスタルジーと抽象性が渾然一体となった不可思議な舞台空間を現出してみせた松本の演出のマッチングは期待を大きく上回るものだった。いずれも新作初演である以上の三本が、傑出した達成を示していたことに異論のある者はまずいないだろう。

そこで話を新作初演から再演に進めてみよう。松井周率いるサンプルも『シフト』『地下室』（後者はサンプル＋青年団として）の二本の再演を行ったが、ここで言及しておきたいのは、遊園地再生事業団『ヒネミの商人』とイキウメ『関数ドミノ』、そしてマームとジプシー『ΛΛΛ かえりの合図、まってた食卓、そこ、きっと――――』である。『ヒネミの商人』は宮沢章夫が岸田國士戯曲賞を射止めた『ヒネミ』の続編で、初演は一九九三年なので、約二十年ぶりの再演だった。いわゆる「静かな演劇」の代表作の一本だが、初演時には静謐なヒューモアと屈折したナンセンスを醸し出していただろう舞台が、いま観ると、静かな不条理劇としての佇まいを越えて、ほとんどサイコホラーのような不気味さを孕んでいるように思え、戦慄した。

『関数ドミノ』は五年ぶりの再演だが、細部はかなりアップデートされていた。願ったことが何でもかなってしまう「ドミノ」と呼ばれる存在をめぐるサスペンスフルなストーリーで、前川知大の真骨頂といえるSF的な思考実験と、卓抜な役者の動かし方／動き方が冴えていた。

長い長い題名のマームとジプシーは、藤田貴大に岸田賞をもたらした『かえりの合図、まってた食卓、そこ、きっと、しおふる世界。』の特殊な形での再演。同作はもともと三つの短編劇を繋ぎ合わせたものだったが、今回はその内の二本を残し、更に別の「ワタシんち、通過。のち、ダイジェスト。」を加えてリミックスしたものになっていた。テーマ的にも、手法的にも、現時点でのマームとジプシーの集大成と言える作品であり、これを経て次なる段階へと向かう藤田のこれからに期待せずにはいられない。

と書いてたら、すでに紙数が終わりかけである。名前だけ挙げておく。ジエン社『ステロタイプテスト／パス』、Q『迷迷Q』、バストリオ『百万回』、水素74%『荒野の家』、FUKAIPRODUCE羽衣『女装、男装、冬支度』、野鳩『村にて』、鳥公園『緑子の部屋』、三野新『Prepared for Film』、東葛スポーツ『バック・イン・ブラック』、わっしょいハウス『我着地、クワイエット』、快快『へんしん（仮）』、三条会『セチュアンの善人』、ナカゴー『ノット・アナザー・ティーンムービー』等。

別役実的な社会

二〇一四年の上半期についても本誌で書いたので、ここでは主に下半期について述べたい。振り返ってみると、派手さはないが、確かな才気と実力を兼ね備えた作品が幾つもあったと思える。

まず、多田淳之介の名を挙げなくてはならない。東京デスロック『CEREMONY セレモニー』、芸術監督を務めるキラリ☆ふじみのレパートリー公演『奴婢訓』、韓国で初演されたドゥサンアートセンター＋東京デスロック＋第12言語演劇スタジオの『가모메 カルメギ』と、下半期に三本の演出作品が相次いで上演された。近年のデスロックが精力的に行ってきた「観客参加」の最新ヴァージョンである『セレモニー』と、同様の手法で寺山修司のアップデートを試みた『奴婢訓』にかんしては、個人的には楽しんだものの、そろそろ異なる方向性を見てみたいと思う気持ちもあった。そこへ来ての『カルメギ』は、日韓の俳優が合体し、チェーホフの『かもめ』の舞台を一九三〇年代の韓国（朝鮮）に移し替えたソン・ギウンの野心的な台本を、多田が彼ならではのアイデアを大量投入して、自由奔放に、だが明確なヴィジョンを一貫させつつ演出したもので、二〇一四年を通してみてもベストといえる出来映えだったと思う。デスロックは過去にシェイクスピアを何度か取り上げているが、多田版チェーホフをもっと観たいと思うのは私だけではない筈だ。

ハイバイの岩井秀人は、再演という行為に極めて意識的な劇作家／演出家であり、二〇一四年も『霊感少女ヒドミ』を再演しているのだが、完全な新作としては久しぶりの『おとこたち』も文句なしの傑作だった。狂気すれすれにまで煮詰められたペーソスと、そこから滲み出る独特なユーモア、ラフなようでいて隅々まで計算し尽くされた演出（特に場面転換の巧みさ）は、ほとんど名人芸の域に達している。この作品もまた数年ごとに少しずつ形を変えて再演されていくのだろう。いまから楽しみである。

たまたま異常に忙しい時期に当たってしまい、二〇一四年の「フェスティバル／トーキョー」はたったの一本しか鑑賞することが出来なかった。それはミクニヤナイハラプロジェクト『桜の園』だったのだが、これが観れただけで満足と思えるほどに素晴らしい作品だった。チェーホフを換骨奪胎してアナザー・ストーリーを取り出し、なおかつ「3・11以後」の文脈に繊細かつ大胆に接続してみせた戯曲も、発話も挙動もクイック・モーション&ハイスピードを極限まで突き詰め、役者に過剰な負荷を掛けることによって（そして役者がそれに存分に応えることで）実現した超人的な舞台上の光景も、もともとはダンサー／振付家である矢内原美邦が演劇というフィールドで挑んできた果敢な実験／実践の完成形というべきものだった。このレベルの作品が連続するようなら、今後の彼女からは絶対に目が離せない。

大御所の演劇人たちについて、私は語る言葉をほとんど持っていないが（そもそもあまり観れていない）、ケラリーノ・サンドロヴィッチだけは例外的に観続けている。二〇一四年も旺盛かつ充実の活動ぶりだった。ナイロン100℃としては、岸田國士の短編戯曲をリミックス／コンパイルした『パン屋文六の思案〜続・岸田國士一幕劇コレクション〜』と新作『社長吸血記』が、そして二〇一五年一月末で惜しくも閉館する青山円形劇場のプロデュース公演として、別役実の一九八五年の戯曲を演出した『夕空はれて〜よくかきくうきゃく〜』が上演された。『夕空はれて』は、もともとは書き下ろしの新作になる筈が、別役氏の病気によって急遽、過去作品に差し替えられたものだが、主演の仲村トオルの好演もあって、結果としてシンプルだが強度に満ちた舞台になっていたと思う。KERAは別役からの影響を公言しているが、オリジナルの『社長吸血記』も別役的なおそろしさとおかしさを見事に継承した野心的な作品だった。

二〇一四年には『夕空はれて』以外にも、中野成樹＋フランケンズの『天才バカボンのパパなのだ』と『ハイキング』、未見だが世田谷シルクの『赤い鳥の居る風景』、そして柄本明のひとり芝居『風のセールスマン』の再演と、別役実の戯曲がさまざまな形で上演された。もちろん毎年何本かは必ず舞台に上げられているのだろうが、ここへきてその新しさが再評価されつつあるようにも思われる。不条理という言葉では語り切れないアクチュアリティが、別役の戯曲にはある。あるいは、私たちの社会が別役実的になりつつあるということかもしれない。

その他、チェルフィッチュ『スーパープレミアムソフトWバニラリッチ』、ままごと『わたしの星』、野田秀樹作、藤田貴大演出『小指の思い出』、あうるすぽっとのシェイクスピア・フェスティバル、悪魔のしるし『わが父、ジャコメッティ』、村川拓也『エヴェレットゴーストラインズ』、ワワフラミンゴ、烏丸ストロークロック、等が印象に残っている。

アダプテーション二〇一五

二〇一五年の上半期は、なんとなく地味だったような気がしてしまっていたのだが、それは自分がやたらと忙しかったせいの錯覚で、具体的に思い返してみると、力のこもった舞台がとても多かったことに気づく。

偶然とはいえ時期を前後して上演された二本の『三人姉妹』。ケラリーノ・サンドロヴィッチは、現在形の正攻法というべきアプローチで、チェーホフをサスペンスフルな男女の心理劇へと仕立て上げ、地点の三浦基は、戯曲の時空間を完膚無きまでにバラバラに解体し、声と身ぶりのノイジィなアンサンブルへと変奏してみせた。鋭い対照を成す二つの『三人姉妹』は、疑いもなく現代日本演劇の到達点の両足である。

アダプテーションということでは、岩松了の四半世紀以上前の岸田賞受賞作を、サンプルの松井周が演出した『蒲団と達磨』は、おかしみとかなしみと不気味さが渾然一体となった原作戯曲の豊饒さを見事に増幅してみせていた。サンプルは、アングラ演劇との親近性を指摘されることがあるが、そうではない。松井周は、かつて岩松がそう呼ばれた「静かな演劇」が「アングラ」から秘かに継承していたものを更に現在へと継承しているのだ。

東京デスロックの多田淳之介原作による悪夢の反復としての集団自殺劇を、ハイバイの岩井秀人の演出で徹底してフィジカル&ファンタジックな舞台として再生した快快の『再生』も、オリジナルへのリスペクトに満ちた批評眼に支えられていた。この批評眼とは、言い替えれば「いまここ」からの視線ということである。なぜいま、ここで、それを新たに上演するのか？

となれば、木ノ下歌舞伎の『三人吉三』を挙げないわけにはいくまい。黙阿弥の本自体が無類に面白いわけだが、木ノ下裕一の補綴監修の下、杉原邦生の演出が冴えに冴えている。場面場面をひたすら面白くする、見せ場という見せ場をフルスロットルで走り切る、役者たち全員をとことん光らせる、ある意味ではとにかくただそれだけをやっているのだが、掛け値無しに五時間がまったく長くない。『三人吉三』であれ何であれ、演じられるのは常に「いまここ」であり、そうでしかない。杉原はその端的な事実に背を向けることも、それにおもねることもなく、細心の大胆さをもって、現代演劇としての歌舞伎を追究している。

神里雄大のかなり久しぶりの新作である岡崎藝術座『+51 アビアシオン，サンボルハ』は、モノローグ（する身体）の可変性と、モノローグの必然を支える主題の探究という、神里が一貫して取り組んできた試行の、確信に満ちた実験であった。自らのルーツ／出自への複雑な思いを、他者の伝記的事実へと接続し、そこから歴史性へと拡大し、遂には非歴史的な人間性の深淵へと掘り進む。俺はこれでやるんだ、という宣言のごとく感じて頼もしかった。

同じようなことが、やはり久々の本公演だった三浦直之＝ロロの『ハンサムな大悟』にも言える。劇団員であり主演も務める篠崎大悟の人生をフィクショナルに物語りつつ、ここで三浦がやっているのは実際には限りなく「自分探し」に近い。むろん悪い意味で言うのではない。そこで見つかる「自分」は素朴な私小説的「私」ではないからだ。三浦は明らかに何かを摑んだと思う。

自分がプロデュースした公演なのでいささか気が引けるが、飴屋法水『コルバトントリ、』についても書いておきたい。芥川賞候補にもなった山下澄人の小説『コルバトントリ』を基にして、飴屋が台本と演出を手掛け、劇団FICTION主宰でもある原作者が自ら出演もしたこの芝居は、手前味噌でもなんでもなく、間違いなく今年最大の収穫のひとつである。かねてより山下小説と飴屋演劇には相通じ合うものがあると思っていたからこその企画ではあったが、しかしそれにしても、小説と舞台を並べてみれば、飴屋が『コルバトントリ』のどこにどのように共振し、それを如何にして自分の作品へと変容したのか、という「演劇の生成」の、ほとんど魔法と呼ぶしかない手腕に驚嘆を禁じ得ない。

　実際のところ『コルバトントリ、』は『コルバトントリ』と、筋とその進行としては、それほど似ていない。だが同時に、二作はまるで双児のようにそっくりなのだ。人間はほんとうの意味で「死」を知ることは出来ない。それゆえ演劇も「死」を上演することは出来ない。だが、この舞台には、限りなく「死」に近い何かが現前していた。そしてそこに射し込む光も仄見えていたのだ。

　紙数の都合で名のみ挙げるが、許されるなら右の作品たちと同じ程度の言葉数を費やして語られるべき舞台として、中野成樹＋フランケンズ『ナカフラ演劇展 vol.2』、贅沢貧乏『ヘイセイ・アパートメント』、イキウメ『聖地X』、城山羊の会『仲直りするために果物を』、大谷能生×山縣太一『海底で履く靴には紐が無い』、青年団『冒険王』および青年団＋第12言語演劇スタジオ『新・冒険王』は、いずれも非常に素晴らしかった。

木ノ下歌舞伎

木ノ下歌舞伎は、主宰の木ノ下裕一が全公演の監修および補綴を手掛けているが、演出家は演目ごとに外部から迎える方式を採っている。杉原邦生（ＫＵＮＩＯ）、多田淳之介（東京デスロック）、白神ももこ（モモンガ・コンプレックス）など才人揃いだが、今回再演される『心中天の網島』（初演二〇一五年）で演出を担当するのが、FUKAIPRODUCE羽衣の作演出家、糸井幸之介である。

FUKAIPRODUCE羽衣（以下、羽衣と略す）は、女優の深井順子が主宰する劇団だが、そもそも糸井幸之介の才能に惚れ込んだ深井が彼の作品を上演するために立ち上げた団体である。羽衣の舞台は「妙ージカル」と称されている。妙なミュージカルの謂である。実際、それはとても妙だ。確かに全編、歌あり踊りありのミュージカル仕立てなのだが、歌い踊っているのは羽衣のメンバーを始め、おそらくプロフェッショナルな訓練を特に受けていない役者ばかりであり、したがって随所で、というか大半が、どうにもこうにも覚束ない。ひょっとしたら素人の方が上手いのでは、と思ってしまうくらいである。いわゆるヘタウマというのとも違う。もしかしたらヘタヘタなのかもしれない。

だが、ここが重要なのだが、にもかかわらず、その歌と踊りは観客をいつしか怒濤の感動へと導くことになる。そこには高度な技巧は全然ない。ヘタなりに一生懸命なのは素晴らしい、というのとも違う。むしろヘタはヘタだけどヘタじゃない！とか言い張りたくなってくるような、不可思議な、だが強烈な説得力がそこには漲っている。そしてロックがロックだった頃の、ポップスがポップスだった頃の、つまり音楽がいちばん魅力的だった時代の隔世遺伝的な記憶に満ち満ちた糸井の作詞作曲編曲演奏による音楽が、その感動を思い切り支えている。

　そのような妙ージカルが物語るのは、ほぼ全部が、どこにでもありそうな、そうであるがゆえに物語の題材としては陳腐とも思われかねない、男と女の、女と男の、恋愛の物語である。不倫が多い（笑）。それらはありきたりであるが切実であり、凡庸だが美しい。私はいつも、羽衣を観ていると途中でどうしても泣いてしまう。そこに紛れもない人間讃歌を見るからだ。羽衣はいつだって、人間ってやつは本当にどいつもこいつもまったくもってどうしようもない、だが素晴らしい、いや、だから素晴らしいのだと思わせてくれる。そこには高尚な思想はない。ただ誰もが震えざるを得ない、弱くて強い、儚くても麗しい、人の情がある。

　そんな羽衣の座付作者である糸井は、なるほど『心中天の網島』の演出にぴったりである。これは悲劇である。筋立てだけ取ってみれば、終わった後には何ひとつ希望のかけらも残っていない、この上なく酷薄な、非道極まりない悲劇だ。しかしそれが、糸井の手にかかると新たな輝きを纏う。そもそも羽衣が描いてきた無数の男女の物語のなかにも、哀しい悲しい結末を迎えるエピソードが幾つもあった。

　しかしたとえそれがどこからどうみても悲劇でも、糸井の演出にはそのような悲劇を惹き起こし巻き込まれる「人間」たちへの慈愛に満ちた視線が常に潜在している。悲劇という概念は運命（＝神の意志？）に結びつきやすいが、糸井はそれを、あくまでも人と人との関係に、心と心の些細な、だが決定的な（致命的な）すれ違いのドラマへと還元してみせる。その手捌きの繊細にして大胆なこと！

　木ノ下歌舞伎版『心中天の網島』は、糸井幸之介という演劇の作り手にとっても、極めて重要な作品であると思う。初演から二年余を経てアップデートされた再演では、いかなる変容を遂げているだろうか？

身体・舞台・アート

アートとパフォーミング・アーツの相互浸透は、もちろん古くからある現象だが、ニコラ・ブリオーの「関係性の美学」以後の、いわゆるソーシャリー・エンゲイジド・アートの文脈のなかで、以前とは異なる進化を始め、とりわけ今世紀に入ってからは、インターネット、ケータイ〜スマホ、ライヴストリーミング、SNS等といった非身体的なツールと逆向きに釣り合うようにして、カラダを伴う表現／体験の持つ意味と意義が再発見されてきた／いる感がある。

何よりもまず、そこではアーティストやパフォーマーの「身体」のみならず、観客＝観者の「身体」が駆動されることが多いのが特徴的である。演劇においても「ポストドラマ」の実験の果てに観客参加型、移動型、回遊型、ツアー型、町歩き型のパフォーマンスが増加し、近年の芸術祭の乱立や「地域アート」の流行とも相即して一種のブームの様相を呈している。「体験」を準備し提供する側のスタンスによって、それは「鑑賞」にも「観劇」にも「観光」にも、そして受け手自身の「表現」にもなり得る。そのとき、演劇とアートの境界は限りなく不分明になっており、体験者にとっては、もはやそのようなカテゴリ分類など特に問題でない場合も多い。実際、体験型の作品だけではなく、芸術祭のプログラムとして演劇人やダンサーが、演劇祭のプログラムで美術家が作品を発表するケースは刻々増えている印象である。

古典的な意味でのアートと舞台表現のコラボレーションも、かつてと較べればずっとカジュアルな自由さで行なわれている。たとえばチェルフィッチュの岡田利規は、以前から塩田千春とコラボレーションするなど現代美術との親近性の強い演劇作家だが、近作の『部屋に流れる時間の旅』では久門剛史、その前の『God Bless Baseball』では高嶺格（彼自身も「美術」と「演劇」を横断するアーティストだ）を迎え、従来の舞台美術の範疇を越えた密接な共同作業を行なっている。岡田利規はアート・ワールドとの接続に極めて意志的な演劇人であり、最近は美術展でのインスタレーション作品なども発表している。岡田の『わかったさんのクッキー』と『家電のように解り合えない』で美術を手掛けた金氏徹平は、岡田も協力した自らの舞台作品『tower（THEATER）』を段階的に発展させ、二〇一七年一〇月の京都エクスペリメントで上演した（残念ながら筆者は未見）。

　美術の側からいうと、たとえば小林耕平の一連のパフォーマンス（もしくはライヴ・インスタレーション？）が挙げられる。一風変わった活動で知られるハードコア・パンク・バンドcore of bellsとの共演や、ダンサーの神村恵、福留麻里らをフィーチャーした映像作品など、小林の作風は静態的でも固定的でもない時間性と身体性を伴うものへと比重が移っている。これは最近の田中功起と同様だが、田中の場合は基本的にＳＥＡ的なアプローチであり、リサーチ・プロジェクト的であるのに対し、小林の場合は、たとえそこに彼自身の何らかの社会的な意識が装填されているのだとしても、すぐにはわからないような謎めいたレイヤーが全体を覆っている。むしろそこで問われているのは「美術」という装置の作動の原理や「アート」という制度の限界であると言っていい。むしろその設問の強度が小林をパフォーマティヴな作品へと押し出してきたとも考えられる。小林作品にしばしば参加しているダンサー／振付家の神村恵は、他にも高嶋晋一との「前後」、津田道子との「乳歯」など、美術家との共作を積極的に行なっている。

　更に若手だと、写真家として「1_WALL」展で二度の入賞、「TOKYO FRONTLINE PHOTO AWARD」で準グランプリ及びホンマタカシ賞を受賞した三野新は、その一方で「写真を演劇化する」というコンセプトのもと、ヒッピー部〜三野新〜ニカサンとカンパニー名を変更しながら、舞台作品を精力的に発表している。写真の展示と演劇の上演を有機的に結びつけようとしつつ、観客参加は（いまのところ）禁じ手とするという困難＝ジレンマを敢えて設定した彼の取り組みは、目線の高さと完成度のアンバランスによっていまのところ誤解されることも多いが、行く末を見守っていく価値はあると思っている。ニカサンとしての旗揚げ公演だった『偶数と奇数』では、カメラ・オブスクラに擬した半透明な立方体を劇場空間の内部に造り上げ、その内部に囚われの女（？）がいるという設定で、その作風はますますライヴ・インスタレーションに近づいている。

　また、村社祐太朗の演劇ユニットである新聞家は、なにげない家族や夫婦の挿話が語られているだけなのに何故だか次第に意味が摑めなくなってくる村社による奇怪なテクストを俳優が「発話」し観客が「理解」（しようと）することに焦点を置いた独自のスタイルで一部で注目されているが、メインヴィジュアルを手掛ける菅幸子をはじめ、川内理香子や椋本真理子など造型作家の作品を舞台空間にインスタレーション的に点在させる試みを何度か行なっている。新聞家の上演では役者がほとんど不動である場合が多く、彼らもまた展示の一部のように見えることもある。

　かくのごとく、アートと舞台表現の「浸透」は現在進行形なのだが、そこで俎上にあげられている「身体」は、かつての生々しい肉体性とはかなり異なっている。それはネット以後の実存のありようとも重なる、いわば「ポスト身体」とも呼べるだろう何かだと思われる。

純粋劇作家、松原俊太郎

劇作家不遇の時代だと思う。

演劇は幾つもの要素から成り立っているわけだが、現在活躍中の演劇作家の多くが「劇作家、演出家」であり（更に「劇団主宰」であることも多い。この「劇団」という語の定義もかつてとは違うのだが）、戯曲を書くこととそれを演出することがひと続きの作業であるとされていることがしばしばである。むろん前からそういうひとは多かったが、近年ますますこの傾向は強まっていると言える。このことは、一方では日本でもっとも権威と効力のある演劇賞が「岸田國士戯曲賞」であるがゆえに、既存戯曲の演出を主に手掛ける才能ある演劇人（多田淳之介、中野成樹、三浦基など）がその栄誉に浴すことがかなわないという問題を生んでおり、尚且つその岸田賞の候補に挙げられる作品の多くが「劇作家、演出家」による、それも事前に書かれた「戯曲」ではなく「上演台本」になっているという些か奇妙な事態を生じさせてもいる。

つまり、いまの演劇シーンでは劇作家の存在感が希薄なのだ。もちろん現在においても、たとえば長田育恵のように劇作のみを手掛ける者もいるが、とりわけ新人の場合、戯曲のみによって世に出ることは構造的にかなり困難になってしまっているのが現状である。

そんな中、愛知芸術センターが主催する「ＡＡＦ戯曲賞」は、全国公募型の戯曲賞として有意義なものだと言える。新たな劇作家の登竜門になり得るからだ。とはいえ、この賞もまた近年の最終候補の顔ぶれを見ると「劇作家、演出家」の「上演台本」が大勢を占めつつあるのだが。しかし同賞は少なくとも現時点でひとり、現在では稀少と言ってよい、いわば純粋劇作家を世に送り出した。他ならぬ松原俊太郎である。

松原俊太郎は、ＡＡＦ戯曲賞がそのコンセプトを見直し審査員を一新した最初の回だった第十五回をまったくのオリジナルの戯曲『みちゆき』で受賞した。この作品は同賞の規定により審査員のひとりである三浦基の演出で三浦の劇団「地点」によって上演され、その後、松原は地点の本公演のために新作戯曲『忘れる日本人』を書き下ろした。聞けば第三作もすでに控えているという。三浦はＡＡＦの選評で松原を「大型新人の登場」と絶賛し、「日本語でここまで劇を紡ごうとしていること、この文体を日本人が書いているということにすごく希望を持ちました」と述べていた。三浦が長らく物故作家の名作戯曲ばかりを上演してきたことを思うと、松原との出会いがどれほど大きなものであったかがわかる。地点はいうなれば「座付作者」を得たのである（とはいえ三浦はこのような見方を否定しており、他の演出家も松原戯曲を取り上げることを強く推奨している）。

私は松原とはまだ一度も会ったことがないのだが、聞けば彼はもともと小説家を志していたのだという。確かに『みちゆき』『忘れる日本人』を読んでみても、その日本語戯曲としての紛れもない特異性、独自性は、上演というリアライゼーションを一顧だにしていないかにさえ思える、いわば「文学」的な佇まいによるところが大きい。誤解のないように言い添えておくが、これはもちろん松原が「戯曲」を「演劇」から完全に切り離して単なる文字の連なりとして書いたということではない。むしろ彼は明確なヴィジョンを持っているかに見える。しかしそれ自体が現実の上演とはあらかじめ摩擦を起こすようなものなのである。

上演への抵抗としての戯曲。そして三浦基が自ら演出を買って出たのは、これゆえだったのだと私は思っている。松原の戯曲は、演出家への静かな挑戦として存在している。ただ口に出して読むだけではどうにもならない、凝集した謎の物体のようなテクストなのだ。

そしてここに松原俊太郎の小説「またのために」が登場した。彼の小説を読んだのは初めてのことである。実に興味深いことに、彼の戯曲を読んだときの印象とは真逆に、彼の小説はすこぶる演劇的だと私には思えた。それはつまり、複数の声の交錯としてのテクストということである。戯曲であれば、ト書きと台詞という峻別が前提として機能しているが、小説の場合はそうはいかない。ここでの地の文と丸括弧（）の関係性は極めて独特であり、油断も隙もならない。

舞台上において、少なくとも発話者の姿（誰が語っているのか?）は明瞭である。しかし小説はそうではない。小説は見えない。だが聞こえはする。「またのために」の作者は、このことにすこぶる意識的である。そして、にもかかわらず、ここではテレビの画面＝映像が、ほとんど舞台装置と言ってもいい重要な役割を果たしているのだ。この倒錯ぶり！

松原俊太郎は、現代日本演劇における、新たなる劇作家の時代を切り拓くだろう。それは同時に、演劇と文学の共闘の可能性を、いまあるものとはまた違ったかたちで開示するものに他ならない。

Twitterには書かなかったこと

iPhoneのスケジューラを開いて数えてみたら、二〇一七年の一月から三月までの三ヵ月の間に、私はちょうど三十本の芝居を観に行っていた。これは演劇だけの数であって、ダンスを加えると四十三本になった。舞台系の評論家やジャーナリスト、プロ観客の方々からしたらまだまだしょぼい数かもしれないが、まあ結構な頻度と言っていいのではなかろうか。しかも二月の半ばに風邪で数日臥せってしまい、その間に予定していた観劇など数本をキャンセルせざるを得なかったので、本当ならもっと数は多かった筈である。ただし大学が春休みの期間なので、他の時期よりは数が増えているのかもしれない。何しろちゃんと数えてみたのが初めてなので、よくはわからない。

　ともあれ、観劇時評的な連載を、という「紙背」編集長の依頼に応えてこうして書き始めているわけだが、何をどうやっていこうか、まだ方針は定まっていない。そもそも舞台を観て何ごとかを書くということ自体、それがどういうことなのか、如何なる意味や価値や効果などなどを持ち得るのか、私はまだよくわからないでいる。私は複数のジャンルにまたがって書き仕事をしているが、もはや「いやなんとなく面白そうだから」では済まされない本数の演劇やダンスやあれこれを、おおよそ十年以上にわたって持続的に鑑賞してきているにしては、私がそれらについて書いた文章、生産したテクストは、量的体験としてはおそらくもっと少ない他のジャンルについて書いた文章、テクストよりも、はるかに少ない。

ここには舞台芸術というジャンルの特殊性と、舞台芸術と私という書き手の関係性のあり方が作用していると思う。ここら辺を掘っていくだけでも話は延々続けられるのだが、とりあえずそれは措くとして、こと私の場合、何かの芝居を観て、それについて何かしら思ったこと考えたことを書くための媒体は、もっぱらTwitterである。それもなるたけ観劇後すぐに書くようにしている。すぐに次の予定があったり、連れが居たり、長くなりそうだったり、書く気になれなかったりした場合を除き、私は速報と呼んでいいくらいのタイミングで、いましがた観終わったばかりの舞台にかんしてあれこれ思いついたことをツイートする。

もちろん一円にもならないし、誰かに求められてやっているわけではない。第一には自分のためのメモのようなつもりで書いているのであって、つまりこれはまったく全然仕事ではない。単に好きでやっているだけであり、やらなくてもいいし、いつやめてもいい。だがもう長らく、私は日々せっせと観劇ツイートを呟き続けている。そこには義務感はない。だが、ほんの僅かだけ意義を見出しているとしたら、たまたま自分の感想ツイートを目にした、まだその舞台を観ていない、あるいはその舞台のことをまったく知らなかった誰かが、それは面白そうだ良さげだなどと思い立って、それを観に行く、という具体的な行動を促すことが起こり得るということで、正直に言えばそれはかなり意識的にやっている（こともある）。

芝居は、限定された公演期間中にわざわざ劇場やそれに類する場所まで出かけていかなければ体験することが出来ない。その意味で芝居含む舞台芸術は、非常に前時代的というか、参入障壁が高いというか、面倒くさい芸術である。しかも、ぐずぐずしているとそれはあっという間に終わってしまう。だから私は、それを観てそれが素晴らしかったなら、その素晴らしさを来るべき未知の観客に共有してもらうために、その可能性を微かでも増やすべく、いささか熱の篭った連ツイをすることにしている。そうすることによって、たとえ数人でもその芝居を出会うひとが増えるなら、それはやってみる価値のあることだと思っている。
これはどうしたって普通の印刷物では不可能だ。雑誌などの観劇レビューは、それがどれだけ優れていたとしても、大抵の場合、読者がそれを読むとき、その舞台はとっくに終わっている。この宿命的かつ致命的なタイムラグを避けることが出来るのは、まず新聞というものがあるのだが、よほど条件が揃っていなければ上演期間中の早い段階で記事を掲載することはむつかしい。ネット媒体は当然もっと早いが、何と言ってももっとも良いのはＳＮＳ、それもTwitterであることは言うまでもない。だから私はそうしてきた／いるし、この三ヵ月に観た三十本の芝居の多くについても、そんなわけでマイクロレビュー的に逐一ツイートしてきた筈である。そしてそれはこれからもそうするつもりでいる。

さて、ならばここにこうして「観劇時評」の連載を開始するにあたって（と言いつつすでに与えられた枚数の半分近くを埋めてしまっているわけだが）いったいどういうことが出来るだろうか。紙は遅い。その宿命的で致命的な遅さ＝タイムラグそれ自体を、何らかの仕方で面白味へと転化させるしかあるまい。ひとつには、まさにここで最初にそうしたように、或るまとまった過去の時間における観劇体験を総体的に俯瞰して捉え直す、ということが考えられるだろう。たとえばこの三ヵ月に私が観た芝居三十本の観劇場所を見てみると、アトリエ春風舎（柳生企画、ハチス企画、玉城企画、宮部企画）と早稲田どらま館（バストリオ、地点、村川拓也、くらやみダンス）が各四回、こまばアゴラ劇場（木ノ下歌舞伎、庭劇団ペニノ、ロロ）が三回、ＳＴスポット（(劇)ヤリナゲ、松村企画）と新宿眼科画廊（お布団、亜人間都市）が二回ずつ、他は３３３１アーツ千代田（サンプル）、ジエン社（シアターＫＡＳＳＡＩ）、早稲田大隈講堂（地点）、シアター・バビロンの流れのほとりにて（お布団）、西麻布KREI SALON（バストリオ）、アトリエヘリコプター（ふたば未来学園高校演劇部）、シアターコクーン（ケラリーノ・サンドロヴィッチ)、to plus gallery(H-TOA)、本多劇場(子供鉅人)、横浜赤レンガ倉庫(ヌトミック)、ＲＡＦＴ(小田尚稔)、東京芸術劇場(野田地図)、「劇」小劇場(西尾佳織)、ヒガコプレイス(女の子には内緒)、倉敷市立美術館講堂(悪魔のしるし)となっている。周知のように春風舎は青年団の稽古場を兼ねた劇場なので青年団/アゴラ系が突出して多いことがわかるが、列挙した団体名の多くが「○○企画」となっているように、これはこまばアゴラ演劇学校・無隣館の修了公演がこの時期に集中しているためである(ハチス企画は青年団若手自主企画。また会場はＳＴだが松村企画も無隣館修了公演)。また、二月にはＴＰＡＭ(国際舞台芸術ミーティング in 横浜)が開催されており、主催、フリンジ併せて多数の公演が横浜近辺で行われたが、すでに述べたようにちょうどその時期に私は酷い風邪をひいてしまい、観るつもりでいた複数の作品を断念せざるを得なかった。ほぼ唯一観たのはアピチャッポン・ウィーラセタクンの『フィーバー・ルーム』だったが、これは演劇ともダンスとも言えないのでカウントしていない。

それから特筆すべきはやはり早稲田どらま館だろう。かつて早稲田小劇場があった場所に早稲田大学が作ったキャパ最大六十名ほどの劇場で、主に早稲田の学生劇団が公演場所として使用する一方、独自企画の公演なども積極的に行なわれるようになっていきつつある。このベクトルが今後もっと強まることを期待したい。興行が可能な大学の持ち小屋というのは関東では珍しいのではないだろうか。構造としてはフォーマルな劇場と言えるが、客席後方正面の扉を開け閉めして演者が何度も激しく通り過ぎるバストリオ『TONTO』(二月二十三日)の掟破りの使用は(観客としては)痛快だった。

また、この三ヵ月だと本数としては二本だが、新宿眼科画廊も「ここから何かが起こっていく場所」として個人的にかなり期待している。もちろん何年も前から本来は貸しギャラリーであるこのスペースは小規模演劇に積極的に使用されてきたわけだが、昨年あたりから「新しい演劇」の小さな台風の目となりつつあるように思う。それは一時期の王子小劇場やＳＴスポットを彷彿とさせる（もちろんこの二つはいまでも頑張っているが）。裏返して言えば、どらま館や眼科画廊のような客数四〜五十名くらいのミニマムなスペースでしか新進演劇人は上演出来ない現実があるということではある。だが言うまでもなく、チェルフィッチュだってマームとジプシーだって同程度の規模のＳＴスポットから出てきたのだから、眼科画廊やどらま館に未来の演劇の人知れぬ芽が隠れている可能性は大いにあるだろう。

三月二十六日（日）、倉敷市立美術館講堂で、悪魔のしるし『蟹と歩く』千穐楽を観た。三月十七日に四十二歳の若さで逝去した倉敷出身の故・危口統之が遺した原案を元に「同行者」たちが実現させた最後の作品である。原案がどのようなものだったのか私は知らないし、結果として追悼公演になってしまったのだが、とても悪魔のしるしらしい、一筋縄でいかないピュアなアイロニーと笑えたり笑えなかったりする屈折したユーモアに満ちた舞台に仕上がっていた。蟹は横にしか歩けず、海岸線に沿って浜辺をゆっくりとどこまでも移動していく。だがいつかは必ず、蟹は向きを替えて海に入っていき、水面深くに消えてゆく。

CANCERは「癌」であり「蟹」でもある。複数の語りが並行し、それらは空間を越え、時間を越え、時間を逆行してゆき、しかし同時に常に「現在」という海岸線を蟹のように横歩きしながら、やがていつかは来る海への帰還の予兆をどこかに忍ばせつつ、いつものように行き当たりばったり感満載で進行していって、クライマックスの、快快の山崎皓司が扮するオジー＝危口のオンステージに辿り着く。湿っぽさから可能な限り遠ざかろうとするさまざまな工夫や仕掛けが惹き起こす笑いと、それでもどうしたって滲み出てくるしかない悲哀とのあいだで、観客は皆、表情を宙吊りにされているようだった。限りなく肯定的な意味で言うのだが、全体に漂う未完成感、中途半端感は、すこぶる悪魔のしるしらしい、危口統之らしいものだったと思う。

以上のことを、私はTwitterには書かなかった。私はそのとき、ただ「Adiós!」とだけ書いた。それは悪魔のしるしの『わが父、ジャコメッティ』にも出演していた危口君のお父様が入棺前の挨拶で突然叫んだという言葉であり、そして『蟹と歩く』の最後にコージ君が叫んだ言葉だった。私は「Adiós」と書いて、それから「Adieu」と、そして「A dieu」と書いた。あのときはそれ以外、書くことが出来なかった。それからも、それ以上を書くつもりはなかったが、こういう機会が与えられたので、Twitterには書けなかったことを、あのときから随分遅れて、いまこうして書いた。

下北ウェーブはニューウェーブか？

ふと気づけば小劇場演劇に足繁く通うようになってから十年以上が経過しており、それなりに先物買い的なことも出来ているつもりでいたものの、今回の「下北ウェーブ２０１８」に参加した三団体はいずれも初見の劇団だった。私は選出に至るプロセスを全然知らないのだが、まさに三者三様で、この機会に知ることが出来てよかったと思う。私は何しろ、初めて観る劇団が大好物なのである。

最初に観たのは、いいへんじの『つまり』。たまたま私が観に行った回にアフタートークがあり、主宰で作演出の中島梓織の対談相手を務めたのは日頃仲良くさせていただいている早稲田大学の水谷八也教授だった。そのトークで知ったのだが、中島さんはまだ大学二年生（二〇一八年春に三年生になった）。そんなことは知らずに観ていたわけだが、確かにこのあと述べるように全編に初々しさと瑞々しさが漲ってはいたとはいえ、そこまで若いとは思いも寄らなかった。年齢を聞いてたまげてしまったほど、舞台としての完成度は高かった。

ひとりの大学生の女の子の脳内に性別もキャラも異なる七つの人格が宿っており、事あるごとにディスカッション、というか口喧嘩や仲違いをする。七重人格をひとりずつ俳優がやっているのだが、彼女たち彼たちはヒロインの実生活での周りの人々も演じていくので、いささかややこしい。だが実際にはそんなにややこしい感じはしないところが、まずはなかなか上手だなと思った点である。リアルと脳内はかなり頻繁に入れ替わる（というより並行している）のだが、編集センスが良いのと、役者がみな魅力的なので、ルールさえ呑み込めばするりと芝居に入り込めてしまう。全十二場、それぞれの最初に日時が示される。時間は行きつ戻りつする。それから字幕の使用。ヒロイン自身のモノローグらしき言葉が、これも結構頻繁に字幕で出る。脳内人格のかまびすしさとは違って、それは内省的な。センチメンタルと言ってもいいような文体である。言葉の割り方やタイミングもよく考えられていると思った（ただ会場の小劇場楽園では字幕が見切れてしまう客席があったと思う。プロジェクターを増やして二面に打てば解決した筈だ）。

アフタートークで水谷さんも仰っておられたが、仕掛けがわかってすぐに私も贅沢貧乏の『みんなよるがこわい』を思い出した。あちらはＯＬらしき女性の脳内に三人の女の子が居て、やはり互いにモメたりする。だが中島梓織はおそらくあの作品を観ていないだろう（そう言っていた気がする）。そもそもこのアイデア自体は特に残新なわけではなく、むしろ演劇をやり始めの頃ぐらいに誰もが思いつきそうなことではある。ざっくりと述べてしまえば、贅沢貧乏はこのアイデアの技術的洗練、ウェルメイドを志向して（もっともあちらは短編なのでそうならざるを得ない）それに成功していた。対していいへんじの場合は、いったい何を語りたいのか、という主題の方向から、このアイデアが出て来たのではないかと思われる。二十歳そこそこの女子のクヨクヨ感、ああでもこうでもないという堂々巡りの思い悩みを表現するのにもっとも適した手法として、七重人格という無茶なことを考えついたのだろう。無茶ではあるが、演出の細部の均衡が取れているので無茶苦茶にはならずに済んだ。

ヒロインの年齢はこの芝居を書いて演出した中島梓織と同じであり、当然さまざまな改変が為されているだろうとはいえ、おおむねそこで描かれるクヨクヨは中島自身のクヨクヨが転写されたものだろうと推察される。それはいまだ何者でもない自分へのクヨクヨであったり、恋愛のクヨクヨであったり、家族へのクヨクヨであったりする。それらはどれも、こう言ってしまうのは私がおじさんであるからだが、ありきたりといえばありきたりな悩み、屈託、クヨクヨではある。そしてそのことはまったく悪くない。というか、それは仕方がない。むしろこのくらいの年齢の表現者が自分自身のこと以外のクヨクヨをグイグイ押し出してきたならば、私はその人を信用しないだろう。しかもすでに述べたように、そのクヨクヨの表現はけっしてひとりよがりに陥ってはおらず、繊細さと入念さをちゃんと持っている。だから私はこの作品を気持ち良く観たし、かなりはっきりと好感を抱いた。

しかしもちろん、ずっとこのままでいいわけではない。どこかで必ず、自分の話を他人の話にしてゆかなければならない。だが早まってもいけない。少しずつ少しずつ、時々あとずさりもしながら、「私の物語」を「あなた」や「彼」や「彼女」の物語に変容させてゆくこと。ここがむつかしい。ちょっと乱暴な言い方をしてしまうが、演劇は自己表現の手段ではない。だから他者と世界の方に歩き出していかなくてはならない。

二番目に観たのは、東京夜光『裸足の思い出』。川名幸宏の作演出。人手不足で異常な労働環境に陥っている橋の架け替え工事現場と、その近くで行なわれている自殺幇助（崖から突き落とす）の三途倶楽部なる催しをめぐって物語は展開していく。巨大な橋の工事というリアリティのある設定と、三途倶楽部というフィクショナルな発想（人柱という話も出てくる）がアンバランスさをものともせず強引に繋ぎ合わされているさまは、たとえばかつての山崎哲（転移・21）などを思い出させもする。しかし実際にはそこに生々しさはほぼ皆無であり、リアルもアンリアルも、頭で拵えた感は拭えない。だが何度か挿入されるファンタジックなシーンからもわかるように、時事的・社会的な主題とアングラ演劇の系譜にある幻想性を想像力によって止揚しようとしたはるか昔の試みと、川名幸宏がやろうとしていることはそもそも別だとも言える。しかし、ではこの作品が企図しているものは何かというと、考えれば考えるほどよくわからなくなってくる。

当然ではあるが、今年（二〇一八年）三十歳の川名は「私の物語」からはとっくに離陸している。しかしここではむしろ「他者たちの物語」を描こうとすることが、かえって或る種の空々しさを齎してしまっているように私には思えた。それは設定やテーマ以外の部分にも言える。登場人物たちの性格設定と行動原理もまた「頭で作っている」ように見えてしまう場面が何度かあった。特に男女の色恋絡みのことになると、紋切型の域を出ていない描写が多々あるように私には思えた。

それに対して非常に面白かったのは、人数限定の三途倶楽部に何とか入れてもらうべく（つまり殺してもらうべく）登場人物たちがそれぞれ自分の「死にたい／死すべき理由」を述べたて合うところで、もちろんそれらだって作り物めいてはいるのだが、皆が必死で話せば話すほど「死」がどんどん軽くなっていく様子がナンセンスなディカッション劇めいていて興味深かった。三途倶楽部のこのエピソードだけで書いてもよかったのではないか（それでは短編になってしまうだろうが）。

やや厳しいことを書いてしまったが、私は川名には劇作家としての確かな実力があると思う。たとえば、ある登場人物がこんなことを言う。

> 僕の死をもって、この橋の工事を止めたい。いま、そういう気持ちです。心のどこかで、僕以外の人類全てが幸せになることを祈って生きて来たと思ってました。でもきっと、ただ嫌われたくなかっただけなんです。最後くらい、嫌われてでも、誰かを幸せにしたい。

こういう台詞を書ける人間のことを、私は信じるに足ると思う。そこで考えたのは、あまり複雑なことをやろうとしないで、その代わりに取材や下調べなどは綿密にしたうえで、思い切ってもっとリアルな物語を書いていくのがいいのではないだろうか。ファンタジーは要らない。地味な設定でもいい。必ずしも社会性がなければならないわけでもない。自分が心の底から親身になれる、だが他人事の物語を書いていってほしい。

三つ目、最後は、スペースノットブランク『緑のカラー』。他の二組もそうだが、名前と題名くらいしか事前に知らずに観たので、これには内心驚嘆した。三つのパートから成っていて、それぞれ別々の役者たちが出ており、物語上の連関はほぼない。というかいわゆる「物語」自体がほとんどない。では何があるのかというと、いま目の前で役者たちが動きながら何かを言っているというその状況に、いかにして辿り着いたのか、という経緯の報告（?）のようなことが語られている。むろんそれだけではないし、ではいわゆるドキュメンタリー演劇なのかというとそうでもなく、むしろ強い虚構性を帯びてさえいるのだが、とにかく戯曲を読むだけではあの奇妙さ奇怪さはまったく伝わらないと思う（というかト書きや演出プランがないと何が何だかわからぬだろう）。あくまでもざっくりとした印象論というか観ていない他人に説明／紹介する際には、一時期の快快（小指値）の挙動／駆動と、新聞家のテクスト感覚が合体している感じ、などと話したりしているのだが、かといってスペースノットブランクは快快にも新聞家にもすごく似ているわけではない。

現代日本演劇の或る時期以降の特徴、「或る時期以降」というのは「チェルフィッチュ以降」と言ってもよいし「快快以降」あるいは「『わが星』以降」と呼んでもいいのかもしれないが、それにその特徴も色々ありはするのだけれど、ひとつには「身体―挙動」と「言葉―台詞」の乖離ということが挙げられるだろう。これはダンス／振付的な発想とも言えるだろうが、つまりはそこで誰かが喋っていることと動いているさまがバラバラにされ得る／されているということである。その乖離の幅は原理上、どこまでも極端になり得る。

　スペースノットブランクは小野彩加と中澤陽の二人ユニットで、二人はダンサー／俳優でもあるのだが、常に自作に出演しているわけではない。実際『緑のカラー』には中澤は出ておらず、小野も舞台上にはいるものの演者たちとは違う役割を担っていた（簡単に言うと彼女はシーンごとに「セット」を作っていた）。しかし二人が身体表現のパフォーマーでもあるということはスペースノットブランクの特異性のひとつの鍵と言えるかもしれない。『緑のカラー』の「挙動」は、三つのシーンで多少の違いはあるが、演者たちが台詞を言いながら互いに組み付き合ったり離れたりを繰り返す、というものである。その様子はコンタクト・インプロヴィゼーションに似ている感じもあり、その進化形である一時期の神村恵のダンス作品を思い出させるところもある。あるいは先にも触れたようにダンス寄りだった頃の小指値。だが私がもっとも近いと思ったのは小嶋一郎（250km圏内）の『No Pushing』だった。そこでは演者がくんずほぐれつしながら川上未映子のテクストを発話していたが、スペースノットブランクの場合は「台詞」もくんずほぐれつしている。

　目で読むよりも耳で聞いた方がまだしも何が起きているのかの理解が早いと思われるが、語られることの出発点（というかゴール？）は三話とも「いまここで演劇（？）が上演されている」という、そのこと、である。なぜならおそらく観客にとってそれだけが自明で確かなことであるからだ。だが、いま起きていることを叙述するとは、どういうことなのか。

　それにもちろん、それはほんとうにそのときその場で思ったままに発話されているわけではない。演者は台詞を覚えてそれを口にしているのだ。彼女たち彼たちは、まさに彼女たち彼たち自身として語っているように見えるが、そんなことが全面的に信じられる筈もない。そして彼女たち彼たちの語りは時間軸がどんどん錯綜してゆき、とりあえず定位されていることになっている「現在」、そしてその「現在」を常に突端としていることになっている時間の過ぎ越しもあちこちで捻れていって、だがけっして意味不明の判じ物になってしまうことだけはないまま、延々と続く。そしてそれら時間と因果が失調したモノローグ／ディアローグが発話されつつ、カラダはといえば言語の錯綜とはまた別の結び目を幾つも幾つも造っては解き造っては解きを繰り返す。

「現在」「現在」と書いたが、しかし実のところこの「現在」ほど得体の知れないものはない。なるほど一方で私たちが「いま」と言うときはいつも「いま」ではある。だがそれは裏返せば「いま」とは「いつでもない」とほとんど変わらない、ということなのだ。『緑のカラー』はそんな「いま＝現在」の気持ち悪さも表現している。

　第一話の段階では、まだ何をやっているのか考えるだけで精一杯だったが、第二話の途中から私は興奮してきて、第三話では完全にハマっていた。独創性という意味では、今回の三本の中で際立っていた。好き嫌いの分かれる作風であることは間違いないが、私は強く支持したい。正直、これまで知らなかった不覚を恥じたほどである（そんなわけで、私は自分の運営しているスペースＳＣＯＯＬの一周年記念イベントに彼らを招聘した）。スペースノットブランクは、私が観たいと思う演劇、いや、演劇に限らずとも、私が体験したいと思っている表現の少なくともひとつの最新かつ最良のかたちだと思う。

極私的小劇場若手俳優ベストテン

「Didion」編集長からのお題は「極私的小劇場俳優ベストナイン」なのですが、私は野球音痴なので、というかスポーツ全般不得意なもので、いい感じに「1番キャッチャー〇〇」とか「ベストイレブン」にして「ミッドフィルダーが●●」とかは言えないんですよね（ミッドフィルダーが何かも知らない）。だからただ列挙するだけにしようと思うんですが、そもそもどうしてナインとかイレブンとか奇数なんでしょうか。こういう場合だとジェンダーバランスに困るじゃないですか。

というわけでおそらく「ベストテン」になるかと思いますが、それも思いつくまま書いてくので順不同ということでお願い致します。あ、あと今回はとりあえず「(比較的)若手」縛りです！

まず男優編。これ私だけじゃないと思うのですが、最近観る舞台観る舞台にやたらと出演してるのが、石倉来輝と矢野昌幸、現在の小劇場系若手男性俳優の若手ツートップと言っていいんじゃないでしょうか。矢野君は若手と呼ぶのは失礼かもしれないけど、とにかくこの二人は要注目公演に無茶苦茶出てる。石倉さんは柴幸男のままごと所属なんですが、ままごとより他団体ので観る方が多い。石倉さんは見た目は長身だし筋肉質ぽくてヤセマッチョな感じなんですが、柔らかい声質もあってどこかフェミニンな空気を醸し出すのが上手だと思います。ごく最近でもゆうめいと快快と本谷有希子に出てましたね。笑ったときの（というかいつも笑って見える）表情がチャーミングかつどこかうつろ（?）で、妙に記憶に残る。スペースノットブランク『舞台らしき舞台されど舞台』の彼ももう一度観たいです。最新情報としては、私が配給した『わたしたちの家』の清原惟監督の新作短編に出演しています。

矢野君は映画美学校の頃から知ってるのだけど、どちらかといえば生真面目なイメージを持っていたので、最近の怪優ぶりにはマジ瞠目しています。化けたきっかけはやっぱり山縣太一率いるオフィスマウンテンへの参加でしょうか。立ってるだけで非常にまずい空気を醸し出す異様な存在感は若手男優の中でも突出してると思う。石倉さん同様、見た目とハイでハスキーな声にギャップがあって、そこがまた面白い。最近はヤヴァさが際立ち過ぎていて、フツウの演劇に出られなくなっちゃうんじゃないの?と少し心配になったりも。そういえばそんな彼も贅沢貧乏ではいい感じの「彼氏」役をやってたこともあったのだった（題名忘れました）。でも、もしかしたら真面目さはずっと変わってないのかもしれない。

そんな石倉、矢野の二人とも出てたゆうめい『姿』に出ていたのが三人目、黒澤多生。何と言っても彼の売り（?）は舞台監督がやれることです笑。『姿』でもやってました。ヘタすると舞監としてのが売れてるかもしれないですが、僕は彼の演技がすごく好きです。ウンゲツィーファ（もちろん舞監も兼ねてる）での彼は微妙にダメなフツウの男の子の哀愁が発話の端々から漂ってきてそこはかとなく泣かせてくれる。ゆうめい『姿』の主人公の死んじゃった友達役もとても良かった。

四人目は、オフィスマウンテン所属、横田僚平。私の勝手な評価ですが、とにかく彼は作品の理解度がずば抜けていると思う。オフィスマウンテンはもちろんだが、特筆すべきは新聞家での彼の演技。ある意味、演じることも演じないことも理詰めであらかじめ封じられている村社祐太朗のテクストと演出の意図を、おそらく彼は誰よりも精確に把握している。彼のような真の意味で知的な俳優の存在が、新聞家のような冒険的な実験を「演劇」に昇華する、のだとさえ思う。

さて、最後の五人目は、キヨスヨネスク。彼とは一年間だけ出講してた多摩美上野毛校で学生として出会った。講義の後の呑み会に来てくれて、ヨネスクって名前の劇団やってるんですよ、と言われたのだが、その公演は観れないまま彼は卒業して、あっという間に要注意俳優になっていた。カゲヤマ気象台の円盤に乗る派には欠かせない役者になりつつあるが、それ以外にも杉原邦生演出の『水の駅』での彼も印象的だった。彼の持ち味は、無言でも得体の知れない磁場をじわじわと張り巡らせるところ。しかも喋っても良いんだよね。実はかなり演技の幅が広い器用なタイプだと思うのだが、たぶん本人がそういう安パイに飽き足らなくて敢えて攻めていってるのだと思われます。頑張れ。

あっという間に男優編が終わりまして、ここからは女優編です。現在、良い若手女優さんって本当に沢山居て正直かなり悩んでしまう。とりあえずいまこのとき限りの思いつきということで、全然別の顔ぶれもあり得ると先に言い訳をしておいて、まずはキヨスヨネスクとは多摩美の同期だった荒木知佳。彼女を最初に舞台で観たのはスペースノットブランクの『緑のカラー』だった（というのは実は間違いでそれ以前にFUKAIPRODUCE羽衣でも観てた筈なんだがそのときは名前を認識してなかった）のだが、出会いのインパクトが強烈過ぎた。たぶん観劇直後のツイッター感想でも「獣の目をした女」とか書いたと思うけど、とにかく強度に満ちた瞳と性急な発話に漲る狂気がすごい。スペノ以外の舞台でも何度か観たがいまのところスペノの彼女がもっとも光ってると思う。演技者としては明らかに天才肌のタイプなので、あんまりフツウの役だと却って沈んでしまうかもだが、だからこそオーソドックスな芝居での彼女も観てみたい。

二人目は、ヌトミック所属の深澤しほ。彼女は技術的には万能に近い、マジでどんな役でもやれると思う。ヌトミック額田大志作品は俳優へのフィジカルな負荷が非常に強いのだが、いつも完璧にやりこなしていて驚かされる。超人であることを隠して普段はＯＬとかやってる的な笑？　アルトの落ち着いた声質と超絶技巧が見事に嵌まっており、まだまだ開けてない引き出しも多そうなので今後の活躍が楽しみ。ヌトミックがカフカをモチーフに二回のみ上演した傑作『エネミー』でのひとり芝居の彼女は圧倒的にクリティカル＆チャーミングでした。

三人目はコンプソンズの宝保里実。以前は違う名前で、そのときも観たことあったと思うんですが、目を見張ったのは、日本のラジオ『カケコミウッタエ』での彼女でした。どちらかといえば小柄、けれども均整の取れた人形のような体躯、端正な顔立ち、だけどもっとも魅力的なのは声だと思います。朴訥とした、冷徹な、非情な声。だからこそ、エモーショナルになったときの上がり方が違う。小さいのに影が大きい、そんな感じ。コンプソンズの彼女はだいたいドラマの混乱の鍵みたいな役回りだが、それもよく似合ってる。

四人目は、最近ヌトミックに入ったという原田つむぎ。彼女は東京デスロック所属でもあります。気づいた人も多いと思いますが、彼女は二〇一九年秋、横浜ＳＴスポットに、東京デスロック『Anti Human Education』、シラカン『蜜をそ削ぐ』（これは私は観れなかった）、キリグス『MOTHER LAND』と立て続けに出演して「ＳＴスポット小屋付き女優」の名をほしいままにしたばかり。原田さんの魅力は、良い意味でずっと初々しさの残る（だが非常に上手な）台詞回しと、すこやかな表情と、いわゆるスポーティとは違う躍動感。可愛くて元気一杯なフツウの女の子、というイメージ。それゆえにこそ、私としては彼女に、ものすごくイヤ〜な、ゲスい女を演じて欲しい。絶対にハマると思います。親友の彼氏を寝取る女とか、女結婚詐欺連続殺人鬼とか、サイコパスっぽい原田さんが観てみたい笑。

おお、もう五人目ですね。さあ誰にしよう？　渡邊まな実！　小田尚稔の演劇、犬飼勝哉、チェルフィッチュ、ウンゲツィーファ、女の子には内緒／柳生二千翔、水素74％など続々出演しており、常に必ず爪痕を残す。むやみと心ない喋り方が実に素晴らしい。見た目はクールビューティーなんだけど、そこはかとない殺意と狂気（侠気？）をいつも感じます。彼女は小田尚稔の演劇のフライヤーデザインもやっているんですが、美大のデザイン科出身だったんですね。今後もいろんなタイプの舞台で彼女を観たいです。

というわけで、あっという間に十人終わりました。当たり前のことですが、同じ戯曲で同じ演出家でも出ている俳優が違えばその芝居はもう別ものであるわけで、新しい魅力的な俳優が次々と出てきてくれるのは、そのヴァリエーションの可能性がどんどん広がることであるわけで、だから舞台で観て「おお！」と思った役者の名前は覚えておいて、そのひとが出てるというだけで観に行ってみる、ということが私にも実はよくある。

繰り返すけど今回挙げた十名以外にも、もちろん若手以外にも、良い俳優は沢山居る。でもこの十人は間違いなく、キャストに名前があっただけで観る気にさせてくれる人たちです。

渋谷慶一郎『Scary Beauty』

『Scary Beauty』は、作曲家の渋谷慶一郎のコンセプトとディレクションのもと、渋谷とは「第三項音楽」以降、継続的に共同制作を行なってきた複雑系／生命理論研究者の池上高志、近年、著作やメディア露出によって独自のヒューマノイド理論を提唱しているロボット工学者の石黒浩など、複数分野の専門家が結集することでクリエイトされた「アンドロイド・オペラ」である。二〇一七年七月二十二日、東京・お台場の日本科学未来館での世界初演を鑑賞した。

ところで、これは今も進行中のプロジェクトであり、ホームページ上の説明文でも、当日終演後に行なわれたトークショーにおける渋谷の発言でも、この日に披露された四曲にあと三曲が追加され、最終的に全七曲のオペラになることが表明されている。来るべき完成版に向けて、技術面でも更なる進化が予想されるため、本レヴューはあくまでも初演にかんするものであることをお断りしておきたい。

ステージ中央には石黒と池上らが制作したアンドロイド、Alter2（オルタ2）が鎮座している。オルタ2はこのオペラの指揮者と歌手を兼ねている。その横にはグランドピアノとラップトップコンピュータがあり、渋谷慶一郎が座っている。彼らの向こう側には総勢三十名のオーケストラ（人間）が控えている。上方には主にオルタ2をアップで映し出すためのスクリーン、舞台奥の左右には歌詞が英語と日本語対訳で表示されるモニターが据えられている。

上演／演奏は実に淡々と行なわれた。オルタ2の挙動の他にスペクタクル的な演出は皆無であり、一曲が終わるたびに観客の喝采を受けて、すぐ次の曲に移っていく進行は、ほとんどストイックでさえあった。現時点での全曲が終わったのは、開始から四十分くらいだっただろうか。その後、日本科学未来館展示企画開発課課長の内田まほろの司会による、渋谷、池上、石黒のアフタートークが行なわれた。

『Scary Beauty』のプロジェクトとしての核心は、アンドロイドであるオルタ2がリアルタイムでオーケストラの「指揮」をする、という一点に集約される。この公演は日本科学未来館で開催された「ALIFE 2018（人工生命国際学会）」のパブリックプログラムとして行なわれた。ＨＰにはこうある。「演奏に際した音楽全体のテンポや強弱はアンドロイドが自律的に決定し、人間はそれについていくことしかできない」。専門的なことは私にはわからないが、オルタ2に池上らが開発した「ＡＩの自律的運動プログラム」が搭載されることで可能になったものだという。だが、実際の上演／演奏を観た者として言えば、右の一文はややミスリードに感じる。まず「自律的」という語の意味が必ずしも明瞭ではなく、「テンポや強弱はアンドロイドが自律的に決定」しているということを「指揮」と呼んでいいものかどうかも微妙なところである。また「人間はそれについていくことしかできない」というレトリカルな表現にも疑問を感じる。だが、これらはあくまでも文言に過ぎない。

アフタートークでも、何をもって「指揮」をしていると言い得るのか、という点をめぐって途方もない試行錯誤があった（ある）ことが話されていた。無学を承知で言えば、人間の指揮者、それも天才指揮者と呼ばれるような人々と同等の行為を、オルタ2が演算と駆動によって成し得ているのかといえば、答えはノーであろう。客席の中には、そのように思ったナイーヴな観客もいたかもしれないが、そうではないということは、誰よりもまず渋谷たちがわかっている筈である。だとすれば、この先の問題は二つに分かれる。ひとつ目は今後、オルタ2

が真の意味で「指揮者」に成り得る可能性があるのかどうか。これにかんしては私にはわからない。私に言えることは、初演を観た限りでは、そうはなっていなかった（少なくとも私にはそう思えた）ということだけである。だが、言うまでもなくこの問いは、ＡＩが「意志」を持ち得るか、というより大きな問題に直結している。これは「自律的」という語の定義にかかわる。この点については今後の展開を待つしかない。

　もうひとつは、そういうことでないのだとしたら、いったい何が行なわれていたのか、ということである。よく知られているように、石黒浩は、劇作家／演出家の平田オリザとの共同研究で、一連の「アンドロイド演劇」を発表してきた。私がきわめて興味深く思うのは、「アンドロイド」という存在を通して「人間らしさ＝人間性」の在処を探究してきた石黒が「演劇」に着眼したということである。「演劇」とは「〜ということにする」ということ、虚構としての約束事の共有である。平田＝石黒の「アンドロイド演劇」では人間の役者に混じってアンドロイドが出演しているが、観客は誰もアンドロイドが「自律的」に演じているとは思っていない。そうではなく、そこで問われていたのは、役者Ａが登場人物Ｂを演じているだけなのに、あたかもＢという人物がそこに実在している、ということにする、ことと、アンドロイドが登場人物Ｃとしてそこにいる、ということにする、ことの間に、如何なる違いがあるのか、ということなのだ。アンドロイドがＣとして演技していることを、舞台と客席、すなわちその時その場に居合わせた全員が、どうやって真に受けてみせるのか、ということ。それが「意志」を持っているか否かということではない。それが「意志」を持っていることにする、という仮想と想像の問題なのである。

　このように考えてみれば、『Scary Beauty』という試みは一挙に理解しやすくなる。今のところオルタ２は本物の指揮者とは言えないかもしれないが、そうだと仮定するなら、オルタ２が「自律的」に指揮しているのだとするならば、どうなるのか。つまり、これは「演劇」の問題である。そして私はこう思う。渋谷慶一郎は、このような仮想の上で成立する、きわめて特異なオペラを作曲してみせたのだ。アンドロイドによって指揮され、歌われるという、いわばＳＦ的な設定において書かれるオペラを。

今回披露された四曲は、ミシェル・ウェルベック、三島由紀夫、ウィリアム・バロウズ、ルートヴィヒ・ヴィトゲンシュタインのテクストから歌詞が組み立てられている。中でも私はヴィトゲンシュタインの「確実性の問題」を基にした楽曲に強く惹かれた。「アート」から「音楽」に引き寄せた感想となってしまい些か恐縮だが、私は今回の公演を観て、渋谷慶一郎は作曲家として絶頂期に入りつつあると感じた。彼はおそらく、自らの内的な要因ではなく、さまざまな外的条件、いや、仮想的な設定によって、自身の「音楽」を更新しようとしている。そして考えてみれば、それはこれまでもずっとそうだったのだ。

アピチャッポン・ウィーラセタクン『フィーバー・ルーム』

『フィーバー・ルーム』は、タイの映画作家／アーティスト、アピチャッポン・ウィーラセタクンによる、今のところ唯一のシアター・ピースである。しかし、それは普通イメージされるような「舞台作品」とは、多くの意味で非常に異なっている。アピチャッポン自身も、これは「映画」であって「シアター」ではない、などと発言している。とはいえ、この作品が「映画館」でも「美術館／ギャラリー」でもなく「劇場」で体験するものとして創られていることは確かであり、それが有意義な挑戦であったことをアーティスト本人も認めている。結果として『フィーバー・ルーム』は、アピチャッポンの作品世界においても特異な位置を占める、極めてユニークな「舞台＝映画作品」となった。

この作品は、二〇一五年に、韓国・光州のアジアン・アーツ・シアターで世界初演された。ここにはある事情があった。これに先立ち、長編映画『光りの墓』（二〇一五年）の制作準備中だったアピチャッポンは、アジアン・アーツ・シアターに資金提供を求めた。当時の同劇場のディレクター、キム・ソンヒが出した条件は、映画に予算を出す代わりに舞台作品をひとつ作ること。アピチャッポンはこの委嘱を受け入れ、『フィーバー・ルーム』が生まれたのである。もともとアピチャッポンにとって「演劇」はそれほど関心のある分野ではなく、知識もあまり持っていなかった。しかしおそらくそれゆえにこそ、およそ「演劇」の常識では考えられないような斬新かつ魅力的な作品が誕生した。

アジアン・アーツ・シアターでの初演は好評をもって迎えられ、その後、二〇一七年二月に「ＴＰＡＭ—国際舞台芸術ミーティングin横浜２０１７」のプログラムの一環として、神奈川芸術劇場（ＫＡＡＴ）で『フィーバー・ルーム』は日本初演された。筆者はこのとき初めてこの作品を観た、いや、体験した。

『フィーバー・ルーム』が「演劇」というよりも「映画」であり、にもかかわらず「舞台作品」ではある、というのはどういうことなのか、実際に「体験」した観客ならばすぐさま首肯してもらえると思うのだが、言葉で説明するのは大変むつかしい。そもそも初演時から二年以上が経過しており、筆者の記憶も曖昧である。それに作品の特殊な性質上、仮に映像記録を観れたとしても（観ていないが）、この作品の全貌を確認することは不可能だと思われる。このこと自体が『フィーバー・ルーム』という作品の本質を端的に表しているとも言えるのだが、なんとか頑張ってみよう。

　とはいえ、これが「映画」で（も）あるということを言うのはごく簡単である。何故なら、この作品には生身の俳優＝登場人物はひとりも出て来ず、観客はもっぱらあらかじめ用意された映像と音響を体験するのであるからだ。つまり、上映である。しかしこの「上映」は、すこぶる奇妙な、奇怪とさえ呼び得る形態を取っており、多くの意味で、同時に「上演」でもあると言っていい。観客は『フィーバー・ルーム』を「視聴」するのではなく「体験」する、と述べるほうが適切だと思われるのは、「上映」が「上演」でもあるという、この特異なあり方による。ならば、それは、どういうものか？

　客席に椅子は存在しない。そしてほぼ真っ暗である。会場に入ると観客は懐中電灯を持ったスタッフに先導され、縦横に列を作って劇場空間の床に座らされる。作品がスタートすると、完全暗転となり、漆黒の闇と静寂が会場中を支配する。そして、映画が始まる。出演しているのは、アピチャッポン映画ではお馴染みのジェンジラー・ポンパットとバンロップ・ロームノーイである。二人は『光りの墓』にも出演している。いや、映画はすぐには始まらない。暗闇の中で、しばらくすると前方と側方に白いスクリーンが出現する。そしてそこに映像が映し出される。ジェンジラーとバンロップが、映像の中にいる。次いで、前方のスクリーンの上部に、もうひとつのスクリーンが現れる。つまり上下二段スクリーンである。側方にもやや小さなスクリーンがあるので、マルチ・プロジェクションということになる。

映画内の物語（らしきもの）は淡々と進行していく。それは病いと睡りをめぐるエピソードであるようだ。舞台は、アピチャッポンにとって特権的な場所であるタイのナブア村である。ここまでは、複数の画面があるとはいえ、まださほど奇妙でも奇怪でもない。しかしこのあと、観客は驚愕させられることになる。映像が途切れると、突然、前のスクリーン二段が高方に上がっていき、その後ろが見えるようになると、その奥から、こちらに向かって光が投射される。筆者は最初、ある種のレーザー光線かと思ったのだが、アピチャッポンによると、強力な映写機＝プロジェクターから発されていたとのことである。

その光は、ただ「光」としか呼びようがないものなのだが、圧倒的な光量と光圧（などという言葉はないが）を誇っており、僅かに角度を変えたり、幾筋かのレイヤーになったり、また一本に収斂したりする。観客は、ただ惘然と、陶然としながら、それを凝視るばかりである。光線のプロジェクションが終わると、ふたたび「映画」が始まり、やがて『フィーバー・ルーム』は幕を閉じる。

作品の核心部分にあるのは、もちろん「光」である。強烈な存在感と、美しさと、崇高さと、おそろしさに満ちた、あの光線の輝き。じつは筆者もそうだったが、少なからぬ観客が、スタンリー・キューブリック監督の『２００１年宇宙の旅』（一九六八年）のラストシーンを想起したようである。或いは他の、より新しいＳＦ映画を思い出した者もいたかもしれない。だがしかし、アピチャッポンはそうした過去の映画に倣ったわけでも、それらにオマージュを捧げたわけでもない。そもそも、あの時あの場で起こっていたことは、そうした映像効果とはまったく違う。

　映画とは通常、映写機から光＝イメージがスクリーンに投射され、それを観客が視るものである。しかし『フィーバー・ルーム』の場合、光はプロジェクターから直接、観客の瞳に向かって投射されていたのだ。ならばそれは、一種のアトラクション、光のスペクタクルであったというべきなのだろうか。それも違う。この作品を「体験」しながら、筆者が思い出していたのは、二〇〇九年にアピチャッポンが発表した短編映画『ナブアの亡霊』だった。二本の作品には関係がある。『ナブアの亡霊』では、夜の空き地に無造作に設えられたスクリーンに映像が映し出されており、その前で少年たちが火の付いたボールでサッカーをしている。やがて焔はスクリーンに燃え移り、白幕は焼け落ちてしまう。するとその向こうに映写機の光源が見える。映写機はこちらに向けて光を発し続けている……

『フィーバー・ルーム』との類似は明らかだろう。いわば『フィーバー・ルーム』は『ナブアの亡霊』の実体験ヴァージョンなのである。そしてこのことを踏まえれば、アピチャッポンが『フィーバー・ルーム』を敢えて「映画」と呼んだことも頷ける。そう、それは単なる「動く絵」ということではなく、シネマの原理を露わにしようとする試みだったのだ。

　シネマの原理、それは光、リュミエールである。アピチャッポンには、映画館で目の前のスクリーンに映し出されるイメージを見ながら、ふと後ろを振り返って、映写機の光源からやってくる光を直截見てしまった経験があるに違いない。それは、映画が、シネマが、その本質が何であるのかを晒け出す。『フィーバー・ルーム』が観客に惹き起こすのは、いうなれば原初的な「シネマ＝映画」との遭遇なのである。だから、それは「映画」と呼ばれる。だがそれと同時に、そのような「上映」が、ひとつの「上演」として提示されていることも、また事実である。だから、それは「舞台」でもあるのだ。

この作品は、二〇一九年六月から七月にかけて東京芸術劇場で再演される。ふたたびあの奇妙で奇怪な「上映＝上演」、映写それ自体を視るという異様な「体験」を出来るかと思うと、静かなる興奮を禁じ得ない。

響きあうアジア２０１９

国際交流基金アジアセンター主催「響きあうアジア２０１９」は、今年（二〇一九年）の七月下旬から八月上旬にかけて、多数の公演、上映、イベントなどから成る複合的な芸術文化フェスティバルとして開催された。私はそのごく一部を鑑賞したに過ぎない。したがって以下の文章は、このフェス全体についての評というよりも、私が体験し得た幾つかの催しにかんする感想と、それらから浮かび上がる（と私には思われる）「響きあうアジア２０１９」という試みの意義と展望、といった内容であることを、あらかじめお断わりしておきたい。

言うまでもないことだが、日本もアジアの一部である。だがしかし芸術文化にかんしていえば（「芸術文化」に限らないが）、この国の関心の重心は長らく、まず第一にアメリカ、そして第二、第三……ともっぱらヨーロッパの幾つかの国に向いていたと言ってよいのではないかと思われる。その世界地図が大きく変質してきたと感じられるようになったのは、おそらく過去十数年ほどのことではないだろうか。アジア諸国との文化交流が次第に盛んになり、近隣の、あるいはやや離れた国々の、さまざまな芸術やサブ／カルチャーが日本に本格的に紹介されるとともに、それは逆方向もまた真だから、日本の種々のジャンルのアーティストたちが次々とアジアへと旅だっていった。とりわけ二〇一四年四月に国際交流基金アジアセンターが設立されてからは、双方向の文化親交ははっきりとアクティヴになり、多くの注目すべきプロジェクトが実現されてきた。

「響きあうアジア２０１９」において、そのひとつの明確な結実と言えたのが、二〇一八年の夏にタイ、バンコクで世界初演された演劇作品『プラータナー：憑依のポートレート』の日本初演だろう。タイ現代文学を代表する作家ウティット・ヘーマムーンの半自伝的長編小説を原作として、舞台芸術の国際的なシーンで活躍するチェルフィッチュの岡田利規が台本と演出を、アートとコンテンポラリー・ダンスの二領域を跨ぎ超えるユニークな活動を継続するコンタクトゴンゾの塚原悠也がセノグラフィーを手掛け、タイの俳優たちが出演、日泰のスタッフによって舞台化されたこの大作は、日本とタイの国際共同制作作品、バンコクでの長期滞在制作作品としては異例と言っていい取り組みであり、岡田と塚原の作品歴においても特権的な輝きを放ち続けるであろう成功作となった。原作は作者本人を思わせる画家の苦悩と後悔に満ちた半生とタイの激動の現代史を重ね合わせながら物語られる私小説的な作品だが、岡田はタイという国の歴史性とローカリティに寄り添いつつも、自らがチェルフィッチュで果敢に問い続けてきた演劇の実験的な方法論を遠慮なく注ぎ込むことで、「現代タイ」をリアルに描いた演劇作品であると同時に、或る紛れもない普遍性と一般性を獲得した舞台に仕上げていた。

私は二〇一八年のバンコクでの初演を観ていたが、その時点ですでに二〇一九年夏の日本での公演は計画されていた。私は作品の驚くべき完成度と類いまれな魅力は十分に認めながらも、これが日本の観客にどのように受け取られるのかについてはいささか心配でもあった。タイの現代史に興味がある人はいくら東京といってもそこまで多くないのではないだろうか、と思ってしまったのだ。ところが「響きあうアジア２０１９」での日本公演は大成功だったのである。それも前評判以上に、いちはやく公演を観たひとびとの熱を帯びた感想が口コミやＳＮＳで拡散されることによって、いわば自然発生的に観客が増えていくことになったのだった。確かにタイという国への（主に観光的な）関心は近年高まっていたとはいえ、『プラータナー』の日本での受容はそれだけでは説明のつかない現象であったと思う。

それと似たことが「響きあうアジア２０１９」のもうひとつの呼びものであったアピチャッポン・ウィーラセタクンの『フィーバー・ルーム』にも言える。アピチャッポンはタイ出身の国際的に有名な映画作家、アーティストだが、その多様な作品群の中でも一際特異な形式（マルチスクリーン＋ライトプロジェクション）を持つ同作は、すでに二〇一七年の「ＴＰＡＭ―国際舞台芸術ミーティング in 横浜」で日本初演されていた。そのときも大きな話題を呼んで〝フィーバー〟現象が巻き起こったのだが、今回も再演でありながら連日多数の観客が詰め掛け当日券の争奪戦が演じられたという。『プラータナー』と『フィーバー・ルーム』はタイという国の他は共通点があるわけではないのだが、同じ東京芸術劇場で上演され共通チケットも販売されることで、はしご客を開拓した。両作品はどちらもきわめて個性的な、言い換えれば表面上はけっして取っつきが良いとは言えない野心作なのだが、にもかかわらずマニアックな客層以外の幅広い集客となったことには、今後同様のことを行う上で大きなヒントが隠されているのではないかと思われる。

私見では、それはやはり、タイであり、アジアであり、日本であり、そして／しかし、それらだけに留まらない、ということであると思われる。特定の場所、土地、都市、国への関心を惹起する導線とともに、それが一方的な視線に終始することなく、逆向きの視線、そしてそうした視線の交錯そのものを俯瞰するような視座が同時に仮構されることで、ローカリティはユニバーサリティに接続される。バンコクはタイにあり、タイはアジアにあり、そしてアジアは世界の内にある。トーキョーは日本にあり、日本はアジアにあり、そしてアジアは世界の内にある、という当然といえば当然の事実を、しかしあらためて能動的に確認させてくれるような試み。単なる「日本公演」ではなく、わざわざ日本でやることが何かを生み出したりまた新たな試みへと繋がっていくような取り組み、『プラータナー』日本初演と『フィーバー・ルーム』再演はそのようなものになっていたと思う。

サイレント映画と立体音響コンサートを合体させた『サタンジャワ』も特筆すべき催しだった。インドネシア映画を代表するガリン・ヌグロホ監督の同作は、生演奏と共に上映されることを前提に作られたサイレント映画だが、サウンドデザインの分野で近年目覚ましい活躍を見せている森永泰弘が新たに3D音響によるサウンドトラックを製作、更に水曜日のカンパネラのコムアイをフィーチャーするという豪華版である。『プラータナー』とはまた違った、だが同じくらい野心的な企画の国際共同制作であり、しかも試みが試みだけに終わらず、確かで豊かな結果を出していたことも共通していた。コムアイの起用にはかなり驚かされたが、悪目立ちしてしまうこともなく（客層が普段の水曜日のカンパネラとはかなり違ったということもあっただろうが）、舞台全体のアンサンブルに溶け込んでいていた。

インドネシアのヌグロホはタイのアピチャッポン・ウィーラセタクンと同様に、土着性とポストモダンの混交を独自のスタイルの内に昇華させ得たアーティストだが、特集「東南アジア映画の巨匠たち」は二人の他、フィリピンのブリランテ・メンドーサ監督、シンガポールのエリック・クー監督、カンボジアのリティ・パン監督といった「巨匠」たち、加えてヌグロホの娘でもあるカミラ・アンディニ監督など気鋭の新進監督たちの作品が上映され、何人かの監督も来日して連日ティーチインやシンポジウムが開かれた。私はヌグロホ監督の『メモリーズ・オブ・マイ・ボディ』と、アンディニ監督の『見えるもの、見えざるもの』という父娘の日本初公開作を観ることが出来た。一言でアジア映画といっても多種多様であるわけだが、女装した男性による舞踊である中部ジャワの伝統芸能レンゲルの実在する有名ダンサー、リアントの自伝的な内容を本人自身が登場して語る『メモリーズ・オブ・マイ・ボディ』も、脳に障害を負って床に就いたままの弟を想うまだ幼い姉が非現実の世界を幻視する『見えるもの、見えざるもの』も、先に記した「土着性とポストモダンの混交」の格好の取り組みと呼べる作品だった。エンターテインメント系とはまったく異なる、アジアのこの種の芸術映画は、まだまだ上映の機会が乏しい。その意味でも貴重な特集上映であったと思う。

　芸術文化の国際交流は、アーティスト同士、作り手同士の交流という面がもちろん重要であるわけだが、それ以上に「観客」を創造するということが今後の鍵であると思う。敢えて「創造」という言葉を用いたのは、もともとアジア諸国の芸術文化に一定以上の興味を持っていた人たちに向けて届けるということだけでなく、新たにそのような関心を抱く観客を生み出していく必要があると思われるからである。そのためには、各々の国とトポス（場所）にかんする丁寧なガイドが要請されることはもちろん、企画そのものの際立った魅力が必須だと考える。個人的な希望としては、現段階では、入門編的なものよりも（それらはすでにある程度蓄積されており、その気になれば誰もが――インターネットなどによって――アクセス可能になっていると思われる）、それぞれの国内においても先進的、先端的な芸術文化を積極的に紹介し、何故そのような表現が生まれてきているのか、今後はどうなっていくのか、そしてそうした動向が、他の国では、日本では、どのようなかたちを取りつつあるのか、を考えていくことが、真の意味での「文化交流」の礎になるのではないかと思っている。そして「響きあうアジア２０１９」の幾つかのプログラムは、そのようなものになっていたと思う。

「響きあうアジア」とは、シンプルだが巧い言い方である。繰り返すが日本もアジアの一国である。時に賑やかに、時に厳かに、時に激しく、時に穏やかに互いに反射しつつ饗応する「アジア」の芸術文化の現在、そして未来について、多くの事柄を考えさせてくれる充実したフェスティバルだった。

演劇のことば　詩のことば

演劇と呼ばれている表現／芸術は、おおむね次の要素から成っている。言語と身体と時空間である。実際には言語が存在しない演劇も身体が存在しない演劇も存在するし、時空間が存在しないと考えることが可能な演劇も存在し得ると思われるが、しかしまあ大方の場合は、或る特定の時空間において或る特定の身体／たちが或る特定の言語／群を発話／発語することによって演劇は生起する。したがって演劇の問題のひとつの側面は、言語の、言葉の問題として考えられる。演劇の言葉、すなわち戯曲に書かれたり舞台上で口にされたりする言葉、その様態と機能の問題として。さて、では、この問題系は、現代詩の現代的な問題と如何なる関係を結ぶのだろうか？

　詩人が演劇とかかわることは珍しいことではない。というよりも、詩と劇は起源においては同根だった。だがそこまで遡っても仕方がない。現代に視座を置いても、アルトーをはじめとして、詩と演劇の交叉点で思考＝試行した言語創造者は珍しくない。ベケットも初期には詩として詩を書いていたし、もはや詩とは呼ばれていなかったとしても後期のテクスト群は「現代詩」からけっして遠くない。ハイナー・ミュラーやエルフリーデ・イェリネクの書く戯曲は詩と区別がつかない。それはいわば単にエクリチュールとパロールの関係の話である。書記に留まればそれは詩であり、音声を伴って発話されれば劇になる。いや、書記だけでも劇は劇だし、発話されてもそれは詩である、ということだってもちろんある。詩人の朗読を考えてみればよい。詩人が自作の詩を読むパフォーマンスは、演劇とは呼べないのか。限りなくそう言ってしまって構わないと思えるような朗読もある。つまるところ「詩」も「演劇」もジャンルとしての、表現形態としての外縁が曖昧であり、曖昧であるからこそよい。ここではさしあたり、あらゆる詩は劇に成り得る可能性を持つ、とでも言っておけばいいのかもしれない。

寺山修司は短歌も俳句も詩も書いた。彼は戯曲も書いた。戯曲の中で、舞台の上で、とりわけ詩らしい言葉が発されるとき、それはもっぱら「うた」として、のことが多かった。うたとしての詩。確かに口から出る音によって言葉が表される場合、そこにはうたすなわち音楽への傾きが自然と生じる。音楽とはいえず歌でもないがうたではある詩が舞台で発されることもある。平田オリザの幾つかの戯曲＝舞台ではうた＝詩が重要な役割を担っている。『Ｓ高原から』（一九九一年初演）では堀辰雄『風立ちぬ』の有名なヴァレリーの詩句の訳「風立ちぬ、いざ生きめやも」が物語の中心的なモチーフとして引用される。平田が近年取り組んでいるロボット演劇／アンドロイド演劇の代表作『さようなら』（二〇一〇年初演／現行版二〇一二年初演）には不治の病に罹った少女の求めに応じて詩を聞かせる女性型アンドロイドが登場する。「彼女」は谷川俊太郎、アルチュール・ランボー、若山牧水、上田敏訳のカール・ブッセを朗唱する。

近年、もっとダイレクトかつ緊密に「詩」と「演劇」が切り結んだ例として、蓮沼執太と山田亮太の『タイム』（二〇一二年）が挙げられる。これは音楽家と詩人のコラボレーションだったが、コンセプトとディレクションをサンプル、ままごと、岡崎藝術座などのドラマトゥルクとしても知られる野村政之が行なっていたこともあり、蓮沼と山田を含む総勢十五名の出演者はミュージシャン、詩人、役者、パフォーマー、ダンサーなどで構成されており、実際の上演は演劇的と呼んでいいものだった。山田はこの舞台のために書き下ろした詩「タイム」はのちに彼の詩集『オバマ・グーグル』に収録された。山田もメンバーの詩人コレクティヴＴＯＬＴＡはその後、蓮沼とのコラボレーションをはじめとするさまざまな機会に「詩の上演」を試みている。

観客の前に誰かが現れて何事かを発語／発話する、それが演劇であるというおおもとの話に立ち返るなら、そこでの言葉がいわゆる「演劇」らしくなくてもよい（この言い方も甚だ曖昧だが）、あるいは何であれ誰かが何かを言ってさえいればよいのだということであれば、演劇の言葉はどのようにも変異、拡張、或いは崩壊（！）し得る。それこそアルトーだが、遅れてきたポストドラマ演劇の波がひとしなみに浸透した現在の日本語演劇には、同世代／同時代の現代詩を読むのと同じ感覚で読むことが可能な戯曲の言葉の書き手が何人も登場してきている。そのひとつの目立った局面は、戯曲を物語すなわち結構や辻褄から過激に解き放つことを共有する姿勢であるように思われる。

たとえば岡崎藝術座の神里雄大。岸田國士戯曲賞を受賞した『バルパライソの長い坂をくだる話』や、同名の戯曲集に併録された『+51アビアシオン，サンボルハ』『イスラ！ イスラ！ イスラ！』、それ以前の『（飲めない人のための）ブラックコーヒー』『隣人ジミーの不在』『レッドと黒の膨張する半球体』等でもその極めて意識的に自動書記的な言語感覚は際立っていたが、最近の三作は長大なモノローグを連結させる独特なスタイル（それ自体は更に以前の『古いクーラー』や『街などない』ですでに試みられていたが）で、観客による文脈の共有へのサービスを一顧だにしないかのような猛烈に濃密な「他者の言語」が速射される。神里自身は自分の言葉はあくまでも俳優の身体を通って舞台上で発されることを目的として書かれているのだと念押ししているが、にもかかわらず戯曲集『バルパライソの長い坂をくだる話』は「読むこと」の終わりなき愉悦に満ちている。

たとえば円盤に乗る派のカゲヤマ気象台。奇妙な名称のカンパニーを率いる奇妙な名前の人物だが、以前の団体名であるsons wo の頃から劇作家としての卓越した個性は高く評価されていた。独白と語りかけと対話のあわいを漂うような、訥々としつつも暗く輝く言葉の群れを操る作風は、しばしばまったくＳＦ的ではなくＳＦ的であり、終末に瀕した世界と終末後の世界としての「いまここ」を映し出す。愛知芸術劇場が主催する全国公募型の戯曲賞ＡＡＦ戯曲賞大賞を「シティⅢ」で受賞し、sons woとしての活動を終止符を打って新たに立ち上げた円盤に乗る派の旗揚げ公演『正気を保つために』ではオーソドックスなナラティヴへの回帰の機運を垣間見せながらも、その言語センスにはますます磨きがかかっている。

たとえば松原俊太郎。カゲヤマと同じくＡＡＦ戯曲賞を受賞して劇作家としてのデビューを飾った彼は、もともとは小説を書いており、たまたま観た地点の『ファッツァー』に衝き動かされて地点主宰の三浦基が審査員を務めるＡＡＦに応募した。受賞作『みちゆき』は三浦と地点によって上演され、その後も『忘れる日本人』『正面に気をつけろ』、『山山』（第六十三回岸田國士戯曲賞受賞）と地点に書き下ろし戯曲を提供し続けている。表面的にはごく真っ当なリアリズムと取れなくもない設定や状況から出発しながら、言葉／台詞の力だけで一気に非日常と反現実へと離脱してみせるその劇世界は現在の演劇シーンにおいて唯一無二のものだといえる。幻想性を帯びた言葉は油断をすると突然、思いも寄らぬ強度で「現実」へと送り返され、驚くほどダイレクトに日本の社会や政治への鋭い批判の色を帯びる。松原の戯曲にはかつて日本の演劇がもっともアクチュアルにポリティカルだった時代の熱を思わせるところがある。それは日本の演劇が「現代詩」ともっとも接近した時代でもあった。

たとえば市原佐都子。演劇カンパニーＱを主宰する彼女の近作「毛美子不毛話」「地底妖精」「妖精の問題」は、いずれもモノローグベースで書かれており、役者の気が違ったのかと疑うくらいの異様なテンションで奔流のごとく繰り出される自己否定と自己肯定と他者否定と世界否定に塗れた言葉は、市原本人が意識しているかはともかく日本の女性詩人の或る「詩」的系譜に則っていると思える（たとえば伊藤比呂美の横に市原を置いてみること）。生殖という一点においてあっけなく獣と同列に扱われるヒトの禍々しくも聖々しい丸裸の実存をまざまざと抉り出す彼女の言葉は、ひょっとするとどこかの段階でパロールからエクリチュールに軸足を移動するのではないかという予感を秘めている。

　たとえば村社祐太朗。新聞家という名義で演劇活動を行なう彼のスタイルは唖然とさせられるほどにユニークだ。新聞家に出演する俳優はいわゆる「演出」を一切受けない。稽古場で行なわれるのは、村社が用意したモノローグのテクストを一語一句「意味を取る」という作業である。村社自身にとっても書き上がった戯曲はすでにして「他者」である。彼は役者とともに、そして上演においては観客とともに、自分が書いた筈のテクストに何が書かれているのかを極限まで考え抜こうとする。新聞家の舞台では俳優はほぼ何もしない。立ったままか座ったままか、ともかく動作も表情の変化もほぼ何もせず、ただひたすら淡々と戯曲の言葉を発話する。その内容はといえば、おおむねいつも家族や夫婦の話であり、食事や旅行にかんするものもある。ならばごく普通に意味は取れるのではないかと思うかもしれないが、それがまったくそうではないのである。村社は日常言語の奥底に潜む魔のような何か（それは「詩」と呼んだっていい）の存在を知覚しているのかもしれない。新聞家の演劇を観ていると私はよく「読んでいる」という感覚に陥ることがある。しかし目の前にあるのは役者のからだであり、それはことばを発している。

　或る特定の時空間において或る特定の身体／たちが或る特定の言語／群を発話／発語することが演劇なのだとして、しかしそこで虚空に放たれる言葉の幾らか、ここに並べたような劇作家たちの紡ぐ台詞の幾らかはパロールとしての本性から逸れてエクリチュールへの傾きを有している。それは昔からあったことかもしれないが、気づいてみればその数は以前よりも増えているようにも思え、そしてその言葉のあり方は以前とはどこかが違う。どこがどうというのはこれからの話だが。

匿名劇壇『大暴力』

不勉強で恐縮だが初見の劇団だった。なので過去の公演と比べてどうなのかとかは述べることが出来ない。私は普段から観劇の前に極力情報を自分の頭に入れないようにしていて、今回も劇団名とタイトルしか知らずに上演を観た。とても面白かった。どう面白かったのかを書く。

対面座席の真ん中がこじんまりとした円形の舞台になっていて、両端のスクリーンに字幕が映し出される。あたりにはさまざまな衣装が散乱している。始まってしばらくしてわかったが、これは「暴力」をテーマにしたごく短いエピソード＝寸劇がテンポ良く連なっていく連作超短編劇スタイルの作品なのだった。字幕には各エピソードのタイトルが出る。時々通し番号も出た。その記憶でいうとおそらく全部で三十個くらいあったのではないかと思う。上演時間は七十五分ほどだったから、ひとつのパートが非常に短いことがわかるだろう。もっとも長さはバラバラで、ほとんど一瞬で終わるものもあれば、けっこう長く続く場合もあった。

各エピソードはいちおう独立しているのだが、それらは基本全部「暴力」を何らかの形で扱っている。むろん暴力にも色々あるのであって、フィジカルな暴力も精神的な暴力もあるし、カラダとココロの中にも色々ある。暴行、喧嘩、ＤＶ、ハラスメント、ＳＭ、等々、簡単には言葉で名指せないような暴力だってある。八人の俳優たちが、めまぐるしく衣装を着替えながら、次々と寸劇を演じていく。暴力というと（たとえがやや古くて恐縮だが）昔のポツドールみたいなのを想像してしまうかもしれないが、あそこまでハッキリ殺伐とはしていない（ものが多い)。その多くは、暴力ネタとはいえ、思わず笑ってしまうような仕上がりになっている。もちろん、その笑いにもエピソードによって振幅や温度差があるのだが。

だが、これも観ていくとやがてわかるのだが、この作品は単なる「連作超短編劇」とは違う。その外枠として、そのような公演の稽古をしている劇団というメタな設定が被さっているのである。途中、役者たちの自己紹介パートも挟み込まれる(それらもそこはかとなく「暴力」に引っ掛けられているように見える)。稽古の様子や素の役者たちのやりとりも挿入されてくるのだが、次第にそちらにウェイトが移っていく。そしていつしか、この舞台は、種々の「暴力」をテーマにしたオムニバスという仮面を脱ぎ去って、「演劇で暴力を描くこと」「暴力を演じること」という真のテーマを露わにするのである。

すごく単純化するならば、舞台上で演じられる暴力は、どこまでリアルであるべきなのか、あっていいのか、どこまではOKで、どこからがアウトなのか、稽古と本番はどう違うのか、そもそも舞台上の、演劇のリアルとはいったい何なのか。先ほどポツドールの名前を挙げたが、たとえば三浦大輔のそれは、少なくともある時期までは、殴る芝居はほんとうに本気で殴る、ということに近い方向性だったのだと思うし、そのことにインパクトと問題提起と説得力があり、そしてそのことは評価されもした。しかしそれでも、演劇であるかぎり、フィクションであるかぎり、それは「殴る」ではなく「殴ってみせる」なのだった。

この「〜してみせる」が演技=虚構の本質である筈だが、現実世界での「殴る」と舞台上の「殴ってみせる」を限りなく漸近させていくことによって醸成し得る(と信じられた)リアルが、やはりあったのであり、そのときその場の「殴ってみせる」に直接的に関与した者全員が納得づくであるかぎり(この「納得」ということがまた問題あるのも事実だが)、それは要するに「あり」だったのである。

だがしかし、これはいまやはっきりと、あらためて問題の俎上にあげられている。『大暴力』は、人間どもが人間どもであるがゆえに生まれてしまうたくさんの「暴力」を描きつつ、それと同時に「演劇」が「暴力を演じてみせること」をも問題にしている。そして、この問題は、もやもやする。いや、ある意味で正解は（最初から）はっきりしているのだが、それで話が終われるのなら、最初からこんなテーマを掲げたりはしないだろう。なのでこの舞台は、エンディングに至って奇妙な居心地の悪さを醸し出す。演出家と俳優の権力構造や、俳優同士の関係や、男女の超え難い差異や、同性間の齟齬、などなどがひどく曖昧で中途半端な姿で晒け出され、いやな感じ、が急激に高まってきたところで、この舞台は終わる。

もちろん、それらも含めた全部が（おそらく）最初から台本に書かれているのであり、この「いやな感じ」はフィクションなのである。事前情報を知らずに観た私は後でわかったことだが、自己紹介で名乗られ、役者が互いに呼び合っている名前は架空の役名に過ぎない。本物の名前でやることも出来た筈だが、作演出の福谷圭祐はそうはしなかった。それはあまりにもあからさま過ぎて品がないと思ったのかもしれない。それはわからないが、いずれにせよ舞台上で起こることのすべては起こるべくして起こるのが普通なのだから、この作品だって例外ではない。カーテンコールの後に残る居心地の悪い宙吊り感も、むろん最初から計算されているのだ。とにかく俳優たちが極めて達者かつ魅力的なので、最後の「いやな感じ」まで完璧に演じて「みせて」くれるのだ。

実に巧みで、かつ考え深い作品だと思う。タイトルは「大暴力」だが、真に標的にされているのは、むしろ小さな暴力、微かな暴力である。それは暴れもしなければ力も誇示しないので、もはや「暴力」とは呼ばれないのかもしれない。誰かに対してふと感じる、大抵はそのまま忘れてしまうような、僅かな違和感のようなもの。だが、あらゆる暴力は、大暴力は、そんな小暴力から始まるのだ。

台詞を言い終わったあとの、ほんの一瞬の間であるとか、俳優と俳優がやりあってみせるときに、ふと浮かぶ無表情、などといった、もちろん演技なのだろうがひょっとしたら演技ではないのかもしれない（と思わせる）細部が、この舞台をこのうえなくリアルなものにしていた。それは舞台上に浮かび上がる現実のリアルではなく、舞台上から現実を突き通す虚構のリアルである。

小泉明郎『縛られたプロメテウス』

当たり前の話だが、「アートに政治を持ち込むな」も「アートは政治的でなければならない」もおかしな言い草である。方向は正反対だが、どちらも「アート」と「政治」の関係性を自分勝手に解釈しており、両者の定義も甚だ曖昧である。より精確かつ穏当に述べるなら、あらゆるアートは政治と関係を持っているし、それはアーティスト自身の意志であろうがなかろうか結局のところ不可避である、といったことになるだろうか。「政治的なアーティスト」という言い方は普通にある。それは、自らの政治的主張を開陳し伝達するためにのみアートを用いる者、という意味ではないだろう。だが他の誰とも同じようにアーティストだってしかじかの「政治的信条」を抱いていることはあるわけで、だとすれば表現や作品にそのようなものが入り込むことだってあるだろうし、そうしていい。そのとき、アートと政治のどっちが上位に来るのか的なことを考え始めると罠に嵌まる。だがむしろ「政治」を露骨に押し出したほうが「アート」として高く評価されるという風潮もあったりするので、傍で観ててもなかなか厄介だと思うのである。

小泉明郎はまちがいなく「政治的なアーティスト」のひとりと言ってよいだろう。だが彼の作風は必ずしも単一で明解な「政治的信条＝主張」には還元されない。近年、小泉が矢継ぎ早に発表している映像を用いた作品群は、私にとっては「アート」が「政治」を扱う際のもっとも望ましい見本というべき力作ばかりである。小泉の二作目のＶＲ作品『縛られたプロメテウス』は、その最新の達成である。

『縛られたプロメテウス』は「体験型演劇」として提示される。一時間の上演は前半と後半に分かれており、ＶＲが使用されるのは前半のみである。観客がＶＲゴーグルを装着すると、変調された男の声が聞こえてくる。幼少時の幸福な想い出から「彼」の話は始まるが、やがてそれは悲痛さを帯びてゆく。「彼」は身体が次第に動かなくなったと語る。ＶＲを通した視界では光が乱舞している。「彼」の声は悲愴感を強めていき、遂に頂点を迎える。機械と一体化することによってかろうじて生きている自分への絶望感が無機質な声に滲んでいる。

そこで前半の終了を告げられ、ＶＲゴーグルを脱いだ観客は別室に移る。暗い空間に長いベンチと大小のモニター並べられている。着席しヘッドホンを装着する。壁の向こうから次の回の観客へのスタッフの説明、先ほど自分が聞いたばかりの説明が漏れ聞こえてくる。つまり三十分の前半後半を互い違いにして公演は行われているのだ。モニターに映像が映る。電動椅子に座った男性の姿がある。一目で「彼」が身体の動きに障害があることがわかる。そして「彼」は喋り始める。それは前半で聞いたのと同じ内容だ。先ほどの声も同時に聞こえており、「彼」の声が変調されて壁の向こうに流れているのだとわかる。あれは「彼」が語っていたのだ。

突然、モニター上部の壁が水平に開き、向こう側が見える。そこでは次の回の観客がＶＲゴーグルを付けてうろうろしている。「彼」が語る内容と人々の動きが一致していることに観客は気づく。だがそれは三十分前の自分の姿でもある。映像は椅子に繋がれた「彼」を映し続けている。「彼」は表情を変えることなく口だけで話している。やがて上演は終わる。

終演後に配布されたハンドアウトを読んではじめてわかったことだが、この作品の出演者である「彼」の名前は武藤将胤、二〇一三年にＡＬＳ（筋萎縮性側索硬化症）を発症し、以後はＡＬＳ患者の課題解決や社会参加にかかわる様々な事業の研究開発を行っているという。『縛られたプロメテウス』は、後半になってからその作品としての核心が露わにされるようになっており、公演情報には武藤の出演も含め何ひとつ触れられていない。それだけに事前知識なしで体験した私を含む観客の驚きは大きかった。アイスキュロスのギリシャ悲劇『縛られたプロメテウス』は、ゼウスから火（＝テクノロジー）を盗み人間に与えた罪によって永遠の受刑を強いられるプロメテウスの物語だが、小泉はそれを元に、おそるべき「演劇＝アート作品」を造り上げた。

『Sacrifice』は、ＶＲゴーグルによって観客が家族を殺されたイラク人青年（の視線）に同定されるというものだった。同じくＶＲを用いながらも『縛られたプロメテウス』は、そのような作りにはなっていない。観客はＡＬＳ患者である武藤将胤の身体を仮想体験するわけではない。『Sacrifice』も追体験の不可能を提示する作品だったのだが、『縛られたプロメテウス』は「体験」と「観劇」が分離された上で重ね合わされることで、他者になることの「不可能」を「体験」することさえ実は不可能なのだということ、むしろそこにこそ欺瞞があるのだということを、われわれに突きつける。

私は、こういう試みこそ真に「政治的」だと思うのである。

シティキラーは何処にも落ちなかった

シティキラーとは、殺人鬼のことではなくて、もしも地球に衝突したら一個の街を丸ごと破壊してしまいかねないほどの大きさを持った小惑星のことである。

である、と書いたが、わたしもつい最近知ったのだ。知ったときにすぐに思い浮かべたのは、ラース・フォン・トリアー監督の『メランコリア』だった。あの映画ではメランコリアという小惑星が地球にぶつかって人類は滅亡する。街どころではない。わたしはトリアーの作品を好きではないが、あの映画は偏愛している。キルスティン・ダンスト演じるヒロインは、強度の鬱によって周囲も自分自身も破滅の寸前まで行っていたのに、メランコリアの接近を知るやいなや、誰よりもしっかりした人間になる。そういうことは、東日本大震災の後にもあったらしい。あったらしい、というか、わたしの鬱の知人も、あのあと元気になった。わたしはそういうことを昔、本に書いたことがある。

『シティキラー』は、映画美学校アクターズ・コース二〇一九年度修了公演として、講師を務めたウンゲツィーファ主宰の演劇作家、本橋龍の作演出によって二〇二〇年三月にアトリエ春風舎で上演されるはずだった。初日二日前、公演の中止が発表された。「主催である文化庁より、新型コロナウイルス感染症の拡大防止に係る要請を受けて」とのことだった。公演チケットの予約状況は上々で、追加公演も決まっている状況でのストップだった。結果として直前のキャンセルになってしまったが、そのこと自体が、関係者がギリギリまで上演の実現のために尽力していたことを推察させた。無念だろうと思った。同様のことは他にいくつも起きており、それぞれにさまざまな事情があるのだろうが、わたしにとって『シティキラー』の中止は、ことさらに残念な出来事だった。すごく期待していたからだ。現在もっとも注目と信頼に値する劇作家、演出家のひとりである本橋龍が、アクターズ・コースの俳優たちとともに、どんな芝居を創り上げてみせるのか、わたしはワクワクしていたのだ。

公演は中止になってしまったが、本番と同じかたちでゲネプロは行われることになり、わたしは映画美学校の関係者として、その場に立ち会うことが出来た。わたしはアクターズ・コースの立ち上げの際、演劇関係の講師の選定にアドバイザーとしてかかわっており、それとはまた別に、批評の講座である「批評家養成ギブス」を映画美学校でやらせていただいていたことがある。そんなわけで、美学校の四方智子さんにお声がけいただいたのだった。

前置きが長くなったが、わたしは『シティキラー』のゲネプロを観ることが出来た。それはとても本橋龍らしい作品であり、そしてまたとても映画美学校アクターズ・コースらしい作品でもあった。それに敢えて言うならば、とても「今」らしい作品でもあったと思う。今こそ観られるべき演劇だった。今、観たかった演劇だった。

映画美学校アクターズ・コースに限らないが、こういった俳優養成のスクールの公演には、常に或るひとつの前提というか条件がある。それはもちろん、受講生の数や顔ぶれによって座組みがある程度決まってしまうということだ。アクターズ・コースは毎期修了公演を行っているが、既存の戯曲をやる場合は、キャストの方で調整せざるを得ない。だがオリジナルであれば、当て書きかどうかまではともかく、最初から出演する者たちがわかっている状態で作劇をすることが出来る。『シティキラー』がそうであったのかどうかをわたしは知らないが、間違いなく言えることは、これが群像劇／集団劇であるということだ。出演者は全部で十四名、うちひとりアクターズ・コース講師の近藤強である。他の十三人が修了生だ。そのなかにはすでに劇団に所属しているひとや、舞台で何度も観たことがあるひともいた。だが全員が綺麗にフラットだった。それは誰かの物語ではなく、彼女ら彼らの物語だった。これは重要なことだと思う。『シティキラー』には「主役」がいなかった。というか全員が主役だった。

とはいえ当然、劇の始まりを告げる役割の者はいて、コイシという女性がゲストハウスを訪ねてくるところから物語は幕を開ける。そこはどことは名指されていないが、日本のどこか地方の山のほう、でも人里離れた場所というわけではない。コイシは今日からしばらくここに住む、ためにやってきたのだ。そこはヤマミ荘という名前で、なぜならヤマミという男がオーナーであるからだ。ちょうどコイシと入れ替わりにヤマミ荘を出ていくネムリの送別会が行われていたところで、コイシの前に次々と住人たちや近隣の人などが顔を見せる。あっという間にコイシは狂言回しから解放されて、皆が皆、互いにさまざまなことを好き好きに喋り、話し、語る。『シティキラー』には、いわゆる「メイン・ストーリー」は存在しない。だが見方を変えれば、そこには無数の「サブ・ストーリー」がある。物語が溢れかえっていると言ってもいい。登場人物の数と、その組み合わせ／掛け合わせの数だけ、ストーリーがある。これは筋を追う演劇ではなく、語られる／話されるたくさんの気持ちや考え、想いを聞く演劇だ。そんな中から、やがて彼女ら彼らの見えざる関係性や、そこで新たに生まれる関係性がほの見えてくる。彼女ら彼らの来歴や、どんな人間なのか、どんなことを考えているのか、どんなことに心動かされたりされなかったりするのか、などなどが浮かび上がってくる。だがそれらは完全にわかることはない。観客に知れるのはほんのわずかなことでしかない。しかし確かに伝わってくるのは、彼女ら彼らが、そこに、ここにいた、ということ、彼女ら彼らが、ここに、そこにいる、ということである。演劇というものは常にそうだ。

そこにいるひとたちがそこにいないひとたちをいることにする。俳優と呼ばれるひとたちがそこにいて、彼女ら彼らは俳優である以前にひとりひとりの人間であり、しかし同時に彼女ら彼らはそこにはおらず、どこにもいない想像上の人物たち、でもある。友愛のようなものが、恋愛のようなものが、共感のようなものが、違和のようなものが、その他さまざまな感情の函数が、現れては消えてゆく。ヤマミ荘という架空の空間に集ったひとたちの、ちいさな物語が重なり合う。

　シティキラーはどうなったのか？　コイシは時々、まるで小説の語り手か何かのようにモノローグするのだが、彼女は何度か、ひとつの街を滅ぼすほどの大きさの隕石が地球にぶつかる寸前ですれ違ったらしい、と言う。けれども、私たちは、彼らは、そのことを知らなかった、と。ヤマミ荘の近くには隕石が落ちた跡がある。廃墟もあるらしい。『メランコリア』とは違って、これはシティキラーが、アースキラーが衝突しない話だ。それどころか、そのことに気づいてさえいないままで終わる話。世界の終わりにぎりぎりまで近づいたことを知らずに終わる話。だからこれは一種のユートピアの物語だと言っていいのだろう。ユートピアとは「どこにもない場所」という意味である。これは「場所」の物語だ。ヤマミがヤマミ荘を開いたのは、二〇一二年。東日本大震災がきっかけだった。コイシの後にヤマミ荘にやってくるウズベキスタン人のシトラは、こんなことを言う。「ここは雪原だったり部屋の中だったり山の上だったり森の中だったり海だったり夢の中だったり劇場だったり住宅街だったり廃墟だったりします」。シトラはこの台詞を、最初はロシア語で、二度目はウズベク語で言う。もちろん正解は「劇場」だ。アトリエ春風舎というのがその劇場の名前だ。しかしそこは雪原だったり部屋の中だったり山の上だったり森の中だったり海だったり夢の中だったり住宅街だったり廃墟だったりもするし、何よりもヤマミ荘であり、ヤマミ荘の一階と二階と三階のどこでもあり、でもほんとうは地下一階なのだった。どこでもあり得るがゆえにどこでもない、どこにもないのだが、そこに、ここに、疑いなくある場所、ユートピア。『シティキラー』は、ひとつの場所に、あるとき集まったひとたちの物語だった。そのひとたちは、幾つかの偶然、でも部分的には必然にとてもよく似ている幾つもの偶然の導きによって、そこにあるとき一緒にいたりいなかったりした。そのことを『シティキラー』は物語る。出来るだけ丁寧に、だが隙間だらけであることは十分に承知で。自分と入れ替わりでヤマミ荘に寄宿するコイシのことを、ネムリは「私の転生先」と言う。ヤマミ荘を去ることは死ぬことに等しい。だがそこには悲壮感はない。なぜならその気になればいつだって戻ってこられるからだ。たとえそれきり二度と戻らなかったとしても、それはそうなのだ。実際、ネムリから届いた手紙を皆が読んでいると、彼女はあっさりと現れる。みんなネムリがそこにはいないことを承知しているが、それでも彼女が今、ここにいることをわかっている。

　実は劇の最初にコイシが出会うのは「誰か」と呼ばれる誰かだ。コイシが「誰かいますかー」と無人の空間に声を投げかけると、誰かが「誰もいません」と答える。だからその人物、いや、その存在は「誰か」と呼ばれる。その誰かは劇の最後にも登場して、始まりと同じことを言うだろう。だから結局、誰もいなかったのだ、という見立てはたぶん正しいが、だがそれと同時に、誰かも含めて、そこには十四人のひとたちが確かにいたのだった。この目で見たのだから間違いない。シティキラーは街を滅ぼさなかった。その寸前までは近づいたが、それは彼女ら彼らの居場所を崩壊させることはなく、あっさりと宇宙の果てに去っていったのだ。彼女ら彼らは、実のところは誰もいなかったのだが、そこにいた。全員が、間違いなく、そこに。

　ヤマミ荘には別名が二つある。アトリエ春風舎、そして映画美学校アクターズ・コースである。

この本を読みながら考えたこと（あとがき）

本書は、過去十年ほどの間にあちこちに執筆してきた長短さまざまな「演劇」にかかわる文章をまとめた、私にとってはじめての演劇論集である。「岡田利規へのファースト・インタヴュー」のみ例外的に古くて二〇〇六年の発表だが、思い入れの強い記事なので収録することにした。他はおおよそ二〇一〇年代＝テン年代に執筆したものであり、一種の「テン年代の日本の（小）演劇論」として読まれることも可能だと思う。かなり長めの作家／作品論もあれば短いレビューもあれば時評もある、硬軟取り混ぜた雑多な種類の文章が集められているが、こうして一冊の書物として章立てをして順番に並べたかたちであらためて読み直してみたら、自分の演劇観、というか「演劇」と呼ばれている芸術文化に自分が何を求めているのか、かなり明確に出ていると思った。それは私が書いたり喋ったりしてきた／している他の幾つかの芸術文化と相通ずるところもあれば、演劇ならではの独自の部分もある。なのでここではあとがきがわりに、私自身がこの本を読んであらためて考えたことを少しばかり述べてみようと思う。

演劇の専門家でも研究者でもないのに（それを言うなら私は何の専門家でも研究者でもないのだけれど）、近年は大学や専門学校などで演劇についてのレクチャーをする機会もあったりする。そのときいつも最初に大前提として話すのは、演劇という表現形態が有する矛盾する二重性である。演劇はまずもって「現前性」と「一回性」の芸術である。ある時ある場所で、観客の目の前に生身の俳優が実在し、架空の人物を演じることによって或る種の叙述が遂行される。しかもそれは常に一度限りの出来事であって、たとえ同じ演目が毎日行なわれたとしても、実際にはそれぞれの上演は毎回微妙に（場合によっては大きく）異なっている／異ならざるを得ない。だがそれと同時に、演劇は「再現性」と「反復性」の芸術でもある。多くの場合、舞台に立つ俳優は、あらかじめ用意された戯曲＝台本の台詞と行為を覚え込み、演出家とともにその発話と挙動を望ましいかたちへと仕立て上げたうえで、観客の前で披露している。従ってそれは基本的にテクストのリアライズなのであり、即興的要素やアクシデンタルな部分もあったりはするにせよ、そこで起こるほぼすべての出来事は、むろんのこと最初から決まっているのである。そして、そうであるがゆえに、一本の戯曲、ひとつの演劇作品は、原理上何度でも上演することが出来るし、実際に上演されている。しかるに、「現前性」と「再現性」、「一回性」と「反復性」という本来は対立する属性が共存しているのが、演劇の特徴なのである。当たり前じゃないか、と思われるかもしれないが、演劇を観れば観るほど、私はこの当然のことへの驚きと感嘆を新たにしていったのだ。

　このことを踏まえて、私は過去に何度か、演劇という試み／営みを、次のように言い表してみたことがある。

　ここにはいないひと（たち）を、ここにいるひと（たち）が、いることにする。

「ここにはいないひと」とは「役柄」であり「登場人物」である。「ここにいるひと」とは「役者」のことである。これもまた当然過ぎると思うかもしれないが、よくする喩えで言うと、舞台にいるどこからどう見ても日本人の男性が日本語で喋りながら自分は「ハムレット」だと言い張っているという、奇妙だと思えば甚だ奇妙というか意味不明の振る舞いを、われわれは難なく受け入れているし、何ならその「ハムレット」の運命に心奪われたりもする。しかもハムレットは遠い昔のどこだかには存在していたわけではなく、もともといないのだ。つまり演劇で起こっていることは、そこにはいないひとたちを、観客も含めたその場のみんなで「いることにする」という集団的／共同的な作為というか契約というか演戯のゲームなのであり、そこには「かのように」という仮構と想像の機構が非常に重要なエンジンとして働いている。演劇は、そもそも存在したことのない人物や、すでに死んでしまった者を、上演の今ここ、に呼び出すことが出来る。しかも、何度でもそうすることが出来るのだ。

と、このように私の思考回路は動いていくのだが、詰まるところ、私にとって演劇とは「現実と不可分のフィクション」であり、と同時に「虚構と綯い交ぜになったリアル」である。いや、私にとって、ではなく、演劇とはそういうものなのであり、私は演劇のそういうところに惹かれてきた／いるのである。私はどんな芝居を観るときも、演劇のフィクションとリアルの交叉のことを考えてしまう。逆にいえば見事だったり鮮やかだったり切実だったり驚かされたりするような「交叉」を見せてくれる作品が、私の好きな演劇ということになる。そしてこのことは本書に収録された文章の端々にも示されていると思う。演劇のことを真面目に考えていれば、必ずこのことに突き当たると私は信じている。それはもう、否応なしに。それは意識的・自覚的である場合もあれば、直観や無意識に近いこともあるだろう、演劇とは、きわめて変な、妙な営為なのであり、その変さ妙さに独自の仕方で触れている作品を、私は観たい。そしてありがたいことに、そういう作品は結構存在するのである。

本書以前にも私は何度か、演劇を論じてみたことがある。まず『即興の解体／懐胎』（二〇一一年／青土社）の後半に当たる第二部「即興の懐胎」は、岡田利規と平田オリザの作品を中心とする演劇の原理論である。『未知との遭遇』（二〇一一年／筑摩書房→【完全版】二〇一六年／星海社新書）には本谷有希子の演劇を論じた重要なパートがある。芸術時評／論集『批評時空間』（二〇一二年／新潮社）と、「震災後の芸術」を主題とする『シチュエーションズ』（二〇一三年／文藝春秋）でも演劇作品がたびたび言及される。また、構えとしては小説論である『新しい小説のために』（二〇一七年／講談社）所収の「「小説」の上演」と、『私は小説である』（二〇一九年／幻戯書房）所収の「死んでいる者たち」では、小説と演劇が同時に論じられている。本書の後に刊行予定の『これは小説ではない』（二〇二〇年／新潮社）と『それを小説と呼ぶ』（二〇二〇年／講談社）にも演劇作品／作家を論じたところがある。つまり「演劇」は、この十年ほどに私が著してきた他の書物のほとんどに何らかのかたちで場を占めているのだ。冒頭に置いた書き下ろしの「小さな演劇の小ささについて」でも述べたように、私は「演劇」と（再）遭遇することによって、芸術に対する考え方と向き合い方を、かなり根本的に組み替えられることとなった。たとえ演劇のことが一切出て来なくとも、それ以後に私が書いた文章には、右のような演劇観が何かしら刻印されていると思う。そしてそれは今後もそうだろう。だからこそ、この辺で、演劇そのものについて書いたテクストを集成しておこうと考えたわけである。

　演劇に限らないが、私はほんとうにすぐれた芸術文化は、スペキュレイティヴであると同時にアクチュアルでもあると考えている。アクチュアルであると同時にスペキュレイティヴでもあると。ひとはとかく「形式」や「方法」と「主題」や「主張」を別々に（ともすれば対立軸として）考えてしまいがちだが、確かにどちらかに偏った表現はあるけれど、ちゃんとやろうとすれば、どうしたって両方を相手取るしかなくなる。演劇における、その最も適切な例が、平田オリザの『東京ノート』であり、岡田利規の『三月の5日間』であり、或いはケラリーノ・サンドロヴィッチの作品群であり、松田正隆とマレビトの会の試行である。スタイルの斬新さだけでも、メッセージの真摯さだけでも、演劇は傑作にはならない。というか、それらは実はひとつのことなのだ。そのことに気づいた者だけが、誕生したその時のかけがえのなさと、上演ごとの必然性と、繰り返し演じられ観られることの意義と意味を併せ持つことが出来る。同じ演劇作品が観るたびに違うのは、反復に差異が孕まれざるを得ないということだけではなく、観る側が、観られる状況が、刻々と変化していくからに他ならない。演劇は、時空間に点を穿つとともに、時空を超えもするのだ。

もちろん、現実面を取れば、演劇は立場を異にする人間たちの集団／共同体による営みであるから、そこにはさまざまな意味で、作品の自立性とは別個の条件や関係性が入ってきたりもする。それは良いことだけではない。ここ数年、演劇界では幾つものハラスメントや人権、雇用にかかわる事案が噴出した。それらの中には、本書の中で言及されている人たちが当事者である件もあり、またその幾つかは現在も完全な解決には至っていない。私自身は、他のジャンルにおける同様の問題と同じく、まずは本人の良心の問題だと思っており、各自が内心で生涯悔い続けることのないよう、自分にとっての正しいことを果たして貫いたいと願っている。そしてこの機会に、演劇界自体も、旧態依然とした人間関係の澱を取り払って、より健全な姿に近づいてゆくことを望んでいる。

本書の編集を担当されたのは、大久保潤氏である。メディア総合研究所時代の『「批評」とは何か？』（二〇〇八年）、『小説家の饒舌』（二〇一一年）、Pヴァインからの『「4分33秒」論』（二〇一四年）、古川日出男氏との共著『「小説家」の二〇年　「小説」の一〇〇〇年』（二〇一八年）に続き、彼との仕事も早五冊目である。大久保君、いつもありがとうございます。今後ともよろしく。装幀は、これまたお馴染みの戸塚泰雄氏である。最近の彼らしい、瀟洒でシンプルな、すこぶる印象的なデザインに仕上げてくれた。戸塚君、お疲れさま。

本書のような演劇論集の二冊目を出すときが来るのかどうか、ここまで十年以上が掛かっているので甚だ心許ないが、そうでなくても私は今後も演劇を、小さな演劇たちを観に行くことだろう。とはいえ、これを書いている現在、二〇二〇年四月の半ば過ぎ、私の住む東京は、日本は、世界は、新型コロナウィルスの猛威によって明日をも知れぬ過酷な状況に陥っている。観たくても舞台のほぼ全部が中止か延期になってしまった。だからこの先どうなるのかは正直言ってまったくわからないのだが、希望は捨てまい。いつか必ず、遠からず私は、小さな演劇に遭いに行くだろう。何度も、何度も、小さな演劇の大きさを確かめに行くだろう。

佐々木敦

初出一覧

1　「現代口語演劇」のアップデート

岡田利規へのファースト・インタヴュー　「クイックジャパン」vol.64
チェルフィッチュ『ホットペッパー、クーラー、そしてお別れの挨拶』「リバティーンズ マガジン」No.01
岡田利規『遡行　変形していくための演劇論』「新潮」２０１３年５月号
『地面と床』の上と下　「新潮」２０１３年12月号
地理的身体たちの演劇『プラータナー：憑依のポートレート』「すばる」２０１８年12月号
アンドロイドはロボット演劇の夢を見るか？――平田オリザの転回　「文藝別冊　平田オリザ」
松田正隆／松本雄吉「石のような水」「フェスティバル/トーキョー13ドキュメント」
（演劇の）零度のエクリチュール――松田正隆とマレビトの会論　早稲田演劇博物館「現代日本演劇のダイナミズム」図録
空き家の「二階」はどこにある？――「東京ストーリー」「青年座通信」
地点――「非＝自然主義」の演劇　「フェスティバル/トーキョー10ドキュメント」
「チェルフィッチュ以後」以後のニッポンの演劇　「ゲンロン５」

2　アングラ・不条理・笑い

かつて不条理と呼ばれたもの――ケラリーノ・サンドロヴィッチ論、その１　「ユリイカ　２０１５年10月臨時増刊号　総特集◎ＫＥＲＡ／ケラリーノ・サンドロヴィッチ」
怪物とは何か？　祈るのは誰か？――『祈りと怪物』『祈りと怪物』ＤＶＤライナーノーツ
二〇一三年のゴドー――『ゴドーは待たれながら』『ゴドーは待たれながら』公演パンフレット
条理なき笑いの彼方に――ケラリーノ・サンドロヴィッチ論、その２　『ナイロン１００℃ シリーワークス』
サンプル『あの人の世界』、或いは動物化するポストモダン演劇　「フェスティバル/トーキョー09ドキュメント」
エスエフ・ヘンタイ・サンプル　「サンプル」vol.1
語ること、語れること、語らぬこと、語れぬこと――遊園地再生事業団『トータル・リビング 1986–2011』　Realtokyo
飴屋法水／ロメオ・カステルッチ『宮沢賢治／夢の島から』「フェスティバル/トーキョー11ドキュメント」
飴屋法水／椹木野衣『グランギニョル未来』「美術手帖」２０１４年11月号
朗読と上演――古川日出男『ローマ帝国の三島由紀夫』「悲劇喜劇」２０１９年１月号

3｜新しい演劇はどこにあるか？

「演劇２・０」への／からの道程　「悲劇喜劇」２０１０年7月号
岡崎藝術座『隣人ジミーの不在』「フェスティバル／トーキョー12ドキュメント」
快快『Y時のはなし』『Y時のはなし』ＤＶＤライナーノーツ
私の（偏）愛する劇団たち　「ユリイカ」２０１３年1月号　特集＝この小劇場を観よ！２０１３
はえぎわ「ケトル」
「ことば」の彼方へ？——フェスティバル／トーキョー12「フェスティバル／トーキョー12ドキュメント」
ミュージカルシアター２０１３「悲劇喜劇」２０１４年3月号
若手劇作家たち「悲劇喜劇」２０１４年7月号
「演劇」とは何か？「悲劇喜劇」２０１４年9月号
別役実的な社会「悲劇喜劇」２０１５年3月号
アダプテーション二〇一五「悲劇喜劇」２０１５年9月号
木ノ下歌舞伎　公演パンフレット
二〇一〇年代の身体表現とアートの関係「美術手帖」２０１７年12月号
純粋劇作家、松原俊太郎「悲劇喜劇」２０１８年1月号
Twitterには書かなかったこと「紙背」1号
下北ウェーブはニューウェーブか？「紙背」4号
極私的小劇場若手俳優ベストテン「Ｄｉｄｉｏｎ 03」
渋谷慶一郎『Scary Beauty』「美術手帖」Ｗｅｂ
アピチャッポン・ウィーラセタクン『フィーバー・ルーム』『躍動する東南アジア映画』
響きあうアジア２０１９　神戸アートビレッジセンターウェブサイト
演劇のことば　詩のことば「現代詩手帖」２０１９年11月号
匿名劇壇『大暴力』神戸アートビレッジセンターウェブサイト
小泉明郎『縛られたプロメテウス』「美術手帖」Ｗｅｂ
シティキラーは何処にも落ちなかった　映画美学校アクターズ・コースブログ

小さな演劇の大きさについて

2020年6月20日　初版印刷
2020年6月20日　初版発行

著者　佐々木敦
デザイン　戸塚泰雄（nu）
編集　大久保潤（Pヴァイン）

発行者　水谷聡男
発行所　株式会社Pヴァイン
〒150-0031　東京都渋谷区桜丘町21-2 池田ビル2F
編集部：TEL 03-5784-1256
営業部（レコード店）：TEL 03-5784-1250 FAX 03-5784-1251
http://p-vine.jp

発売元　日販アイ・ピー・エス株式会社
〒113-0034　東京都文京区湯島1-3-4
TEL 03-5802-1859 FAX 03-5802-1891

印刷・製本　シナノ印刷株式会社
ISBN　978-4-909483-56-0

ele-king books